经济学学术前沿书系
ACADEMIC FRONTIER
ECONOMICS BOOK SERIES

上市公司财务管理：评价与优化

郭红◎著

经济日报出版社
北京

图书在版编目（CIP）数据

上市公司财务管理：评价与优化／郭红著．
北京：经济日报出版社，2024.9. -- ISBN 978-7-5196-1507-9

Ⅰ.F279.246

中国国家版本馆 CIP 数据核字第 20249LX235 号

上市公司财务管理：评价与优化
SHANGSHI GONGSI CAIWU GUANLI：PINGJIA YU YOUHUA

郭　红　著		
出　　版：	经济日报出版社	
地　　址：	北京市西城区白纸坊东街 2 号院 6 号楼 710（邮编 100054）	
经　　销：	全国新华书店	
印　　刷：	北京建宏印刷有限公司	
开　　本：	710mm×1000mm　1/16	
印　　张：	14	
字　　数：	230 千字	
版　　次：	2024 年 9 月第 1 版	
印　　次：	2024 年 9 月第 1 次印刷	
定　　价：	58.00 元	

本社网址：www.edpbook.com.cn　微信公众号：经济日报出版社
未经许可，不得以任何方式复制或抄袭本书的部分或全部内容，**版权所有，侵权必究**。
本社法律顾问：北京天驰君泰律师事务所，张杰律师　举报信箱：zhangjie@tiantailaw.com
举报电话：010-63567684
本书如有印装质量问题，请与本社总编室联系，联系电话：010-63567684

前　言

　　上市公司是资本市场的基石，也是我国经济高质量发展的关键推动力。上市公司质量的提升，有力支持了国民经济健康有序发展，进一步夯实了资本市场的稳定。上市公司快速和稳定发展是一项复杂的系统工程，得益于各方协同营造良好的市场生态，以及自身不断加强的管理和创新能力，而财务管理是上市公司管理的关键要素，其关乎上市公司发展的基础和动力，涉及经营管理全过程。

　　根据财务管理理论，我们梳理了上市公司财务管理领域的关键环节，主要从6个方面对其总结和评价。

　　一是融资活动是企业生存和发展的前提。从理论视角剖析融资决策的理论逻辑，总结优序融资理论、权衡理论和代理理论等相关理论，分析上市公司基于战略目标、业务扩张、优化资本结构等需要，实施债务融资和权益融资。经文献研究和现状分析发现，当前，上市公司融资中仍然存在资本配置效率偏低、融资渠道选择偏差等问题，影响了上市公司的高质量发展，以此剖析宏观经济政策、市场化水平差异和公司战略等上市公司融资的影响因素，提出提升上市公司融资决策质量的建设性对策。秉持理论研究指导实践的原则，选择典型的上市公司融资案例展开分析，进一步深化融资相关理论，为上市公司融资决策提供参考和借鉴。

　　二是资产质量是企业经营业绩的基础。经营业绩是上市公司发展的目标和动力，而经营业绩又依赖于上市公司资产质量的不断提高。在现有文献对资产质量构成要素、结构和影响因素研究的基础上，总结上市公司资产质量流动性和盈利性的现状和特征，并提出改善上市公司资产流动性和盈利性的方法。以国内家电行业上市公司美的集团资产质量管理的案例为例，重点对其资产结构、流动性和盈利性进行分析，丰富了上市公司资产质量研究的领域。

　　三是盈利能力是企业生存和发展的基础。企业有了一定的盈利能力，才能够为企业未来的发展提供资金和资源支持。盈利能力是上市公司管理人员最重要的业绩衡量标准，也是发现问题、改进管理的重要突破口。虽然上市公司盈利能力评价的理论和方法逐渐趋于完善，但是由于影响我国上市公司盈利能力的因素复杂，因此，相关理论和方法应用于我国上市公司盈利能力评价时，需要结合我国的宏观经济政策、行业标准等因素恰当选择评价指标，除了考虑财务指标，还应将公司治理机制、市场竞争力等非财务指标纳入评价体系，以全面的视角评价上市公司盈利能力，也以此来评价盈利质量。

四是现金流是企业生存的血液。现金流管理是上市公司运营的重要环节。基于现金流转理论、资本循环理论和生命周期理论等相关理论，采用案例分析方法，充分考虑不同案例公司行业特点，分析上市公司现金管理中存在的经营活动造血能力参差不齐、现金流波动较大和现金流结构多样等问题，并从预算管理、运营管理、内控监督和风险预警机制等角度提出改善现金流质量的措施，以期为相关公司现金流量管理提供参考。

五是财务风险管理是企业风险管理的重要组成部分。财务风险是企业长期稳健发展的重要考量因素之一。由于我国上市公司财务风险多样化和复杂化，国家政策要求上市公司实现高质量发展，财务管理是公司高质量发展的重要组成部分，财务风险分析、评价和防范等相关主题的研究呈现高速增长的特点。基于此，就上市公司财务风险管理的要求深入分析，通过案例分析的研究方法从上市公司筹资、投资、营运等财务管理活动中识别和评价财务风险，总结和归纳上市公司财务风险管理的问题和不足，提出针对性强和可操作的措施，为上市公司财务风险评价提供了方法，为提高财务风险管理质量奠定了基础。

六是并购重组是企业重要的经营战略行为。企业并购成为推动市场资源整合、激发市场活力，提高产业利用率和企业经营管理效率的重要工具。主要基于协同效应理论、市场优势理论、规模经济理论和多元化经营理论等并购相关理论，分析横向和纵向并购的动因及绩效，为上市公司实施并购战略提供了思考。

本书由新疆科技学院会计学院郭红完成，王佳丽、吴晓琳、王新萍、唐小亿、牛雯婷、阿布赛米·吐尔逊、吴若凡、刘心如、陈庚伟、龚静参与了案例资料的收集和整理，新疆科技学院会计学院也给予了大力支持，在此向他们表示衷心感谢！

鉴于作者水平有限，书中难免存在不足和谬误，欢迎读者批评指正。

郭 红

2024 年 6 月 5 日

目　录

1 上市公司融资决策 ·· 1
　1.1 研究背景与研究意义 ·· 1
　1.2 国内外研究现状 ·· 3
　1.3 相关概念和理论基础 ·· 6
　1.4 上市公司融资概述 ··· 11
　1.5 上市公司融资决策的影响因素 ··· 16
　1.6 上市公司融资决策——基于典型案例的分析 ······························ 21
　1.7 优化上市公司融资策略的对策 ··· 25

2 上市公司资产质量管理 ·· 31
　2.1 研究背景与意义 ·· 31
　2.2 国内外研究现状 ·· 32
　2.3 相关概念和理论基础 ·· 37
　2.4 上市公司资产质量评价 ··· 41
　2.5 上市公司资产质量的影响因素 ··· 44
　2.6 美的集团资产质量分析 ··· 46

3 上市公司盈利能力评价 ·· 67
　3.1 研究背景与意义 ·· 67
　3.2 国内外研究现状 ·· 68
　3.3 相关概念与理论基础 ·· 72
　3.4 上市公司盈利能力的影响因素 ··· 75
　3.5 新疆能源化工类上市公司盈利能力分析 ···································· 81

4 上市公司现金流管理 ··· 91
4.1 研究背景 ··· 91
4.2 相关概念与理论基础 ··· 93
4.3 上市公司现金管理问题 ··· 96
4.4 上市公司现金管理质量提升对策 ··· 127

5 上市公司财务风险管理 ··· 131
5.1 研究背景 ··· 131
5.2 相关概念与理论基础 ··· 134
5.3 财务风险识别与评价 ··· 136
5.4 财务风险成因 ··· 163
5.5 财务风险防范措施 ··· 166

6 上市公司并购绩效评价 ··· 168
6.1 研究背景 ··· 168
6.2 相关概念与理论基础 ··· 168
6.3 并购动因 ··· 172
6.4 并购路径 ··· 181
6.5 并购绩效 ··· 185
6.6 并购经验总结 ··· 207

主要参考文献 ··· 210

1 上市公司融资决策

1.1 研究背景与研究意义

1.1.1 研究背景

上市公司是国民经济的基本盘，也是资本市场的基石，提高上市公司质量是推动资本市场健康发展的内在要求，是新时代加快完善社会主义市场经济体制的重要内容。近年来，我国上市公司数量显著增长、质量持续提升，在促进国民经济发展中的作用日益凸显。截至 2023 年 12 月 31 日，境内股票市场共有上市公司 5346 家，沪、深、北证券交易所分别为 2263 家、2844 家、239 家。分股份类型统计，仅发 A 股公司 5113 家，仅发 B 股公司 11 家，A+B、A+H 等多股份类型的公司 222 家。分控股类型，国有控股和非国有控股公司数量分别占比 26%、74%；制造业，信息传输、软件和信息技术服务业，批发和零售业为上市公司数量前三甲。然而，上市公司违规担保、内幕交易、高比例股权质押、年报爆雷等经营和治理不规范、发展质量不高等问题仍较突出。

党的十九届五中全会提出"提高直接融资比重"，这是"十四五"时期资本市场发展的一大重点任务。股权融资作为直接融资的重要组成部分，对于提高我国直接融资比重和推动经济高质量发展意义重大。2020 年 10 月，国务院印发《关于进一步提高上市公司质量的意见》（国发〔2020〕14 号）提出完善上市公司融资制度，支持上市公司通过发行债券等方式开展长期债务融资。稳步发展优先股、股债结合产品，大力发展权益类基金，丰富风险管理工具，探索建立对机构投资者的长周期考核机制，吸引更多中长期资金入市。2023 年中央金融工作会议强调，优化融资结构，更好发挥资本市场枢纽功能，推动股票发行注册制走深走实，发展多元化股权融资，大力提高上市公司质量，培育投资银行和投资机构。促进债券市场高质量发展，要发展多元化股权融资方式，探索其他股权融资方式，如可转债、优先股、资产证券化等，多举措降低企业融资成本。为了确保上市公司的持续经营，资本成为企业生存和发展的前提与基础，融资成为上市公司关键的财务管理活动。不同的融资结构、融资方式的选择不仅关系到公司自身的经营发展，而且会影响我国资本市场的稳定和健康发展。

作为资本市场的核心参与者，上市公司面对不断增加的资金需求和多元化的融资选择，融资决策是一项重要的业务决策，如何科学、合理地选择融资模式和改进资本结构成为重要环节。如何选择最合适的融资方式和结构，成为上市公司管理层所面临的重要问题。

1.1.2 研究意义

通过对上市公司融资结构、融资方式和投融资结构匹配能力进行分析，并以典型的案例公司深入分析融资存在的问题，提出调整、优化的对策和方向，以优化融资结构、加强投融资能力、降低投融资成本，从而促进上市公司提高抗风险能力与长期运作能力。

一是上市公司在业务发展中需要大量的资金支持，而融资问题则是影响企业发展和经济增长的关键因素之一。通过对上市公司融资问题的研究，可以深入了解企业融资的状况和所面临的困难，进而提出切实可行的解决方案。通过完善公司治理结构，提高企业的透明度和责任感，增强投资者信心，提高融资决策能力，提升上市公司质量。

二是上市公司融资问题的研究有助于了解上市公司融资的状况、困境和需求，为政府制定和完善政策提供依据，为上市公司提供更多的融资渠道和支持，通过对比分析不同上市公司融资方式的优劣以及融资效果，评估政策调整和资本市场改革的成效，进一步优化政策设计和改革方案，为资本市场的健康发展提供有力支持，降低上市公司融资成本，提高融资效率。

三是上市公司不仅要满足资本需求，还要关注市场风险、信用风险、流动性风险和操作风险等融资风险。不同的融资方式具有不同的风险特征，例如，股权融资导致股权稀释，债权融资面临违约风险，银行贷款受到宏观经济波动的影响。上市公司在进行融资决策时，需要制定和不断完善融资风险防范和控制的方案，以实现融资成本最低、融资风险可控的目标。另外，通过对上市公司面临的过度融资、资金错配等问题的分析，促进监管部门与上市公司的高度重视，防范金融风险，维护资本市场的稳定。

1.2 国内外研究现状

1.2.1 国外研究现状

国外的融资研究起步较早，理论体系完善，研究领域广泛。其中包括权衡理论、融资优序理论等经典研究成果，至今仍被运用于分析和确定融资结构。这些理论为企业融资决策提供了有益的指导，也为学者们继续探索企业融资问题提供了基础。1958年，Modigliani 和 Miller 提出 MM 理论开创了现代企业融资理论的先河，该理论认为在完善的市场经济中企业的资本结构与市场价值不相关，并构建了一个企业融资行为的分析框架。基于 MM 理论，学者们进一步提出企业融资优序理论、代理成本假说以及企业进入成长周期等理论。这些理论为企业融资行为的研究提供了丰富的理论体系，并拓展了企业融资领域的学术探讨。在实证方面，Titman 和 Wessels 通过对 1972—1982 年美国制造业上市公司资本结构的分析发现，企业的融资成本、独立性、资金需求的变化都会对上市公司资本结构产生显著影响。此外，上市公司的盈利能力和负债比率之间呈现负相关关系。这些研究结果为理解企业融资行为提供了有益的实证依据。Booth 等对 10 个发展中国家的上市公司进行了实证研究，发现样本公司的净资产收益率、速动比率、资产负债率等财务指标与金融市场完善程度、GDP 增长率、通货膨胀率等宏观经济指标之间存在显著关系。这些研究结果为发展中国家企业融资理论提供了实证支持，并揭示了宏观经济和金融市场环境对企业融资行为的影响。有学者认为，对银行融资的依赖是影响展期风险进而导致违约风险的最主要因素，其次为盈利能力和信用状况。企业对银行融资的依赖程度越高，违约风险越大。在信贷市场紧缩时期，这种影响会被进一步放大。这些研究结果揭示了银行融资依赖对企业违约风险的重要影响，为企业的融资决策提供了理论指导。Martin Dierker 等（2019）的研究发现，在企业风险变动的情况下，外部融资活动受到权衡理论中未明确考虑的其他因素的影响（例如市场时机）。这表明，企业在进行融资决策时，需要综合考虑多种因素，而不仅仅是权衡理论所涵盖的因素。Aimurzina B 等（2019）的研究发现，企业在进行投资项目时，除了传统的融资方式外，还采用了新的融资途径。一个典型的例子是招商引资制度。这表明，外部融资并非企业获取资金的唯一来源，还有诸如实施投资项目的各种组合和选择等多种融资方式。这些发现拓宽了企业融资方式的认识，为企业提供了更多融资策略选择。

1.2.2 国内研究现状

为了掌握国内学者对融资相关主题的研究，截至 2024 年 5 月 15 日，在中国知网数据库以上市公司融资、上市公司融资结构、上市公司融资约束、上市公司融资渠道、中国上市公司融资和上市公司融资偏好为主题，检索到文献总数 5520 篇。（图 1-1）

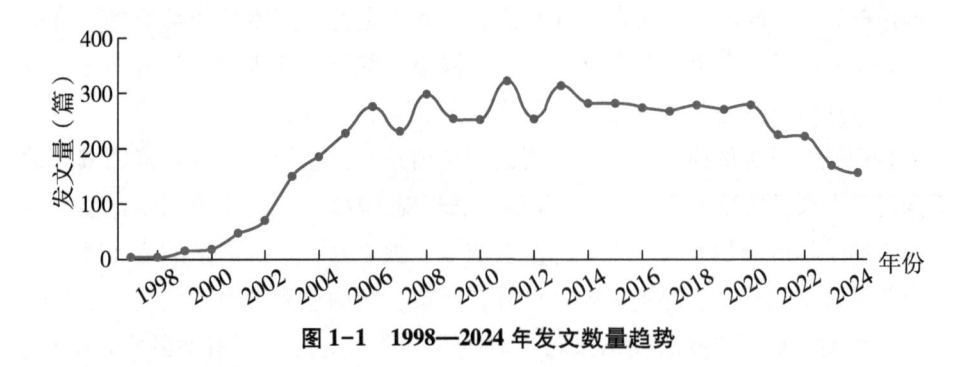

图 1-1 1998—2024 年发文数量趋势

从发文数量趋势图 1-1 上可以看出，2002—2022 年是上市公司融资相关主题研究的高峰期，由图 1-2 所示，研究以"上市公司融资""融资约束"和"融资结构"等主题为主，主要受到经济环境、金融市场发展和技术环境的影响。

一是经济环境变化的反映。这个时期，全球经济逐渐一体化，上市公司面临更加激烈的市场竞争。为了在竞争中保持优势，企业需要不断地筹集资金以扩大生产、提高技术水平，从而导致融资问题成为研究的焦点。

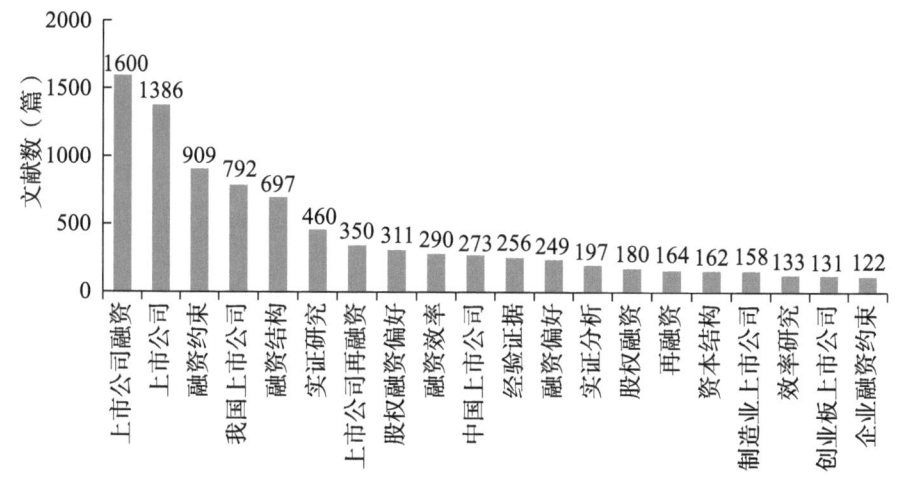

图 1-2 按照主题统计的文献数量

二是金融市场发展金融监管加强的表现。融资是金融市场发展的使命之一，2002—2022年，我国金融市场在全球范围内取得了显著的发展，尤其是股票市场。这为上市公司提供了更多的融资渠道和选择，也使得研究上市公司融资问题变得更加重要。另外，信息技术取得了突飞猛进的发展，为金融市场提供了更加丰富的数据支持，这使得学者们可以更加深入地研究企业融资问题，为理论发展和实践应用提供了有力支持。

三是上市公司治理结构的不断完善，使其更加注重资本结构的优化以提高经营效率。因此，研究企业融资结构与治理结构之间的关系成为学者们关注的焦点。

在我国上市公司融资方式的选择上，陆正飞和叶康涛（2004）、肖泽忠和邹宏（2008）、倪中新和武凯文（2015）、王振山和王秉阳（2018）等国内学者从不同角度验证了我国上市公司倾向于重股权融资、轻债权融资的特点，就其行为选择的动因，王茗茗（2019）的研究发现，代理成本与资产负债率呈负相关关系。也就是说，代理成本越高，企业越倾向于选择股权融资，即表现出股权融资偏好。由于企业代理成本是必然存在的，因此股权融资偏好也是实际存在的现象。这些研究结果揭示了代理成本对企业融资决策的影响，有助于企业更好地了解融资行为背后的原因。甘宇翔和麻晓艳（2018）的研究发现，我国上市公司融资顺序通常为先外后内、先股后债，将内源融资放在最后，这一融资顺序与传统的融资理论存在差异，揭示了我国上市公司融资行为的特点，康微婧等（2020）以 2014—2017 年我国创业板上市公司为样本进行实证研究发现，融资结构中内源融资、负债融资、股权融资的比例为 24∶32∶44。这一比例也证实了我国上市公司融资顺序与西方传统的内源融资、债权融资、股权融资顺序的"啄食顺序理论"并不一致。张婉豫和周霞（2021）通过研究特斯拉在不同生命周期下的融资方式，提出了拓宽融资渠道和提升企业造血能力的策略，以提高市场转化率并向融资市场传递企业良好的发展前景，从而吸引投资者的长期投资，这些研究结果揭示了我国上市公司融资行为的特征，为完善融资理论和发展融资实践提供了基础。

1.3　相关概念和理论基础

1.3.1　相关概念

1. 融资结构

融资结构是资产负债表的右方的基本结构，主要包括短期负债、长期负债和所有者权益等项目之间的比例关系。企业的融资结构不仅揭示了企业资产的产权归属和债务保证程度，而且反映了企业融资风险的大小。从本质上说，融资结构是企业融资行为的结果。企业融资行为的合理与否必然通过融资结构反映出来，由于企业生产经营所处的阶段不同，对资金的数量需求和属性要求也就不同，也会形成不同的融资组合。

（1）按照融资结构来源分为内源融资和外源融资

内源融资是指企业通过利用自身内部资源、收益和资本积累等方式进行投资和资本扩张的融资方式。内源融资主要通过留存收益和未分配利润实现。外源融资是指企业通过向外部融资渠道获取资金来满足资金需求的过程。外源融资可以通过向银行贷款、发行债券、发行股票等方式来实现。

（2）按照融资结构性质分为债务融资和股权融资

债务融资是指企业通过向债权人发行债券或贷款等方式获得融资。在债务融资中，企业向债权人承诺按照约定的利率和期限偿还借款，同时债权人对企业没有任何股权所有权。股权融资是指企业通过发行股票或其他权益工具向股东融资。在股权融资中，股东购买企业发行的股票或其他权益工具，并成为企业的股东，拥有一定的控制力。

（3）按照融资结构期限分为短期融资和长期融资

短期融资是指企业在运营过程中，为满足短期资金需求而向金融机构或其他供应商获得的短期资金，通常期限在一年以内，短期融资主要通过流动负债实现。长期融资是指企业在长期资本投资项目中需要的资金融资，通常期限在一年以上，长期融资主要通过非流动负债实现。

2. 融资方式

上市公司面临的资金短缺问题可以通过多种融资工具来解决，上市公司的融资方式主要分为两大类：股权融资和债务融资。股权融资是企业通过出售股权来募集资金，包括增发（涵盖公开增发和定向增发）、配股以及优先股等方式。债务融资则涉及通过负债筹集资金，例如发行公司债券、可转换债券、短期融资券、中期票据以及银行贷款等。通过对不同融资工具的详细对比分析，上市公司和投资者可以更准确地掌握融资渠道，了解各种融资工具的优缺点，规划和调整融资结构，实现融资成本最低和市场约束最小的目标。

（1）债务融资

债务融资是企业通过向个人或机构投资者出售债券、票据等证券来筹集资金，以支持企业的运营资金需求或资本支出。在这个过程中，个人或机构投资者借出资金，成为企业的债权人，并获得企业承诺按期偿还本金和支付利息的权利。企业在进行融资决策时，需要考虑融资渠道和融资成本。

按照不同来源的债务比例对公司治理的影响，债务融资主要包括：商业信用、银行信贷、企业债券、租赁等。不同类型的债务对于约束代理成本各有其特点，而多样化的债务类型结构有助于债务之间的相互配合并实现债务代理成本的降低。主要表现在：一是当企业通过债务融资筹集资金时，企业必须按照约定的条件向债权人支付利息和本金。如果企业不能按时偿还债务，债权人可能会采取法律行动，企业的信誉也会受到损害。因此，企业的管理者必须谨慎管理企业的资金，确保企业有足够的资金来按时偿还债务。二是由于债务融资需要企业按期偿还本金和支付利息，如果企业不能按时偿还债务，就会面临破产的风险。因此，为了保证企业的财务运行自由，管理者必须更加注重资金的运用效率，并将收入及时分配给投资者。另外，债务融资还会促使管理者出售不良资产，并将所得资金用于偿还债务或支持企业的正常运营，限制管理者进行无效但能增加其权利的投资。三是当债务人无力偿债或企业需要融资以偿还到期债务时，债权人就会根据债务合同对企业的财务状况进行调查。这种调查有助于揭示企业的真实情况，并为债权人提供更多信息，使他们对企业的偿债能力有更准确的判断。此外，债权人的调查还有助于更好地约束和监督管理者。如果企业的财务状况不佳，债权人有权要求管理者采取措施改善企业的财务状况，甚至要求管理者承担责任。这样，债权人的调查就为企业提供一种约束和监督机制，使管理者不能随意挥霍企业资金或进行无效投资。

（2）股权融资

股权融资按融资的渠道，主要可以划分为两大类，即公开市场发售和私募发售。所谓公开市场发售就是通过股票市场向公众投资者发行企业的股票来募集资金，包括我们常说的企业的上市，上市企业的增发和配股都是利用公开市场进行股权融资的具体形式。私募发售是指企业自行寻找特定的投资人，吸引其通过增资入股企业的融资方式。企业通过股权融资获得资金支持、分散风险和增强资本市场的信任，因此，股权融资的优势较多。

其一，公司的法人治理结构一般由股东大会、董事会、监事会、高级经理组成，他们相互之间形成多重风险约束和权利制衡机制。例如，董事会可以对高级经理的工作进行监督，防止高级经理滥用职权或挥霍企业资金，监事会可以对董事会的工作进行监督，防止董事会违反法律法规或侵害股东利益。通过建立这样的法人治理结构，企业可以降低经营风险，保证资金的安全运用。

其二，股权融资在信息公开性和资金价格的竞争性两方面都具有优势。在信息公开性方面，股权融资是在一定的市场准入、信息披露、公平竞价交易、市场监督制度下规范进行的，要求企业向投资者公开企业的经营情况和财务状况，投资者充分了解企业的真实情况，并根据自己的判断决定是否投资。相比之下，贷款市场通常要求企业向银行公开较少的信息，银行对企业的了解就不如投资者充分。在资金价格的竞争性方面，股权融资通过向多个投资者出售股权来筹集资金，投资者之间就会形成竞争，促使资金价格下降。相比之下，贷款市场中贷款者与借入者的融资活动通过直接协议，企业与银行之间就会形成垄断，资金价格可能较高。

其三，股权融资对借款者决策产生影响。借款者在企业股权结构中占有较大份额时，他们的利益与贷款人的利益更加一致，这有助于降低贷款违约和损失的风险。当通过股权融资，借款者在企业中拥有较大的股权，他们实际上是企业的所有者或重要的利益相关者。在这种情况下，他们更有动力去谨慎管理企业的财务状况，因为他们的财富（包括股权）与企业的表现密切相关。首先，如果借款者用企业借款进行高风险投资，这会带来巨大的潜在风险。由于他们自己也持有大量股份，如果投资失败，他们的资产净值会大幅缩水，这会直接影响到个人利益。因此，他们会避免这样的投资行为，保护自己的财富。其次，通过股权融资，借款人股权比例的增加可以减少借款人为了自身利益而采取不利于贷款人（如银行）的行动的道德风险。另外，由于借款者与企业紧密相连，他们更可能遵循贷款人的期望，按照协议行事，以维护自身的长期利益。

Jensen 和 Mecking（1976）认为当融资活动被视为契约安排时，对于股权契约，由于存在委托（股东）代理（经理人）关系，代理人的目标函数并不总是和委托人相一致，而产生代理成本。当企业在利用股权融资对外筹集资金时，由于经营者和股东之间的利益不完全一致，企业的经营管理者面临潜在的问题，即道德风险。经营者的主要目标是企业利润的最大化，以便提升职位、薪酬或者职业声誉。通常会采取滥用企业的资金用于个人消费或非生产性开支，倾向于投资风险较高但短期内能提高业绩的项目，虽然短期内可能提升管理者的表现，但从长期来看，会损害股东的权益。股东关注的是长期的资本增值和分红，而非短期的消费或投资决策。因此，作为代理人的经理人利用委托人的授权为增加自己的收益而损害和侵占委托人的利益时，就会产生严重的道德风险和逆向选择。

综上所述，在 Jensen 和 Mecking 的分析框架中，债务是通过提高经理的股权比例来降低股权的代理成本的，债务融资可以被当作一种缓和股东和经理冲突的激励机制。在管理者的持股比率不变的情况下，在企业的融资结构中，增加负债的利用额，使管理者的持股比率相对上升，就能有效地防止经营者的道德风险，缓解经营者与股东之间的利益冲突；另外，由于负债的利息采用固定支付的方式，因此有利于削减企业的现金收益。

1.3.2 理论基础

目前，融资理论已经成为公司融资决策中的基础，特别是在上市公司的融资活动中。通过运用融资理论，公司可以更深入地了解资本结构对企业价值评估的影响，优化融资决策，降低融资成本和提高融资效率。

1. 新 MM 理论

新 MM 理论是对传统的 MM 理论的扩充和修正，它主要说明了税收、财务困境和信息不对称等因素对公司融资战略的影响，并且认为公司的价值不仅会受到其资产和债务结构的影响，还会受到公司的经营决策和财务决策的影响。在修正的 MM 理论中，投融资结构是指公司资产和债务的结构，以及公司在资本市场上的融资方式和规模。具体来说，修正的 MM 理论认为，公司的投融资结构应该是可持续的、多元化的和灵活的。可持续性表明公司的投融资结构应该满足公司长期发展的需要，多元化表明公司应该采取多种融资方式进行融资，包括股权融资、债务融资、内部融资等，以降低公司融资风险。灵活性要求公司的融资结构需要适应不同的市场和经济环境，能够在必要时进行调整或改变。公司的投融资结构应该基于公司的经营决策和财务决策，以实现公司的价值最大化，同时与公司的经营决策和财务决策相匹配，以实现最优的价值组合。

2. 优序融资理论

优序融资理论亦译"啄食顺序理论"，是财务学中关于公司资本结构的理论，用来解释公司在进行融资决策时的偏好顺序。该理论认为，企业在筹措资金时需要考虑不同融资方式的优先级和风险，以最佳方式满足其资金需求。

一般而言，融资方式可以分为内部融资和外部融资。内部融资包括自有资金、企业盈利留存等，外部融资则包括银行贷款、债务融资、股权融资等。在考虑融资优序时，企业需要权衡各种融资方式的优缺点，根据自身情况和需求选择最适合的融资方式。根据融资优序理论的原理，公司成本与风险、财务灵活性、优先权、公司治理结构、股东权益等因素都会对公司融资方式产生影响，公司需要综合考虑各方面影响，作出融资决策。

3. 权衡理论

20 世纪 70 年代，以 Robichek、Myers、Kraus、Rubinm Stein、Scott 等为代表的学者建立了权衡理论，将财务危机成本和代理成本等因素纳入研究之中，并在 MM 理论的基础上建立了权衡模型。在企业所得税下，企业支付的利息费用可以在计算应纳税所得额时扣除，从而减少企业的税负。这种效应被称为

"债务抵税"。这种税收优惠并非无限的，随着负债比例的增加，企业需要支付的利息费用也随之增加，未来现金流不稳定以及对经济冲击高度敏感的企业，面临偿债压力，投资者会要求更高的回报来补偿额外的风险，导致企业的综合资本成本上升，投资者担忧企业的财务状况，企业的股价和债券价格可能会下跌，导致市场价值下降，甚至会增加破产的可能性。因此，权衡理论就是强调在决定债务和股权融资比例（即资本结构）时，需要在债务利息的税收优惠（即债务的财务利益）和财务困境成本（即债务可能导致的违约风险和财务压力）之间做出权衡。该理论认为，最佳资本结构是在债务利息抵税收益与增加的财务困境成本达到平衡点时的资本组合，此时所确定的债务比率是债务抵税收益的边际价值等于增加的财务困境成本的现值。

4. 代理成本理论

代理成本理论是经过研究代理成本与资本结构的关系而形成的，在资本结构的决策中，不完全契约、信息不对称以及经理、股东与债权人之间的利益冲突影响投资项目的选择，特别是在企业陷入财务困境时，更容易引起过度投资问题与投资不足问题，导致发生债务代理成本。债务代理成本损害了债权人的利益，降低了企业价值，最终将由股东承担这种损失。该理论认为：债务的违约成本是财务杠杆系数的增函数，随着公司债务资本的增加，债权人的监督成本上升，债权人会要求更高的利率。这种代理成本最终要由股东承担，公司资本结构中债务比率过高会导致股东价值的降低。因此，根据代理成本理论，债务资本适度的资本结构会增加股东的价值。

1.4 上市公司融资概述

1.4.1 上市公司融资的类型与特点

融资是企业资金筹集的行为与过程。上市公司融资是指通过向投资者发行股票、债券等证券来筹集资金，以满足其经营和投资需求的过程。根据不同的融资需求和特点，上市公司融资分为股权融资和债务融资，股权融资即上市公司通过发行股票来筹集资金。债务融资即上市公司通过发行债券来筹集资金。

通常债券融资可以分为公司债、可转债等类型。债券融资通常具有固定的利息和到期日，相对于股权融资，风险更小，但回报也相对较低。

上市公司融资通常需要大量的资金来支持其经营和投资活动，因此融资规模通常较大。在融资方式的选择上，根据不同的需求选择不同的融资方式。由于上市公司通常需要大量的资金，因此，融资风险也较高。同时，上市公司的融资活动也需要遵守相关法律法规和市场规则，否则可能会面临罚款或其他风险。上市公司融资活动需要公开披露相关信息，包括融资方式、融资规模和融资用途等，因此，融资透明度较高。

1.4.2 上市公司融资决策的必要性

作为资本市场的重要组成部分，上市公司需要通过融资来满足业务发展和投资需求，提高市场竞争力。正确的融资决策能够帮助公司扩大业务规模、降低融资成本、优化资本结构，从而实现可持续发展。

一是支持业务发展的需要。一方面，上市公司为了扩大生产规模，需要大量的资金购买新设备、扩建厂房、增加生产线等，以提高生产能力，进一步提高生产效率和产能。另一方面，上市公司通过融资获得更多的资金，用于新产品研发、市场推广、营销活动等，以扩大市场份额，增加销售收入和利润，提高市场竞争力。

二是满足客户需求，提高客户满意度的需要。上市公司需要资金来培训员工，提高员工的技能和服务水平。为了提高生产效率和产品质量，需要大量的资金来更新设备及满足客户的多元化需求；提高产品的附加值和竞争力，是上市公司发展的重要使命，因此，需要加大技术研发投入，为了吸引更多的客户，建立良好的品牌形象，通过品牌营销活动，提高品牌知名度和美誉度。

三是加强风险管理，降低企业风险的需要。上市公司风险管理与融资之间存在密切的关系。风险管理对于上市公司的融资决策和资本运作具有重要意义，

首先，上市公司的风险管理能力和效果会影响投资者对上市公司的信任程度，进而对融资难度和成本也会产生相应的影响。其次，融资决策和资本运作又会影响上市公司的风险状况。当上市公司扩大债务融资规模来筹集资金时，会增加企业的债务负担和财务风险。因此，上市公司在进行融资决策时需要充

分考虑风险因素，避免增加过大的风险。另外，上市公司在进行融资决策时不仅要充分考虑风险因素，还要通过风险管理来控制融资带来的风险，通过建立风险管理体系、加强内部控制、购买保险等方式来降低融资带来的风险。

综上所述，通过融资决策，公司可以有效地筹集资金，为业务发展提供资金保障。融资决策直接关系到公司的融资成本，通过对比不同的融资方式，公司可以选择成本最低的融资方式，帮助公司优化资本结构，调整股权和债权融资的比例，降低融资成本和财务风险，提高资本运作效率和市场竞争力，使企业在竞争中立于不败之地。

1.4.3 上市公司融资决策现状

1. 内源融资不足

在企业发展的过程中，资金无疑是核心资源之一，它影响着企业的运营、扩张、研发和创新等领域的发展。企业的融资结构决定了如何筹集和分配资金，对企业的财务健康、成本控制和战略实施至关重要。根据融资优序理论，企业在选择融资方式时，由于内源融资不需要支付利息或股息，也不涉及外部市场的不确定性，成本相对较低且对企业控制权影响较小，企业会优先考虑内源融资。而股权融资和债权融资则是企业根据所处的不同生命周期和自身实际需要进行自主选择的，例如，成熟的企业有更多的债务融资选项，因为它们有足够的现金流和良好的信用评级，而扩张迅速或面临重大投资机会的企业可能会选择股权融资，但从整体上来看上市公司内源融资能力差，比例较低，但是内源融资是企业重要的融资渠道。Spiros Bougheas（2014）通过对发达国家非金融企业的研究表明，由于内部融资相较于外部融资成本较低，企业更喜欢内部融资。在发达国家，企业的重要资金来源一般是留存盈余，内源融资在企业融资结构中占很高比例。根据有关部门对我国上市公司融资模式进行统计分析显示：外源融资在企业融资模式中所占的比重高达80%以上，内源融资的比重不到20%。这与"啄食顺序理论"的融资顺序不相符。

2. 股权融资比重过高，管理层经营决策权受限

股权融资发展是市场化资源配置的重中之重，也是我国创新驱动型社会发展的主要抓手。股权融资不仅能够提升企业的融资效率，拓宽融资渠道，而且

能够分散企业财务风险。而中国股票市场的波动性较大，市场存在对外部冲击过度反应的现象，这不利于股市融资功能的发挥，也加大了潜在的金融风险（李义举、汪惠青，2021）。

公司股权融资占比较高时，会导致股东影响加大，尤其是大股东持股比例高，使公司管理层面临压力和限制，影响公司战略决策和经营方向，管理层需更多考虑和回应股东期望，维护股东平衡和利益，并且为满足股东期望和获得支持，管理层可能偏向追求短期利润，忽视长期价值增长、长期战略规划和可持续发展。当管理层受股东压力和干预，表现在经营决策中受到限制，需要频繁向股东报告和解释决策，接受股东审查和监督，影响经营决策的效率。

3. 资本配置效率有待提升

研究企业的融资效率不仅有助于分析微观企业财务行为中存在的问题，也可为宏观资本市场的资源配置提供科学依据，而后者对经济的高质量发展具有重要影响（李斌等，2022）。关于融资效率主流的观点有：成本收益观下的融资效率等同于企业融资能力，企业获取资金的能力、形式及渠道，其构成了融资效率概念的内涵（方芳、曾辉，2005；吴翌琳、黄实磊，2021）；从资源配置角度看，融资效率反映了融资方式、融资结构对微观个体产生的作用与功效（赵守国等，2011），企业利用融入资金投资项目的绩效、创造的企业价值决定了融资效率的高低（肖劲、马亚军，2004）。基于资金获取能力和资源配置能力分析，研究发现，我国上市企业的筹资效率比较高。尽管目前我国股市的股权融资成本远低于债务融资成本，但债务融资仍然能够有效降低企业的融资成本。此外，研究还表明上市公司的资本配置效率未达到理想水平，相对于其他形式的资金配置，股权融资在降低融资成本方面并未表现出明显的优势。因此，需要对资本配置效率进行改善，以提高企业的融资效率和竞争力（高瑞瑞，2023）。股权融资的效率相对较低，融资行为往往成为获取融资收益的一种手段。在实际操作中，大量资金被大股东无偿占用，或者在资金使用上未受到足够重视，导致资金被随意使用，从而使得资金的回报率极低。在债务融资过程中，部分公司存在资金使用不当的现象。如大股东无偿占用资金、资金闲置或被随意使用等，导致资金回报率低，而债务融资规模过大，公司财务杠杆比率上升。在市场环境变化时，公司面临较大的财务风险，甚至可能导致债务违约。债务融资过程中，存在内部控制不健全、信息披露不透明等公司治理问题，影响公司运营效率和投资者信心。

4. 融资渠道选择偏差

在对我国上市公司的融资活动进行了解调查的过程中，不难发现越来越多的上市企业所采取的融资方式过于单一或者偏重某一种渠道，如银行贷款、股票发行等，融资结构不合理，导致公司在应对市场风险时，融资能力较弱，不仅难以满足资金需求，而且融资过程中面临银行贷款利率较高、银行贷款违约风险、股票发行定价不合理、股票市场波动风险等融资成本高和融资风险集中的后果，影响公司融资效果和增加公司财务风险。总体来说，不同的融资方式对于上市企业而言具有不同的优缺点，上市企业也应该通过对自身实际状况的了解来选择更加适合自身发展的融资方式，不应该过于偏好某类融资方式。

从我国上市公司的融资渠道来看，整体存在内源融资不足的情况，但是也有部分公司依靠内源融资，这意味着公司主要依赖自身盈利能力和资金积累来支持业务增长和投资项目。虽然能增加财务稳定性和自主性，但在某些情况下，公司需要更多资金推动扩张、创新和市场进入等战略目标。此时依赖内源融资，公司的扩张可能会面临限制。一是内部资源和盈利能力有限，难以满足大规模扩张或高额投资的资金需求，限制了公司在市场上的竞争力和增长潜力。二是由于内源融资是公司自身的积累和未分配的利润，需要经过一段时间的经营活动才能实现，具有时间滞后的特点，因此资金流动性不足，会导致公司在需要资金支持时无法立即满足。三是过度依赖内源融资的公司会面临更高的财务风险和经营风险。如果公司利润下降或投资项目失败，会对公司的生存和发展造成严重影响。另外，依赖内源融资时，金融机构可能会对其信用评级和融资能力产生疑虑，进而加大融资难度。

总之，各种融资方式对于上市公司来说，都有其独特的优势。因此，上市公司应当根据自身实际情况，审慎选择最适合自身发展的融资方式。过于偏重某一种融资方式会使企业面临较大的风险。在融资方式选择上，公司应充分了解各种融资方式的特点，以便做出明智的决策。例如，债务融资有助于降低融资成本，但同时也会增加公司的财务风险；股权融资可以为公司提供长期稳定的资金来源，但可能会导致股权稀释，影响公司控制权。针对不同的融资方式，公司还应关注其市场环境和法规政策。在我国，融资市场以银行贷款、债券发行和股权融资为主，公司应关注这些融资方式的供需状况、利率水平和监管政策，以便在融资过程中做出及时调整。在选择融资方式时，公司还应考虑自身的发展战略、财务状况和管理水平等因素。如在发展战略上，公司若计划扩大投资规模，应考虑采用债务融资；若想引入战略投资者，股权融资可能更为合适。同时，公司应保持财务状况稳健，避免过度负债，以确保融资安全。

5. 短期融资规模大，财务风险大

短期融资更容易受市场影响，当其占比较高时，企业会面临宏观环境的影响，导致融资不稳定，无法按时偿还债务。为了避免违约风险，企业不得不寻找新的短期融资，这增加了企业的工作量和再融资成本。具体而言，一是短期融资通常以市场利率为基础，而市场利率会受宏观经济环境的影响而波动。当宏观经济环境不稳定或利率上升时，企业可能面临更高的融资成本和还款压力。二是由于短期融资需要频繁进行再融资或偿还，企业需要花费更多的时间和精力来处理融资事务，导致管理层的注意力分散，影响其他重要业务活动的开展。三是频繁进行短期融资导致企业需要支付更多的融资费用和手续费。此外，由于融资的不稳定性和违约风险的存在，企业在再融资时面临更高的利率和更严格的条件，增加了再融资的成本和困难程度。

1.5 上市公司融资决策的影响因素

基于不同融资理论，对上市公司融资行为的影响因素进行分析，以考察融资行为与结果理论之间的吻合度。本文基于前人研究成果，主要从市场化水平、公司战略管理水平、公司绩效等方面多视角分析，以归纳和总结上市公司融资效率提升的思路。

1.5.1 宏观经济环境与政策调整

在"需求紧缩""供应冲击"以及"预期信心减弱"的宏观经济背景下，我国企业正面临愈发严峻的融资困境。企业在生产过程中遭遇原材料、能源等供应方面的困难，导致生产成本上升和生产效率下降。这将进一步加大企业的资金压力，使得融资需求变得更加迫切。预期转弱意味着市场对未来经济形势的预期变得悲观，消费者和企业信心下降。在这种情况下，企业可能会面临信贷紧缩，使得融资难度增大。这种形势使得企业融资问题逐渐成为社会各界共同关注的焦点，引发了广泛的讨论和关注。

Hackbarth等（2006）通过建立一个宏观经济分析框架研究了上行时期和下行时期宏观经济环境对于信贷风险和企业动态融资结构的影响。闵亮和沈悦（2011）实证分析了宏观经济环境变化对于不同融资约束程度下企业融资决策的影响，在经济衰退期更多地依赖自身留存资金，无法获得外源融资。邵毅平和张昊（2013）以GDP总量和商业银行不良贷款总额等变量来代表宏观经济环境的变化，分析了我国上市公司内外源融资在不同经济环境下的变动。

宏观经济的不确定性和市场波动影响公司的盈利能力和资金积累。经济增长放缓会导致整个市场需求减少，公司产能过剩，加大企业的运营成本，不利于长期投资者的进入。大幅波动的市场无法满足长期投资者稳健的投资需求，反而会吸引"热钱"的流入流出，进一步影响公司的收入和资金积累。当经济环境复杂，市场波动较大时，影响金融市场的稳定性，金融机构会收紧信贷政策，导致企业融资难度加大，资金成本上升。政策的调整会影响企业的成本和融资环境，从而影响企业的盈利能力和资金积累。

孙光宇（2024）通过主成分分析法更加细致划分和量化宏观经济环境变化，研究结果表明，从总体视角分析，在我国宏观经济环境变化的不同阶段，企业的融资偏好也有所不同。在宏观经济环境变化的恢复阶段，企业更偏向于内部留存收益，在这个阶段，经济开始逐渐复苏，企业对未来发展的信心增强，因此更愿意利用自身的现金流来扩大业务。在宏观经济环境变化的扩张阶段，市场需求增加，企业需要更多的资金来扩大生产规模，而债权融资可以提供相对稳定的资金来源，并且相对于股权融资来说，债权融资的风险更小，因此，这一阶段企业更偏好于债权融资。在宏观经济环境变化的衰退阶段，市场需求下降，企业的盈利能力下降，债权融资难度加大，而股权融资可以提供资金，同时也可以帮助企业降低负债比率，调整资本结构，企业更偏好于股权融资。从债权融资的角度来看，在宏观经济环境变化的恢复阶段，企业对未来发展的信心较强，更愿意选择长期债务融资来扩大业务，同时也可以稳定企业的现金流，企业更加偏好于长期债务融资。在宏观经济环境变化的紧缩阶段，市场需求不稳定；企业需要更多的资金来应对市场波动，而短期债务融资可以帮助企业更快地获取资金，并且相对于长期债务融资来说，短期债务融资的风险更小，企业更加偏好于短期债务融资。

经验证据表明，货币政策态势与企业的融资规模之间存在显著的正向关系（Gertler 和 Gilchrist，1994；Lemmon 和 Roberts，2010）。王雄元等（2015）认为，宽松政策会弱化企业风险对债券信用价差的敏感性，紧缩条件下企业融资的风险溢价会明显上升。陈冬华和梁上坤（2017）关注到货币政策态势收缩时，融资约束企业需支付隐性融资成本以竞争银行贷款。因此，政策的调整对企业融资方式的选择产生重要的影响。

1.5.2 市场化水平

市场化水平是一个国家或地区经济体制中市场机制的作用程度和范围，包括价格、竞争、产权、企业经营和政府干预等方面。在市场化水平较高的国家或地区，市场机制在资源配置中起主导作用，企业融资也更容易依靠市场机制来完成。一是市场化水平较高的国家或地区，企业融资渠道较为丰富，包括股票市场、债券市场、银行信贷等。这有助于上市公司在融资过程中选择更适合自身需求的融资方式，降低融资成本。二是市场化水平较高的国家或地区，企业融资效率通常较高。这是因为市场机制可以更有效地调节资源配置，提高企业融资效率。此外，市场竞争也促使企业提高自身经营效率，降低融资风险。三是市场化水平较高的国家或地区，企业融资成本相对较低。由于市场机制可以充分发挥价格发现功能，使企业能够在竞争中获得更低的融资成本。此外，市场化水平较高的国家或地区，金融市场发展较为成熟，金融产品丰富，有助于降低企业融资成本。四是市场化水平较高的国家或地区，公司治理水平通常较高。市场竞争促使企业完善公司治理结构，提高管理水平，从而降低融资风险。另外，市场化水平较高的国家或地区，政策环境通常较为稳定和透明，促进公司较为准确地预测融资风险，降低融资不确定性。

1.5.3 公司战略

公司战略与融资是相互影响、相互依赖的关系。在实现企业长期愿景和使命的过程中，公司战略的制定和实施需要资金支持，而融资活动也是战略的组成部分。

首先，公司战略目标的制定与融资活动是协同的。公司在制定战略目标的过程中，公司的融资能力和渠道会影响公司战略的制定。在融资困难的情况下，企业会调整发展战略，如降低投资规模、收缩业务范围等，以适应融资环境。需要充分了解自身的资金需求，合理评估各项投资和经营活动的资金需求，准确地制订融资计划，选择最有利于实现战略目标的融资方式。融资活动中，关注融资风险，如利率风险、市场风险和信用风险等，采取相应措施，确保融资活动的安全性和稳定性，以降低融资风险对战略目标实现的影响。

其次，在战略实施过程中，一方面，融资为公司提供了实现战略目标的资金来源，通过融资，公司可以获取投资者的资金，用于扩大生产、提高研发能力、拓展市场等，从而推动战略目标的实现。通过融资促进公司优化资本结构，降低财务风险，提高公司的稳定性和抗风险能力，完善和提升公司治理结构，增强公司的透明度和信任度，提高公司的市场地位和竞争力，避免融资问题影响公司战略的实施。另一方面，公司战略的实施需要相应的资金支持，这会导致公司对融资需求增加，公司应根据战略实施的需求，确定融资方式、融资规模、融资时间和融资计划等。不同的融资方式会对公司的资本结构、财务风险、资本成本等方面产生不同的影响。公司以自身的实际情况和战略需求为依据，选择合适的融资方式，以实现最优的资本结构和最低的资本成本的目标。公司战略的实施过程中，公司还会面临市场环境、政策法规、公司经营状况等方面的变化，公司应及时对融资策略进行调整，以应对各种风险和挑战。

此外，公司战略实施效果评价中，资金使用效率的评价是重要组成部分，企业要关注资金使用效率，确保融资金额和期限与战略目标相匹配，避免资金闲置或过度投资。例如，企业应根据投资项目的回报期和现金流特点，选择合适的融资期限和方式，以确保融资活动与战略目标的实现保持一致。

1.5.4 盈利能力与管理者偏好

MM 理论指出，公司融资结构和盈利能力之间存在密切的关系，对二者之间的相互关系的研究，不同的学者得到了不同的结果。例如，Masulis（1983）的研究发现：上市公司的盈利能力与它的资产负债率呈现的是显著的正相关关系，冉光圭（2006）研究发现公司的负债比例与盈利能力是负相关的，也有学者发现：公司的盈利能力与公司的财务杠杆比率两者之间是正相关关系，而与市场价值财务杠杆比率之间则是负相关关系（冯艳，2020；原野、刘战伟，

2020）。

　　融资会影响企业的盈利能力，而盈利能力也是企业选择融资方式的重要依据，公司的融资结构和盈利能力之间存在一定的权衡关系，企业需要在融资方式和盈利能力之间做出适当的权衡。

　　在上市公司的生产经营过程中，内部资金主要来源于企业的盈利留存与折旧收益，但我国大多数上市企业在盈利方面存在挑战，这导致它们难以获得大量的经营收益。在这种情况下，企业内部所留存的收益相对有限，甚至无法满足企业日常生产经营所需的资金。因此，企业需要向外部寻求资金支持，但通过该方式所获取的资金会导致企业生产成本提高，并且面临着更高的经营风险，加剧了企业发展过程的不确定性。另外，债务融资的税盾效应使得企业管理者偏好依赖外部融资（如银行贷款和债券发行）进行扩展，而不是使用内部资金，这导致企业融资结构的不合理化。如果企业面临的投资机会有限或是投资回报率较低，管理层则不愿意将内部资金用于扩展业务，而是选择保留资金或分红。

　　另外，管理者的特征，会影响融资决策。管理者过度自信对公司股权融资具有显著的负相关关系，与公司债权融资则呈现显著正相关。管理者由于夸大自己控制事件的能力，低估自身项目产生的风险，导致他们可能采取较为激进的融资决策。过度自信的管理者往往会更倾向于采取价值被低估可能性更小的债权融资，而较少进行股权融资。此外，管理者因高估项目未来收益也会选择债权融资以避免原有股东利益受损。因此，当内源资金难以填补管理者过度投资需求时，存在管理者过度自信的公司会更倾向于选择债权融资（高孚嘉，2020）。

1.5.5　公司治理结构

　　融资决策与公司治理结构是公司成功运营和发展的关键因素，二者之间的关系日益受到广泛关注。融资决策是公司财务管理活动的重要组成部分，不仅影响公司资金的流动性和运营资金的稳定性，还会对企业的战略规划、经营风险和市场竞争力产生深远的影响。公司治理结构是决定企业运营管理水平和长期稳定发展的关键因素，能够有效地管理和监督公司的运营，保证公司的发展方向和目标的实现。实践中，要分析融资决策如何影响公司治理效能，以及公司治理结构如何影响企业融资决策，从而为企业提供更好的决策支持和指导。完善的公司治理结构可以提高董事会的决策能力，增强股东权益保护和透明度，从而为融资决策提供良好的基础。因此，公司应该注重治理结构的完善和提升，以确保融资决策的合理性和有效性。

我国上市公司在内部融资选择中基本遵循了权衡理论的判断，而在外部融资中大体上依据了最优融资顺序理论的推断，同时研究还发现，股权结构对上市公司融资行为具有显著的异质性效应（邵毅平、张昊，2013）。在上市公司股权结构中，第一大股东持股比例的增加会导致公司的控制权被分散，中小股东的权益不能得到有效保障，而对债权人利益的威胁也将导致中小股东与控股股东之间的利益冲突，降低公司融资效率，影响公司经营决策。董事会和监事会是企业最重要的治理机构，在公司融资决策中扮演着重要的角色，实施管理和监督公司的融资活动。董事会是公司的最高决策机构，负责制订公司的战略规划和经营计划，决定公司的重大事项和决策。在融资决策方面，董事会需要根据公司的实际情况和资金需求，制订合理的融资计划和策略，选择合适的融资渠道和方式，确保融资活动的合法性和效益性。同时，董事会还需要监督公司的融资活动及时发现和解决融资过程中出现的问题和风险。监事会是公司的监督机构，负责监督公司的经营管理和财务状况，保证公司的合规性和风险控制。确保公司的融资行为符合相关法律法规和规范性文件的要求，防止公司融资过程中出现违法违规行为。审核公司的融资计划和策略，评估公司的融资风险和效益，并提出意见和建议，保证公司融资的合理性和可持续性。

1.6 上市公司融资决策——基于典型案例的分析

1.6.1 A集团基本情况

1. A集团简介

A集团是中国领先的汽车制造商之一，创立于2005年，由某汽车集团有限公司整体变更成立，主营业务包括乘用车、商用车和零部件制造等。A集团于 2012 年在上海证券交易所主板上市，2023 年财报显示：A 集团在 2023 年实现汇总口径总收入约 5023 亿元，合并口径营业总收入约为 1297 亿元，同比增长 17.62%，归属于上市公司股东的净利润为 44.29 亿元，位居全球汽车制造企业 500 强之列。

2. 财务状况

为了进一步掌握 A 集团的经营状况和财务状况，选取了该公司 2017—2023 年的主要财务指标，如表 1-1 所示：

表 1-1　A 集团 2017—2023 年主要财务指标

项目	2017 年	2018 年	2019 年	2020 年	2021 年	2022 年	2023 年
营业收入（亿元）	715.75	723.80	597.04	631.57	756.76	1103	1297
净利润（亿元）	108.22	109.46	67.11	60.51	73.91	79.90	37.40
资产总额（亿元）	1196.02	1321.20	1374.10	1428.07	1541.97	1898	2184
负债总额（亿元）	491.88	541.99	549.55	561.47	616.02	676	940
资产负债率（%）	41.13	41.02	39.99	39.32	39.95	35.59	43.04
流动比率	1.76	1.65	1.37	1.34	1.25	1.62	1.31
速动比率	1.66	1.48	1.2	1.18	1.09	1.4	1.09

数据来源：A 集团公司年报

从盈利性方面看，A 集团营业收入在 2017—2023 年总体是增长的趋势，其中，由于疫情的影响，2019 年下降到 597.04 亿元，但在 2020 年开始又有了显著增长。净利润呈现不稳定的趋势，尤其是 2023 年，查阅财务报表，异常变动的指标主要有期间费用指标，例如，销售费用高达 61.96 亿元，管理费用 43 亿元，财务费用 3.06 亿元，导致 A 集团净利润骤降。

从财务状况看，A 集团的资产总额在 2017—2023 年持续增长，从 1196.02 亿元增加到 2184 亿元，增幅达到 82.6%。这说明 A 集团在 2017—2023 年资产经营规模扩张的速度加快，而且还在业务扩展方面取得了一些进展。A 集团的资产负债率在 2017—2022 年整体下降并趋于稳定，这表明 A 集团的债务管理较为稳健。

从财务风险看，A 集团的流动比率和速动比率呈下降趋势，这意味着 A 集团的短期偿债能力有所下降。这与 A 集团在过去 5 年中加大资本支出及加强短期负债管理有关。

综合来看，A集团在2017—2023年中取得了较好的业绩，但仍须注意一些风险和问题，比如流动比率和速动比率的下降。A集团可以进一步优化管理，加强资本支出和收入的平衡，从而保持可持续发展。

1.6.2 A集团融资结构分析

融资结构反映了企业的融资行为，分别从融资来源、性质和融资期限三个方面，梳理了A集团2017—2021年的融资情况如表1-2所示。

表1-2 A集团2017—2021年融资结构

	融资方式	2017年	2018年	2019年	2020年	2021年
按照来源分类	内源融资（亿元）	367.46	430.61	462.99	503.49	556.71
	外源融资（亿元）	828.56	890.59	911.10	924.58	985.26
	内源融资占比（%）	30.72	32.59	33.69	35.26	36.10
	外源融资占比（%）	69.28	67.41	66.31	64.74	63.90
按照性质分类	股权融资（亿元）	704.14	779.21	824.54	866.60	925.95
	债务融资（亿元）	491.88	541.99	549.55	561.47	616.02
	股权融资占比（%）	58.87	58.98	60.01	60.68	60.05
	债务融资占比（%）	41.13	41.02	39.99	39.32	39.95
按照期限分类	短期融资（亿元）	367.39	404.99	415.85	423.85	488.06
	长期融资（亿元）	124.49	137.00	133.70	137.63	127.96
	短期融资占比（%）	74.69	74.72	75.67	75.49	79.23
	长期融资占比（%）	25.31	25.28	24.33	24.51	20.77

数据来源：A集团公司年报整理

从按来源划分的融资结构方面来看，A集团在2017—2021年的融资结构呈现出明显的外源融资占比高于内源融资占比，但外源融资呈现下降趋势，其中，外源融资占比从69.28%逐年下降至63.90%，相应地，内源融资占比则呈逐年上升的趋势，从30.72%逐年上升至36.10%。

从按性质划分的融资结构方面来看，A集团在过去2017—2021年的融资结构呈现出以股权融资为主，债务融资为辅的融资结构，且整体较为稳定，股权融资占比稳定在 60% 左右，债务融资占比总体保持在 40% 左右。

从按期限划分的融资结构方面来看，A 集团短期融资和长期融资占比稳定，短期融资占比稳定在 77% 左右，长期融资占比则稳定在 23% 左右。

综上所述，2017—2021 年 A 集团的融资结构方面呈现出一定的稳健性和谨慎性，呈现出了内源融资占比逐年上升的趋势，这说明 A 集团开始注重通过自身的经营和内部资金来支持发展，同时偏向于股权融资，使得 A 集团具有一定的风险承受能力，因为股票发行所产生的资金不需要立即偿还，股权投资者会代替企业承担一定风险。在期限划分的融资结构方面，更偏向于短期融资，可以降低融资成本，使得公司在应对短期经营需求时更加灵活，同时为公司减少了偿还风险。

为了评价 A 集团融资结构是否合理、融资是否高效，通过投融资期限匹配性来佐证是非常必要的。（图 1-3、图 1-4）

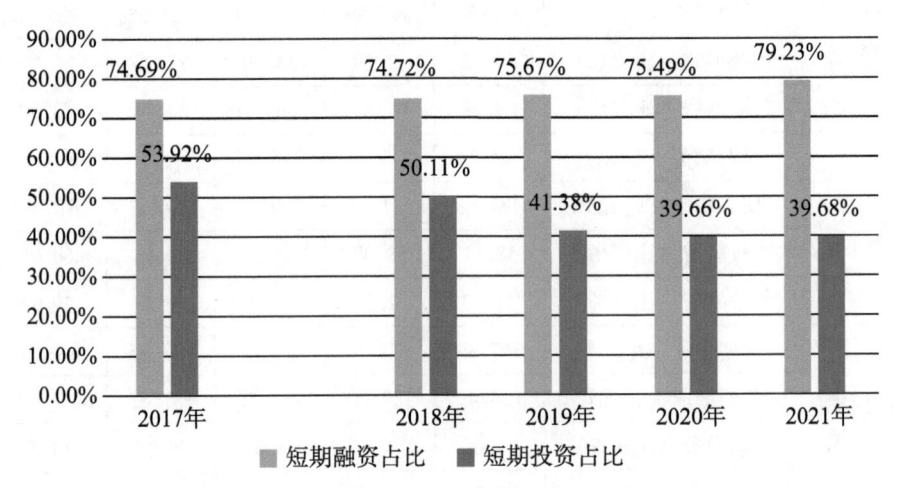

图 1-3　A 集团 2017—2021 年短期投融资占比

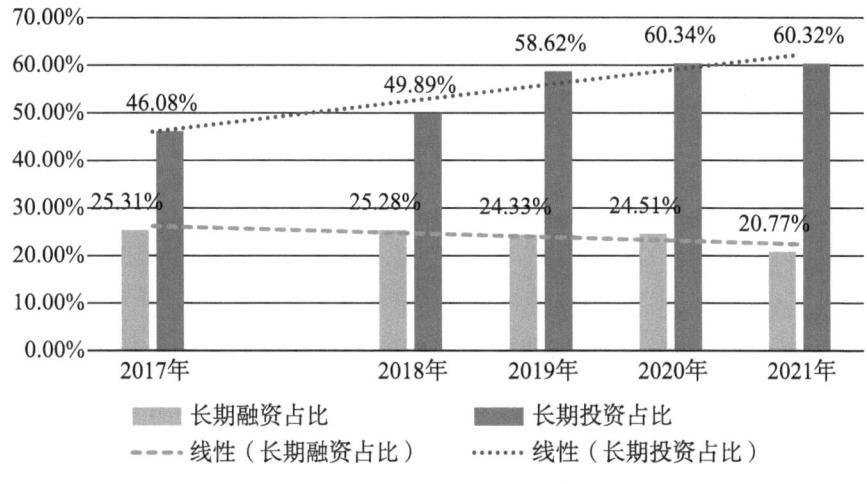

图 1-4 A 集团 2017—2021 年长期投融资占比

从图 1-3 和 1-4 可知，2017—2021 年 A 集团在短期融资和投资方面的期限划分明显。短期融资占比较高且逐年上升，而长期投资占比也相对较高，并呈上升趋势。这表明 A 集团将部分短期融资所得资金投入了长期投资，存在"短融长投"的现象，即投融资期限错配的问题。虽然这种结构可以在短期内带来资金周转的优势，但从长期来看，可能会因短期融资难以及时偿还而增加财务风险和经营风险，也说明 A 集团可能存在资金调配不合理、资金运营效率不高和运营管理不够规范等问题。为了更好地规避风险，提高运营效率，A 集团在未来应加强资金管理，优化资本结构，确保资金的合理分配和使用。

1.7 优化上市公司融资策略的对策

1.7.1 积极发展和完善债券融资

长期以来，我国资本市场由于历史原因、监管政策和投资者偏好呈现出强股弱债的发展格局，制约了融资模式的发展。为了疏解股市压力、优化融资结构、促进实体经济发展，改善股权融资偏好行为，有必要放宽融资途径。融资方式多元化是提高融资决策的重要途径，拓宽融资渠道，降低融资成本，提高融资效率，也是风险管理的过程，避免过度负债和杠杆。具体来说，主要从以下四个方面着手：

一是建立清晰、明确的融资战略。首先，明确债券融资的具体目标，例如，满足短期现金流需求、长期投资项目、债务替换、优化资本结构或提高公司的市场地位等，使公司能够制订适当的债券发行计划，并确保债券发行与公司的整体战略目标保持一致。其次，评估其现金流、负债水平和投资项目的资金需求，以确定债券发行的规模和类型。公司也需要考虑到市场环境的变化，如利率和信用评级的变化，以便在必要时调整债券发行规模。另外，公司应根据资金的流动性需求、投资项目的持续时间和市场环境的变化选择债券的期限。此外，债券的利率是债券融资的重要因素，它决定了公司的融资成本和投资者的投资意愿。公司需要考虑市场利率的变化、投资者对不同利率债券的反应以及公司的财务成本承受能力，以确定合适的利率，确保债券发行的合理性和可持续性。

二是优化债券融资的结构和种类，以满足不同的融资需求和风险偏好。建设规范和高效的债券交易平台，提高债券市场流动性和交易安全性，创新债券产品种类包括品种、期限、利率、支付方式等，满足不同投资者的需求，发展债券衍生品市场，为投资者提供风险管理工具，同时改善股权融资偏好。例如，企业可以发行不同期限和利率的债券，以满足短期现金流需求、长期投资项目或债务替换的需求。此外，公司还可以考虑发行可转换债券、附权债券等创新型债券品种，以增加投资者的吸引力，降低融资成本。

三是完善债券融资的监管环境。优化债券市场环境，简化债券发行流程，提高债券发行效率，完善债券市场监管体系，加强对债券发行人、中介机构和投资者的监管。政府和监管机构需要制定清晰的法规和政策，以规范债券市场的发展，保护投资者的利益，促进市场的公平、透明和稳定。

四是加强与投资者的沟通，建立良好的信誉和形象。通过定期发布财务报告、公开披露重要信息、与投资者保持良好沟通等方式，使投资者能够了解公司的财务状况、业务进展和战略目标，可以提高投资者对公司的信任度，增强债券的流动性，降低融资成本。

1.7.2 增强内源融资能力

上市公司普遍存在外源性融资重于内源性融资的问题，因此，需要拓宽融资渠道，增强内源融资能力。

一是加强公司财务管理，建立健全财务管理体系。其一，制定和执行财务战略、监督财务活动、提供财务报告和决策支持，准确分析财务数据，识别潜在的风险和问题。其二，定期审计财务报表、监督资金使用情况、审查合同和发票等财务文件，确保财务信息的真实性和准确性，建立内部控制机制，规范财务行为，防止财务违规和舞弊现象的发生。其三，评估投资项目的风险和收益，制定合理的投资策略，确保资金投向符合公司的发展战略和目标，同时，建立高效的资金调度机制，根据业务需求和市场环境及时调整资金分配，提高资金的使用效率和收益水平。其四，合理分配债务和权益资本的比例，确保企业的偿债能力和流动性水平，关注宏观经济形势、政策变化和市场竞争等因素，及时调整和优化资本结构，降低财务风险。

二是提高自身盈利能力和经营效率。由于内源融资源于公司的经营积累，公司要不断优化自身的业务模式、产品和服务，提高市场竞争力，扩大市场份额，增加营业收入和利润水平。关注和研究市场趋势和客户需求，开发具有竞争力的产品和服务，提高市场份额和客户满意度。同时，公司还需要注重产品研发和技术创新，以保持技术领先地位，提高公司的核心竞争力。以优化生产流程、提高生产效率、降低原材料和人工成本等为抓手，加强成本控制和管理，降低不必要的开支和浪费，提高利润率，增加内源融资的来源和规模。积极开拓市场，扩大销售渠道和客户群体，提高营业收入和利润水平，进一步增强内源融资能力。

三是建立良好的企业文化和有效的激励机制，提高员工工作积极性和效率。其一，建立健全的内部管理制度和流程，明确岗位职责、工作标准和考核机制，以确保员工明确自己的职责和要求，实现各项业务和决策的规范化和标准化，提高工作效率和质量。其二，为员工定期开展培训课程、技能提升活动和提供职业发展机会，激发员工的学习热情和创造力，提高他们的综合素质和工作效率。建立良好的企业文化，增强员工的凝聚力、向心力、归属感和忠诚度。构建有效的沟通渠道和反馈机制，鼓励员工提出建议和意见，及时回应和处理员工的投诉和问题，增强员工的信任感和满意度。其三，建立公司战略目标与员工需求相匹配的激励制度。实施多元化的激励方式，包括薪酬激励、福利激励、晋升激励、荣誉激励等不同方式，以满足不同员工的需求和偏好。开展公正公平的考核机制，对员工的绩效和贡献进行客观、公正和透明的评估，充分利用绩效考核结果，实现以考核促绩效提升的目的。其四，对经营者进行股权激励，经营者出于自身利益的考虑，会更加关注公司的长期可持续发展。进一步规范公司的股利分配制度，整合利润留存制度，积极进行内源性资本扩张，强化公司内部积累。

此外，我国上市公司存在委托代理关系不明确，所有者虚位的问题，因此，通过真正建立起股东会、董事会、监事会和经营者之间相互制衡的治理结构，防范其可能产生的道德风险和机会主义行为，引导其在融资方式上倾向于外源性融资。

1.7.3 优化资本配置效率

资本配置是公司经营的重要组成部分，资本配置的合理性和有效性将直接影响公司未来的发展。一是明确投资方向是资本配置的基础。市场环境和行业趋势的变化会影响投资项目的风险和收益，公司要密切关注市场动态和政策变化，以便及时调整投资策略。通过对投资项目进行风险评估、收益预测和竞争分析等方式，确定投资项目的可行性和潜在风险，从而制定合理的投资比例和优先级。实施多元化的投资组合，将资金分散投入不同的领域和行业，以降低投资风险和不确定性。二是合理配置股权和债务资本。股权融资提供长期稳定的资金来源，可以降低公司的财务风险，债务融资可以为公司提供额外的资金来源，扩大公司的资本规模和经营能力，使用债务融资时，确保债务融资的风险和成本在可控范围内，避免过度负债导致的财务风险和经营压力。在实际融资过程中，公司应根据自身的资本结构和财务风险，合理配置股权和债务的比例，以实现企业的可持续发展和价值最大化，此外，应该大力推广股票和资产证券化，从而获得更多的长期负债，充分利用国有资产和政府的支持，合理发行中长期债券，从而减少流动负债的比重。通过调整贷款的期限，获得更多的长期贷款，减轻其资金负担，并将其转化为更有效的投资，实现更大的财务效益，尽管需要承担更高的利息，但通过更多的长期投入，可以获得更多的收益，并且投入的时间跨度大，将会对公司财务带来正面的作用。三是完善现金流量管理。加强资金调度和优化资金配置，根据业务需求和市场环境及时调整资金分配，通过优化投资决策、加强成本控制、提高资金周转速度等方式，提高资金的使用效率和收益水平。建立有效的现金流预警机制，实施现金流的监测、分析和预警,以及对现金流风险的防范和应对,及时发现和解决现金流风险和问题。确保公司可支配的现金流能够及时、有效地用于投资决策和生产经营活动中,提高公司的经营效率和盈利能力,降低财务风险和经营压力,为企业的可持续发展提供有力保障。

1.7.4 完善公司治理结构

不合理的股权结构是导致大股东利益侵占行为的主要原因。当大股东持股比例过高时,其控制权过于稳固,可以控制公司的决策和经营,从而损害中小股东的利益。而股权高度集中是我国上市公司普遍存在的问题,容易导致大股东滥用控制权谋取私利,损害中小股东利益。为解决这一问题,引入大股东股权制衡制度可以形成权力相互制衡,减少利己主义行为。因此,完善治理结构应该从公司权力集中度和权力监督机制两方面入手。此外,管理层直接参与公司融资决策,其行为直接影响决策的结果。

一是优化股权结构。调整股东持股比例,降低股权集中度,增加中小股东的持股比例,充分发挥对大股东的制衡作用,包括在资本市场中采用IPO、增发、配股等方式进行股权融资,鼓励大股东减持股份,分散股权结构,引入战略投资者或其他机构投资者,改善公司内部治理,有效减少内部人投机行为,防止内部人通过股权融资滥用资金的行为,同时,稀释大股东的持股比例,通过股权激励计划或其他方式,鼓励管理层和员工持股,以分散股权结构,降低股东的影响力。

二是完善监督机制。通过市场化、竞争化的选聘机制,以及对独立董事专业技能、独立性和客观性的严格要求,选拔出真正符合条件的独立董事,使其能够真正代表中小股东利益,加强对独立董事的监督和考核,确保其履职有效;借助监管机构,加强监管力度,形成多方监管的格局,充分利用监管机构、行业协会等参与公司治理,对大股东行为进行监督和制衡。公司积极调动并认真配合债权人参与公司治理,确保债权人享有应有的知情权、监督权和收益权等权益。通过建立良好的沟通机制,债权人应积极参与共同承担监督责任,实现数据信息资源共享,以及专业知识、治理视角及流程的多方互补,促进投融资活动的期限适配性和决策规范性,从而确保投融资活动的稳健性和可持续性。此外,公司还应致力于优化投融资流程,确保投融资活动与债权人的需求和期望相匹配。这包括建立有效的沟通渠道，以充分了解债权人的期望和需求，以及提供必要的信息和数据支持，以协助债权人做出明智的决策。

三是强化经理层治理。我国公司经理层出于获取控制权私人收益的目的，偏好于股权融资和短期融资，造成负债权益比率失衡和偿债压力加大等现象，不利于公司的可持续发展。而股权融资偏好使经营者没有还本付息的压力，可以任意支配获得的资金，会产生过度投资和投资不足的问题。科学有效的公司治理约束管理者利用职权谋取私利，通过实施和完善薪酬激励与股权激励制度，将其利益与公司利益捆绑，转变管理者身份，使其能够站在公司的角度考量公司利益，减少寻租行为及代理成本，减少因私利动机导致不合理的融资方式；另外，要提高经理层人员的专业素质和道德素质，减少利己行为。

四是完善信息披露制度。政府监管机构应从增强"信息透明度"和"信息时效性"两个方面进一步改进信息披露体系，加大对虚假陈述等的惩处力度，充分降低信息不对称。对于"信息透明度"，政府要进一步完善信息披露的配套法律法规，对披露的内容、方式、程度进行严格规定，提高公司会计信息的透明度，如建立对重大证券违法行为的民事责任追究制度，改进现有诉讼制度，提高上市公司披露虚假信息的成本。对于"信息时效性"，政府可以构建信息披露实时上报平台，要对所上报的信息披露进行实时跟踪查看，必要时进行现场监管并按时公布披露的信息。大力提高信息披露质量，让投资者走得近、听得懂、看得清、有信心，积极推动投资者关系管理，形成市场良性互动。另外，政府应鼓励公司创新信息披露方式，如微信公众号订阅、移动短信推送、邮件发送等方式，对公司的重要财务信息和重大事件及时地披露给信息使用者，保障外部财务信息使用者的知情权，减少信息不对称现象，为外部信息使用者在财务治理结构中发挥作用创造条件。

2 上市公司资产质量管理

2.1 研究背景与意义

2.1.1 研究背景

党的二十大报告提出:"高质量发展是全面建设社会主义现代化国家的首要任务。"高质量发展成为新时代经济社会发展的重要主题之一,经济社会的全面发展离不开每个企业的高质量发展,而资产质量是每个企业高质量发展的关键要素,这也凸显了加强对资产质量关注的必要性。

上市公司是中国经济发展的重要力量,在推动经济增长、稳定就业以及保障税收等方面承担着重要责任和使命,其发展水平对国民经济具有重大战略影响,也是我国经济核心竞争力的集中表现。综合来看,2023年,上市公司在克服国内外诸多不利因素的情况下,整体业绩保持了稳健增长的基本盘。这充分展示了上市公司在经济高质量发展过程中发挥的重要作用,彰显了其作为经济高质量发展生力军的担当。在复杂多变的形势下,企业之间的竞争变得日益激烈,上市公司资产质量管理显得尤为重要,其资产质量管理也受到了越来越多的关注。随着资本市场的不断发展和完善,上市公司的资产状况和经营成果对于投资者的决策影响越来越大。因此,上市公司需要加强资产质量管理,提高资产的使用效率和盈利能力,以吸引更多的投资者。此外,监管政策的调整、市场环境的变化、经济周期等因素也对上市公司资产质量管理提出了新的挑战,上市公司应及时调整资产质量管理策略,以积极应对风险和挑战。

2.1.2 研究意义

资产质量是企业获取未来利润的重要基础，也是股东、债权人、投资人和管理层等信息使用者做出决策的重要基础。

一是理论层面，通过对上市公司资产质量管理的理论研究，梳理和掌握了关于上市公司资产质量研究的脉络，为进一步深化理论研究奠定基础。通过分析发现，我国上市公司资产质量研究以财务管理理论为基础，尚未形成独立的资产质量管理理论，理论研究还在探索阶段。

二是实践中，对于上市公司资产质量管理的研究，众多学者更多聚焦于对资产质量评价方法和评价指标的分析和应用。本研究在传统财务指标评价基础上，不断丰富和完善，以更加全面的视角，分析上市公司资产质量水平。采用理论研究与案例研究相结合的方法，选择典型案例公司，分析资产质量管理水平，使得理论范式有了实践印证，实践更具理论内涵，为上市公司资产管理提出有效的措施，以提高资产的使用效率和盈利能力。此外，资产质量是投资者决策的重要依据，上市公司资产质量管理水平的提高，有助于提高市场信息透明度，增强投资者信心，进而促进资本市场的稳定和发展。

2.2 国内外研究现状

2.2.1 国外研究现状

许多国外学者对资产质量的内涵和特征进行了研究，主要从资产质量的基本构成、核心要素和结构特征分布等方面进行深入探讨，关注资产质量与其他因素之间的作用机理。

企业的资产质量是在运营和发展过程中，根据其资产状况建立的一套适应企业长期稳健发展的资产要素。这些资产要素能体现资产的长期收益性、资产稳健运行的客观性以及资产未来增长的潜力。通过优化资产质量，企业可以提升自身的核心竞争力，实现可持续发展。（Amihud Yakov 和 Mendelson Haim，1986；Myers Stewart C. 和 Majluf Nicholas S，1984）。企业的资产质量与一般性生产产品的质量性比较，要理解其内涵需要从资产盈利性、稳定性、流通性、保值性、多元性和通用性等维度来评价（Jan Barton 和 Paul J. Simko，2002）。对资产质量核心要素与构成，Stephen Brown 和 Stephen A（2007）认为资产质量是反映企业性质的一种表现形式，它受到企业发展状况、所处行业价值尺度变化等因素的影响。在一定程度上，这些因素能够揭示企业的资产质量状况。高质量的资产能满足企业发展需求，受到社会的认可，具有较强的变现能力。相反，那些不能满足企业发展需求的资产，其质量相对较低，可能会被企业抛弃。这些资产所具备的变现能力、资产转换能力、流动性和抗风险能力也相对较弱。因此，企业在发展过程中，需要不断优化资产质量，以提高资产的运作效益和企业的核心竞争力。评价资产质量的方法研究中，Jennifer Francis（2004）认为通过多种分析模型，可以构建一定的企业资产质量影响因素量化公式，通过实践化的数据分析，用企业每股的净资产调整前后的差异程度，即 K 值变化幅度，能够有效地影响企业资产质量的变化。如果企业的每股净资产调整前后差异程度越大，则反映出企业真实有效的资产质量相对越差，反之如果企业每股净资产调整前后的差异性程度相对越小，则能够表示企业 K 值所调整的空间幅度有限，企业每股的净资产值是相对稳健的，此时的企业资产质量相对较好。

从行业分布看，学者们对资产质量特征的研究主要是以银行等金融行业为出发点，Nimesh Salike 和 BiaoAo（2018）以亚洲银行为研究样本，选取 2001—2016 年的 947 家银行数据，研究结论是高质量的资产对企业的盈利能力的影响是重大且积极的。Ahmad Aziz（2019）同样以银行为样本，选取 2010—2017 年 23 家银行的相关数据资料，并对其使用回归分析法，认为资产的质量在一定程度上会影响企业未来的可持续发展能力，具体表现为资产质量越高，企业未来的发展潜力越大，反之企业未来的发展空间较小。部分学者经验证发现资产的质量与宏观环境之间具有影响关系，另外，Yaxian Gong 和 Xu Wei（2019）通过建立模型发现企业的资产质量越是劣质，企业越是会依赖短期债务，导致市场的流动性也会大幅度降低。

2.2.2 国内研究现状

截至 2024 年 5 月 28 日，以"上市公司资产质量"为关键词，在中国知网总库中搜索到137篇文献，如图2-1所示，发文量在2012—2014年处于高峰期，2022—2024年发文量呈现上升趋势，从图2-2可知，以"资产质量"为主题的论文占比54.7%，成为学者主要的研究话题。

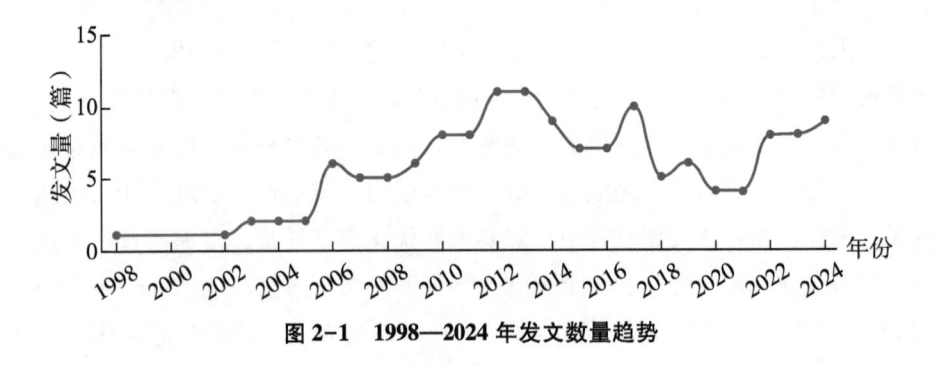

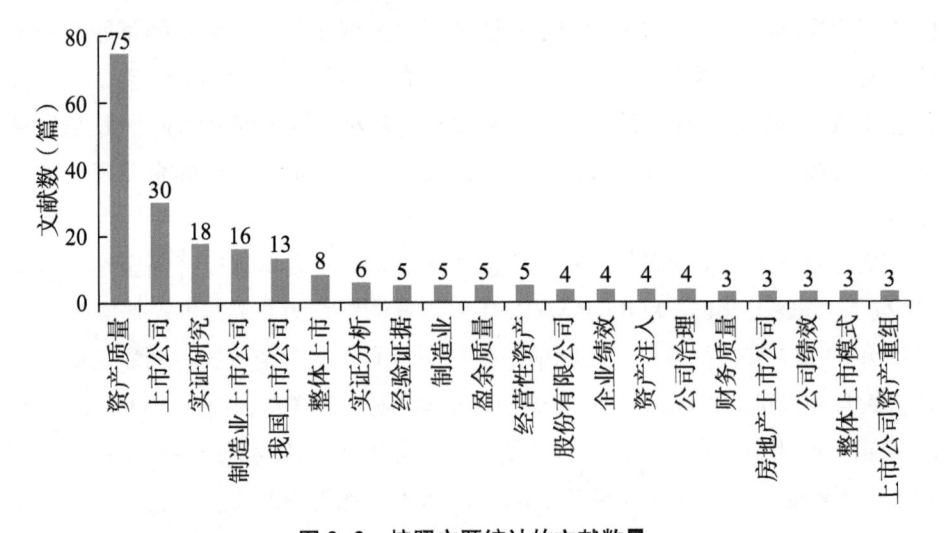

图2-1 1998—2024年发文数量趋势

图2-2 按照主题统计的文献数量

在国内，随着学者对资产质量研究的逐步深入，学者们对其有不同的看法。尤建新和陈雨婷（2022）通过483篇中国知网"资产质量"相关文献进行分析，得出关于资产质量概念的界定目前还尚未统一，按照时间顺序分析的出发点主要可以为三类：一是从"资产"定义出发的"盈利观"，多被用在会计信息视角下和投资人视角下的分析；二是从质量的"适用性"出发的"相对观"或"比较观"，常与资产整体系统质量相联系；三是资产质量与资产价值传导过程中"决策选择"带来的影响（实物期权），常被用来分析具有较高知识资产的高科技企业的资产价值。国内大量关于资产质量的文献都认为资产质量是通过财务指标进行反映的，这与国外对资产质量的判定没有本质差别（张付荣，2010）。而曾颖和陆正飞（2006）认为关于资产质量的定义更多地关注企业资产质量的稳定性。资产质量决定了企业运行与发展的基础（张春景、徐文学，2006），根据其对企业经营利润的贡献程度，分为高层次的资产质量和低层次的资产质量。高层次的资产能够为企业带来持续性的经营利润，具有较高的盈利能力和投资回报率，有助于企业在市场竞争中脱颖而出，实现可持续发展。低层次的资产只能为企业带来较低的经营利润，甚至无法为企业创造利润，有些甚至需要企业持续投入资产来弥补其亏损，资产经营效率是资产质量分类的核心（张晓明，2008）。资产质量也可以根据不同的内涵要素划分为单向性的资产使用质量、资产的结构化质量、资产的自由化质量和资产的变现质量，即资产的盈利性、变现性、流动性和结构层次性四个方面出发来对资产进行总体评价（张红侠，2011）。徐泓和王玉梅（2009）从资产质量的外延出发，将资产质量的内涵融入外延，建立一个多维度的资产质量评价指标体系，这个体系包括存在性、流动性、收益性、结构性、可持续性和风险性。其中，资产的盈利性被放在资产质量特征的首位，而资产质量的其他特征的重要性将随着资产盈利性的变化而变化。企业实施资产质量管理，进行投资组合，如果出现盈利能力下降或者资产负债升高时，管理层会通过调整资产负债表，掩盖企业真实的资产质量（张新民，2019）。就资产质量流动性，唐荣林（2009）主张将资产的流动性与周转效率进行类比，即资产的流动性是指资产在生产过程中的周转效率。资产的流动性等同为资产的变现能力，即资产在未对利益相关者产生损失的情况下所能够及时变现的能力，资产作为企业运营周转的物质基础，其自身越能被充分利用，则资产的变现能力越快，说明企业的运营效果较好。

关于资产质量的评价与影响因素的研究也较多。资产质量可以从四个方面进行评价，分别是存在性质量、周转性质量、获利性质量和盈利性质量。这四个方面分别从资产规模、资产周转状况、资产获利能力和资产流动性、变现能力等角度，全面深入地研究探讨企业资产总体状况。这些指标能够反映出企业在资产管理中的核心管理指标，帮助企业更好地了解自身的资产状况，优化资产管理策略（周春梅，2009；周夏飞，2017；朱腾明、康婷，2011等）。另外，评价企业资产质量的财务会计指标中，应当从资本收益率、股权收益率和净利润率等方面来综合评价企业的资产质量状况（李琰，2017）。张宇（2014）对资产质量的定义进行了概括，指出资产质量是指特定资产在企业日常经营管理的系统中发挥作用的大小，体现在变现速度、利用率、增值幅度以及对企业发展目标作出的贡献等方面。同时，张宇以时效性、操作性、持续性、真实性为原则，提出包含5个方面15个指标的多维度评价体系，包括资产流动性、结构性、盈利性、安全性和成长性，这个多维度评价体系有助于企业全面评估资产质量，从而更好地优化资产管理策略。通过分析各个指标的实际情况，企业可以找出存在的问题和不足，制定相应的优化措施，提高资产质量，提升企业的核心竞争力。

历芸（2015）、李晓婷（2015）等学者对国内企业资产质量评价和提升管理提供了思路，在进行我国企业资产质量研究时，应从高维度和低维度两个层面进行具体分析。在高维度上，重点关注企业发展的运营状况和成本收益状况，以全面评估企业在市场竞争中的优势和劣势。而在低维度上，则应对企业的资产质量进行详细分析，包括资产规模、资产周转状况、资产获利能力、资产流动性等方面。企业资产质量管理优化应立足于国家经济发展实践，结合市场经济发展状况，提升企业资产质量管理和优化能力。在考虑企业资产质量状况指标时，应根据我国自身发展实践，重点关注企业的资产流动性指标、资产负债率以及应收账款回收能力状况等方面。

2.2.3 文献述评

通过对国内外关于资产质量的研究进行深入分析，发现大部分研究都是基于资产质量的基本理论和内涵的拓展和深化，而且这种研究更偏向于理论探讨。主要关注资产质量的构成要素、分类、结构和影响因素的研究框架。国内关于资产质量的研究更侧重于结合我国企业实际情况，对企业资产质量的优化进行探究。但是相对来说，对于资产质量实践化的案例分析研究相对较少。本章以资产质量管理理论为基础，借鉴国内外专家学者关于资产质量影响因素指标的相关分析结构和逻辑，充分利用案例研究的优势，对影响资产质量的相关问题进行深度探讨，评价案例公司资产质量管理状况，提供关于我国上市公司资产质量管理的有效策略，为我国上市公司资产质量管理提供更丰富的理论和实践指导。

2.3 相关概念和理论基础

2.3.1 相关概念

1. 资产质量的内涵

资产质量指的是特定资产在企业管理系统中发挥作用的质量。就企业来说，体现资产质量的要素众多，但能真实反映企业运营中资产质量的要素通常相对集中，一般以资产的存在性、资产的周转性、资产的获现性、资产的盈利性等特征为其重要要素。

2. 资产质量的本质特征

（1）流动性

资产流动性指的是企业某项资产满足资金需求和回笼资金的能力，也就是所有者所持资产的变现能力。当企业的资产流动性较强，或者资产具有较好的流动性时，表明其拥有充足的现金，且能够在较短时间内变现。流动比率和速动比率一般被用来分析公司资产的流动性状况，公司的资产流动性越强，其流动比率与速动比率越高。

（2）盈利性

企业资产质量的优劣与其是否优化和企业获得利润的能力紧密相关。其中，资产盈利性是企业资产质量的核心特征之一，它代表了资产的总体盈利状况和盈利能力。该特征反映了资产总体的价值增值情况，有助于判断资产增值的可扩展性。通常，在资产盈利性中，销售净利率、销售毛利率和总资产收益率等具体指标能够体现企业资产盈利性的发展变化趋势。

（3）结构性

资产质量的结构性是指资产的质量特征在结构上的表现。具体来说，是指资产在不同经济环境、市场条件下的表现和效益。资产质量结构性反映了资产质量的整体水平和特点，是评估企业资产状况和盈利能力的重要依据。

3. 资产质量的属性

（1）资产质量的相对性

资产质量具有相对性，也就是说，同样的资产类型、数量和价值在不同的应用场景或企业中能够带来不同的效益和价值。同时，同一类型的资产、数量和价值在同一个企业内部的不同经营阶段也能发挥出不同的价值。这是因为资产受到行业差异性和企业差异性的影响，具有相对性特征。因此，资产的价值在不同的应用场景下具有不同的表现，这就是资产质量的相对性属性。

（2）资产质量的时效性

相同的资产在不同时间段内和时间节点所能创造的经济效益和具体价值存在差异。这是因为资产在不同时间段内和时间节点上有不同的拥有者和使用者，即企业的内部控制模式、治理结构、生产运营模式等会发生改变，同时，市场上的消费热点、市场竞争环境的变化具有明显的时间差异，这些因素都会导致企业的资产质量随着时间的变化而有所不同。

（3）资产质量的层次性

资产的应用价值在管理层的使用和配置下会呈现出显著差异。部分管理层能够充分挖掘并利用企业各类资产的价值潜力，将资产的价值发挥到极致，而其他管理层在资金管控和资产配置方面存在局限性，无法充分发挥相应资产的价值。此外，管理层之间的层级和职能差异也会影响他们对资产价值的看法，并据此作出不同的管理决策，这些决策将直接影响到企业整体资产盈利水平，从而影响企业的经济效益。

4. 上市公司资产质量评价方法

（1）资产结构分析法

资产结构分析法是结构分析法的运用，它认为企业资产质量是由资产结构决定的，该方法将企业资产分为流动资产、长期投资、固定资产和其他资产，这4种资产的价值占比构成了企业资产结构。

通过对资产结构的分析，可以评价和判断企业流动资产、长期投资、固定资产和其他资产之间的比重是否合理。当企业的固定资产比重过高时，会影响营运资金的使用和价值，对企业的正常运营和发展造成不利影响。如果固定资产比重偏低，则会导致企业发展后劲乏力，难以应对市场变化和竞争压力。因此，需要合理地控制各类资产的比重，确保企业资产结构的合理性和稳定性。

此外，资产结构分析法还可以通过分析各类资产的流动性、盈利性和风险性等因素，评估企业资产的总体质量和效益。例如，如果企业的流动资产比重过高，资产使用效率较低，会影响企业的获利能力。相反，如果长期投资比重过高，则会导致企业面临较高的投资风险和流动性风险。资产结构分析法是企业进行资产管理的重要手段之一，可以帮助企业了解自身的资产状况和经营风险，并制定相应的管理策略。

（2）现金流动分析法

现金流动分析法是一种关注企业资产流动性的分析方法，它主要对企业资产中流动性最强的货币资金展开分析。该方法通过经营活动产生的现金净流量、货币资金占比等指标来评价和分析资产质量。

一般情况下，如果企业缺乏现金净流入的利润，那么它的资产质量是不可靠的。因为利润表上的盈利数字并不能完全反映企业的真实经营成果。如果企业现金经常呈现流出大于流入的情况，并且净流量长期低于净利润，那么这表明企业的资产流动性较差，资产质量堪忧。此外，现金流动分析法还关注企业的现金流入结构，通过分析经营活动、投资活动和筹资活动的现金流量情况，来判断企业资产的形成、使用和变现能力。如果企业的现金流入结构不合理，现金流出大额增加，而经营活动产生的现金流量净额较小，那么说明企业的资产质量存在潜在风险。因此，现金流动分析法是一种有效地评估企业资产质量的方法，可以帮助企业了解自身的资产状况和经营风险，现金流动分析法还可以为企业提供预警信号，帮助企业及时发现潜在的问题和风险，从而做出防范措施。

（3）虚拟资产、不良资产剔除法

在评估企业的总资产时，将虚拟资产和不良资产从总资产中剔除，以获得准确的账面价值，这不仅反映了企业资产的良性资产和不良资产分布状况，同时也揭示了企业资产的真实质量和价值。在剔除不良资产后，关注良性资产的组成和规模。这些良性资产是企业运营和发展的基础，能够为企业带来稳定的现金流和利润。通过将良性资产与负债进行比较，评估企业的负债能力，了解企业是否能够满足债务偿还的需求。同时，通过良性资产与净资产进行比较，可以更全面地了解企业的持续经营能力，包括企业在未来一段时间内的发展潜力、抵御风险的能力以及企业的战略定位等。这样的评估方法可以有效地揭示企业资产的真实质量，为企业决策者提供更加全面和准确的信息，帮助他们做出更加明智的决策。

2.3.2 理论基础

1. 资产质量管理理论

企业资产质量管理理论在企业财务管理中发挥着重要作用。借助财务综合分析和企业价值分析，该理论能够为企业的经营管理提供有力的指导，并为企业的资产评价提供有效的财务数据。这种理论实用性强、应用价值高。通过将其应用于企业的发展中，资产质量管理理论能够对企业资产质量状况进行评估、分析和探讨，发现企业在资产发展过程中存在的不足。在此基础上，该理论还能够提出相应的发展策略，帮助企业优化资产结构，提高资产效率，进而推动企业的健康稳定发展。因此，企业资产质量管理理论是企业发展过程中不可或缺的理论工具。

2. 财务管理理论

财务管理理论是一个系统性的分析框架，它涵盖了企业在日常经营中涉及的资产性理论。它不仅关注企业资产的存在性状况、周转性状况、变现性状况和盈利性状况，还对这些状况指标进行综合分析，以全面评估企业的经营状况。通过对比分析企业的总体资产优劣，对企业的运营发展质量进行准确的判断，同时深入剖析企业的盈利状况，揭示企业在资产质量方面的优势和不足。基于这些分析结果，为企业提供一整套资产质量优化和完善的框架，旨在提高企业的资产效率、优化资产结构，同时为企业提供决策支持和风险防范措施，从而推动企业持续稳健地发展。

3. 核心竞争力理论

核心竞争力理论强调，企业的核心竞争力源于企业的内部资源，尤其是资产配置的科学性和合理性。只有合理地配置和组合各种资产，才能形成企业的核心竞争力，为企业提供源源不断的发展动力。作为企业资源的重要组成部分，高质量的资产更容易形成企业的关键优势，从而在同行业同领域中占据领先地位。因此，优化资产质量和提高资产效率是企业在激烈的市场竞争中取得优势的关键。

2.4 上市公司资产质量评价

2.4.1 资产的流动性

1. 资产流动性的内容与评价方法

资产流动性是资产质量评价的关键要素，与企业的资金周转速度和运营效率紧密关联。如果资产无法在短期内变现，企业将面临资金短缺的风险，进而影响其正常运营和持续发展。因此，资产流动性在资产质量评价中占据着举足轻重的地位。为了衡量资产的流动性，通常会采用流动比率和速动比率等财务指标。这些指标能够直观地反映资产的变现能力，成为评价资产质量的重要依据之一。需要强调的是，资产的质量和规模都会对资产的变现能力和价值产生影响，而资产的结构和市场前景则会进一步影响市场需求和变现速度。

2. 优化资产流动性的策略

一是优化资产组合，增加流动性资产在总资产中的比例，从而提高资产的变现能力和流动性。流动性资产主要包括现金、短期投资以及易于变现的应收账款等。这些资产具有较高的流动性，可以在短时间内快速转化为现金，帮助企业应对短期资金需求，降低流动性风险。在实际运营过程中，企业应根据自身的资金需求和市场状况，合理配置资产，确保资产组合的流动性。一方面，企业可以通过加强应收账款管理、提高存货周转速度等措施，提升现有资产的流动性；另一方面，企业还可以通过投资短期债券、货币市场基金等金融产品，增加短期投资，进一步提高资产组合的流动性。

二是合理配置流动性资产和非流动性资产，以平衡企业的流动性和盈利能力。资产流动性管理是企业财务管理的重要组成部分，需要企业对资产进行全面的分析和评估，以实现资产配置的最优化。通过合理的资产配置，企业可以在保证资金流动性的同时，实现盈利能力的最大化，为企业的长期发展奠定坚实的基础。虽然非流动性资产往往具有较高的盈利潜力，但在短期内难以变现，因此可能加大企业的流动性风险。为了确保企业的稳健运营和发展，企业需要通过多元化的资产配置策略，实现流动性资产与非流动性资产的平衡。

具体而言，企业应根据自身的资金需求、盈利目标和市场状况，合理配置流动性资产和非流动性资产。在确保有足够的流动性资产以应对突发情况的同时，保持一定比例的非流动性资产，以实现长期盈利目标。这样，企业既可以在短期内应对资金需求，降低流动性风险，又能够充分利用非流动性资产的盈利潜力，实现持续、稳定的盈利。

三是充分运用流动性管理工具。企业通过现金池管理、票据融资和资产证券化等多种金融工具，可以有效地管理资产流动性，提升资金利用效率，增加资产变现能力，并为企业发展提供稳定的短期资金来源。其一，引入现金池管理，集中管理企业各个子公司或部门的现金流量，实现资金的统筹调配，降低现金闲置和浪费现象，提高资金利用效率，从而进一步降低流动性风险。其二，采取票据融资，企业通过贴现或质押自身的票据来获取短期资金支持，为企业提供更加灵活的融资渠道，以提高资产的流动性，降低融资成本。其三，推进资产证券化，企业将自身的资产打包成证券，销售给投资者以获取现金，实现资产证券化，提高资产的变现能力，进一步优化资产结构，降低融资成本。

2.4.2 资产的盈利性

1. 资产盈利性的内容与评价方法

资产盈利性是资产质量评价的重要组成部分。资产质量评价是对企业资产的质量和价值进行评估和分析的过程，它关注资产的变现能力、收益能力和风险水平等方面。资产盈利性，即企业通过资产运用所获得的盈利水平，是评价资产质量的重要指标之一。高质量资产通常具有较高的盈利潜力，如流动资产、投资性资产等。企业拥有高质量资产，有利于提高资产运用效率，从而增加盈利水平。同时，盈利性也会影响资产质量，企业通过有效地运用资产，实现盈利目标，有助于提高资产的价值和盈利潜力。

资产盈利性评价是衡量企业资产运用效率和盈利能力的关键方法，主要包括：一是分析资产盈利水平。通过计算企业的净利润、利润率等盈利指标，评价企业的资产盈利水平。此外，还可以对不同部门、子公司或业务领域的盈利情况进行分析，以了解资产盈利性在不同领域的表现。二是评估资产收益能力。对企业的资产收益能力进行评估，包括投资回报率、资产收益率等指标。通过指标的分析了解其资产收益能力是否达到行业水平，以及是否具有提高空间。三是分析资产风险。对资产风险进行评估，包括信用风险、市场风险、流动性风险等。通过评估资产风险，了解潜在的盈利风险，并采取相应措施进行风险管理。四是评价资产周转率，分析企业的资产周转率，包括总资产周转率、流动资产周转率等。资产周转率反映了企业运用资产的效率，高周转率通常意味着更高的资产盈利性。此外，通过将企业的资产盈利性指标与同行业其他企业进行对比，了解企业在行业中的地位和优劣势，以便制定更有针对性的发展战略。

公司应充分了解和评估资产盈利性水平，不断优化资产配置和提高盈利能力，从而在市场竞争中脱颖而出。此外，通过密切关注行业动态和竞争对手的盈利水平，企业可以更好地制定竞争策略，确保在激烈的市场竞争中保持竞争优势。

2. 提高资产盈利能力的措施

提高资产盈利性是企业追求持续发展和提高市场竞争力的重要手段。基于公司发展现状，主要从资产配置和资产利用效率等方面着手提高资产的盈利能力。

（1）优化资产配置

对于具有较高盈利潜力的资产，企业应加大对其的投资力度，提高生产效率、加强项目管理、优化运营策略，以期获得更高的收益；对于盈利能力较低的资产，企业应适当降低其比例，通过出售、剥离或减少相关资产的投资来实现，以优化资产组合，企业应注意对风险进行合理评估和管理。通过建立完善的风险管理体系，以降低潜在风险对资产盈利性的影响。

（2）提高资产利用效率

建立完善的资产管理制度，对资产进行全面、详细的跟踪和监控，定期对设备进行检查、保养和维修，确保设备处于良好的工作状态，及时了解资产的使用情况，发现问题并采取措施进行改进。通过加快存货周转、提高固定资产使用率、缩短应收账款回收周期等措施来提高资产周转效率。企业投资决策时，充分评估项目的盈利能力、风险和回报周期。选择投资回报率高、风险较低的项目进行投资，此外，鼓励创新和改进，以提高生产流程、产品设计和运营管理的效率。

(3) 加强成本控制

公司应建立完善的成本核算体系，对生产、管理、财务等各环节的成本进行全面、详细地分析和核算。在成本核算的基础上，企业应采取有效措施，对各项成本进行合理控制，这包括降低生产成本（如原材料成本、人工成本等）、管理成本（如办公费用、人力资源成本等）和财务成本（如利息支出、税收成本等）。企业还应关注市场动态和竞争对手情况，适时调整战略和措施，以适应不断变化的市场环境。

2.4.3 资产的风险性

资产在运作和管理过程中所面临的潜在风险可能会导致资产价值损失、盈利能力下降或者企业财务状况恶化。一是信用风险。主要包括债务违约风险和信用评级下降风险，企业在借款、投资或合作过程中，由于对方违约或无法按约定履行义务而导致的资产损失。二是市场风险。企业在资产运作和管理过程中，由于股票价格、汇率、商品价格等市场价格波动导致资产价值发生变化的风险。例如：通货膨胀会导致物价水平上升，货币购买力减弱，资产价值下降；市场利率波动，导致企业借款成本、投资收益或资产价值发生变化。三是操作风险。由于内部管理不善、人为失误或系统故障等原因导致的资产损失。企业内部员工、部门或子公司等利用职务之便，员工职业道德缺失或行为失范，泄露企业机密、违规操作或滥用企业资源等，导致企业资产损失的风险。此外，由于信息系统故障、安全漏洞或管理不善，导致企业数据丢失、系统崩溃或网络攻击等，进而导致企业资产损失的风险。四是环境风险。由于自然环境变化或突发事件（如地震、洪水、火灾等）导致的资产损失或影响。例如，随着环境保护法律法规的不断完善，企业需要遵循的环境保护标准和要求也日益严格，企业在生产过程中，由于排放污染物或废弃物处理不当，导致环境污染，进而影响企业声誉和盈利能力的风险。

2.5 上市公司资产质量的影响因素

总体而言，影响企业资产质量的两大核心因素可以分为外部性因素和内部性因素。外部性因素主要涉及市场环境、行业趋势、政策法规等内容，这些因素对企业资产质量的影响往往具有不可控性和不可预测性。内部性因素主要涉及企业的管理、运营、财务等方面，例如，企业的财务管理水平、资产配置结构和风险控制能力等，都会直接影响企业资产的质量和效益。良好的财务管理能够提高资产的流动性、盈利性和安全性，从而提升企业的整体竞争力。

2.5.1 外部因素

宏观经济环境的变化是影响上市公司资产质量的重要因素。具体而言，宏观经济环境的变化可以影响市场需求、政策法规调整、行业发展趋势以及市场竞争等方面。经济衰退会导致市场需求下降，进而影响上市公司的销售收入和利润，从而影响资产质量。政策法规的调整会影响企业的经营方式和盈利模式，进而影响资产质量。例如，税收政策的变化可能会直接影响企业的利润水平。宏观经济环境的变化还会影响行业发展趋势，而行业趋势的变化会影响公司的投资和经营方向，对相关上市公司的资产质量产生影响。此外，市场竞争的变化也会受到宏观经济环境的影响，经济衰退会导致市场份额减少，使企业面临更激烈的市场竞争，进而影响资产质量。消费者需求的变化、竞争对手的行为等市场环境的变化，影响公司的销售收入，从而影响公司的资产配置和盈利能力。

2.5.2 内部因素

一是财务管理水平。财务管理是上市公司的重要组成部分，直接关系企业的资金运作和资产质量。上市公司需要加强财务管理，提高财务决策的准确性和科学性，包括财务预算、财务分析、财务控制等方面。只有这样，上市公司才能有效地降低财务风险，进而提高资产质量。除了加强财务管理外，上市公司还需要提高财务信息的透明度和真实性，以便投资者和债权人做出明智的决策。

二是资产配置结构。资产配置结构是上市公司的资产组成和分布情况。上市公司需要合理配置资产结构，以提高资产的流动性、盈利性和安全性。上市公司需要根据市场需求和公司战略，优化资产配置，确保资产与负债的匹配，以应对市场风险和满足客户需求。同时，上市公司还需要考虑资产的质量和稳定性，避免不良资产对整体资产质量造成负面影响。

三是风险管理能力。风险管理是上市公司必须重视的一项工作，它关系企业的生存和发展。上市公司需要建立完善的风险管理体系，包括风险识别、风险评估、风险应对等方面，以提高企业的风险管理能力。通过加强风险管理，上市公司可以降低资产风险，提高资产质量，确保企业的稳健发展。此外，上市公司还需要与外部机构建立合作关系，及时获取市场信息和政策变化，以便做出相应的风险管理决策。

四是内部控制制度。内部控制制度是企业管理的基础，良好的内部控制制度能够保证企业资产的安全和完整。上市公司需要建立完善的内部控制制度，确保企业运营的合规性和透明度，并加强内部审计和内部控制流程的执行力度。通过加强内部控制制度的实施，上市公司可以提高资产质量，确保企业资产的安全和完整，同时提高企业的运营效率和竞争力。

2.6 美的集团资产质量分析

2.6.1 美的集团基本情况

美的集团是一家创新业务国际化全球科技集团。旗下拥有美芝、威灵、美仁、东芝等众多品牌。美的集团是全球性企业，它的业务及客户遍布全球各地。目前，美的集团在全球拥有的子公司约200家、研发中心33个和主要生产基地40个；美的集团有19多万名员工，其业务覆盖的国家和地区有200多个。此外，美的集团还在海外设立了17个研发中心和21个主要生产基地，它们分布在10多个国家。

自推行数智化转型后，美的集团的营业收入持续增加，逐渐在行业中占据龙头地位。2021年，美的集团收入首次突破3000亿元。尽管大宗商品、能源供应等成本大幅上升，但美的集团仍能保持盈利能力的稳定，这充分展现了美的资产的韧性。

如图2-3所示，通过与同行业的海尔智家和格力电器2018—2022年营业收入比较发现，美的集团的营业收入高于海尔智家和格力电器两家企业，是它们的1.5倍左右；2020年受疫情冲击，大多企业都受到了影响，美的集团在此形势下依然能够保持高速增长，并于2021年收入突破3000亿元大关。

(亿元)

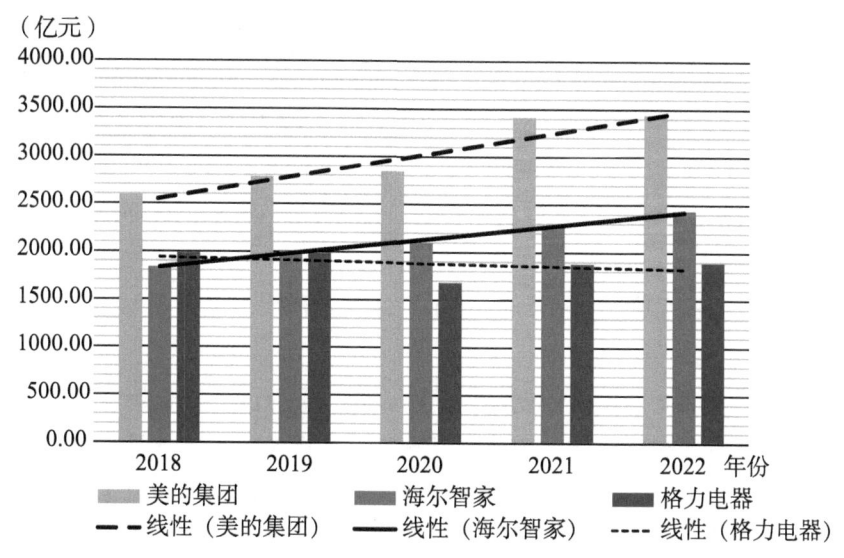

图 2-3 2018—2022 年 3 家企业营业收入

由图 2-3 可知,2018—2022 年,美的集团营业收入年增长速度,高于格力电器和海尔智家。所以从某种程度上说,美的集团的增长速度还是相当可观的。

3 家企业净利润如图 2-4 所示。

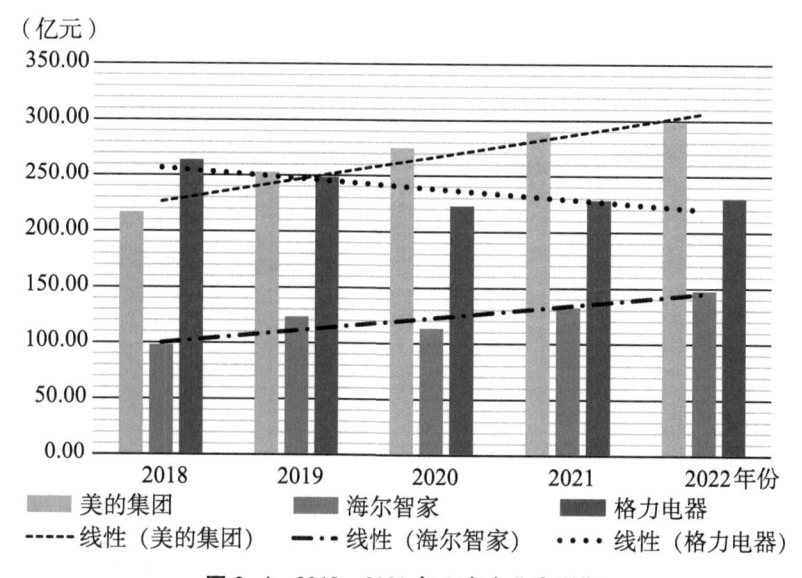

图 2-4 2018—2022 年 3 家企业净利润

从图 2-4 所示，2018—2022 年美的集团净利润逐年增长，这表明近年来美的集团的盈利能力稳步提升，企业经营效率较高。进一步分析发现：2019 年以前，美的集团的利润创造能力不及格力电器，但在 2019 年后形势出现反转，2022 年美的集团的净利润比格力电器高出近 70 亿元，这显示出这些年美的集团在兼并收购的规模扩张以及数字化进程中整合了优质资源，发挥了良好的协同效应。

2.6.2　美的集团资产流动性的水平分析

企业面临的重要风险之一就是流动性风险，企业由于资金短缺会导致周转不畅，不能按期支付或转移款项使得投资方遭遇损失。本部分就美的集团资产的流动性情况展开评价。通过选择属于同一行业且规模相当的海尔智家、格力电器和海信家电进行资产流动性的指标比较，从偿债能力和营运能力两个方面进行分析，了解美的集团在行业内的优势和不足。

1. 偿债能力分析

短期偿债能力反映了企业目前的财务状况，尤其是流动资产的变现能力。因此，主要从流动比率、速动比率和现金比率这三个指标来对美的集团资产流动性进行分析。

（1）流动比率

流动比率反映企业短期的偿债能力，一般认为流动比率在 2 左右比较合适。（图 2-5）

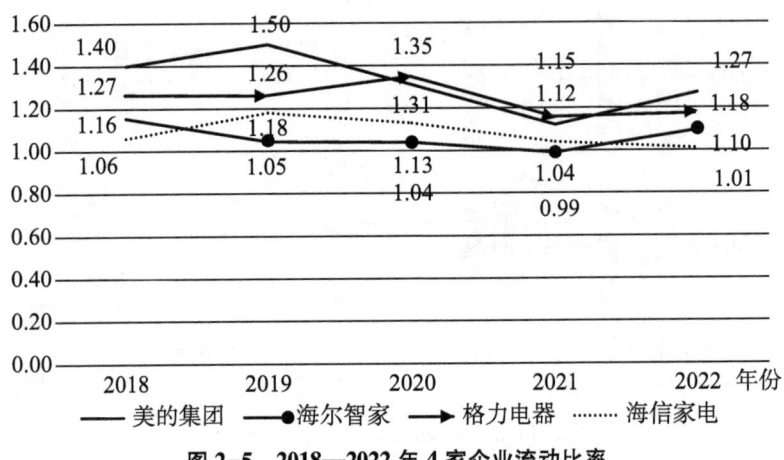

图 2-5　2018—2022 年 4 家企业流动比率

由图 2-5 可知，2018—2019 年美的集团的流动比率最接近 2，且远超海尔智家、格力电器和海信家电，排名第一，在短期内偿付债务的能力优于其他三家企业；从稳定性看，当属美的集团的流动比率波动最大，到 2021 年流动比率最低，其资产变现能力和短期偿债能力较其他 3 家企业相差不大，但较其往年会弱一些。在 2021 年和 2022 年 4 家企业的流动比率不相上下，说明这两年竞争比较激烈。

总体来看，美的集团流动比率虽呈现上下波动趋势，但是相比同行业来说还是处于领先地位的，可以说在流动比率上美的集团的资产流动性较好。

（2）速动比率

速动比率排除了存货对美的集团偿债能力的影响，只考虑了能够快速变现的资产，如现金、应收账款和短期投资，能够更准确地评估美的集团在偿债能力上的实际情况，一般认为速动比率在 1 左右比较合适。（图 2-6）

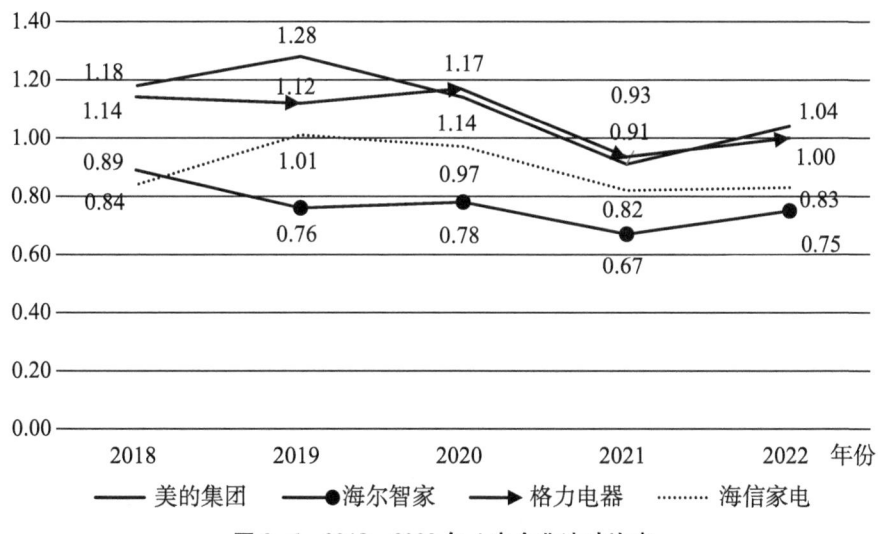

图 2-6 2018—2022 年 4 家企业速动比率

从图 2-6 的数据来看，美的集团的速动比率基本围绕 1 波动，在 2019 年，美的集团速动比率为 1.28，高于海尔智家的 0.76、格力电器的 1.12 和海信家电的 1.01，此时美的集团的偿债能力优于其他 3 家企业；整体来看，2018—2022 年，明显海尔智家、格力电器和海信家电的速动比率更稳定，海尔智家在 0.7~0.9，格力电器在 1~1.2，海信家电在 0.8~1，美的集团的速动比率在 0.9~1.3，其稳定性稍低于其他三家。

综上所述，美的集团的速动比率虽呈现上下波动趋势，但始终在 1 上下波动，而且基本都高于其他 3 家企业，可以认为，在速动比率上美的集团的资产流动性较好。

（3）现金比率

现金比率考虑了美的集团的经营现金流量，反映了美的集团的盈利能力和立即偿还到期债务的能力，一般认为现金比率在 0.2 以上比较好。（图 2-7）

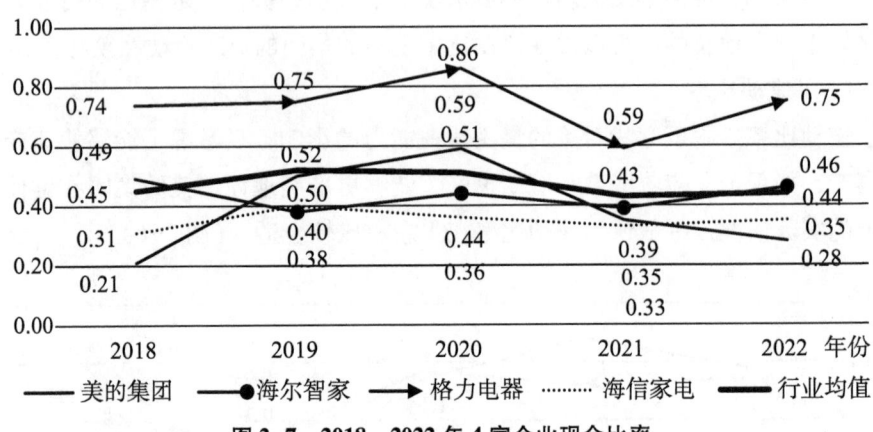

图 2-7　2018—2022 年 4 家企业现金比率

从图 2-7 可以发现，这 4 家企业现金比率都在 0.2 以上，故将其现金比率与行业均值进行比较分析。2018 年美的集团的现金比率是近 5 年最低的，2022 年其现金比率下降至 0.28，不仅低于其他 3 家企业，也低于行业均值，2019 年和 2020 年其现金比率都在 0.5 以上，其中 2019 年货币资金增长幅度达到 154%，主要系银行存款和存放同业款项的大幅度增加，银行存款包括三个月以上定期存款 394.92 亿元，而且存放同业款项中无三个月以上定期存款可视为可流动资金，此时美的集团变现能力较强，能够更轻松地偿还短期债务。

总体来看，美的集团只有在 2019 年和 2020 年的现金比率高于海尔智家和海信家电，此时的变现能力较强于海尔智家和海信家电，其他时间皆较弱于这两家企业；格力电器的现金比率走在最前列，基本在 0.6~0.9，整体过高，表明其现金管理可能存在问题，没有有效地利用这些资金进行投资或扩大生产，从而导致资金利用效率低下和机会成本增加。

综上所述，美的集团的现金比率虽然都在 0.2 以上，但呈现的未来趋势是下降的，而且在同行业中优势也不是很明显，所以应该关注企业变化。仅从近 5

年数据来看，可以认为，在现金比率上美的集团的资产流动性是有待提高的。

2. 营运能力分析

营运能力一定程度上反映了企业资金的运营情况，进而了解企业的资产管理水平和流动性，故接下来选择从应收账款周转率和存货周转率两个指标来对美的集团资产流动性进行分析。

（1）应收账款周转率

应收账款周转率是一年内平均应收账款转为现金的数量，它表明了应收账款流动的速度，一般认为应收账款周转率在15.2左右为良好。（图2-8）

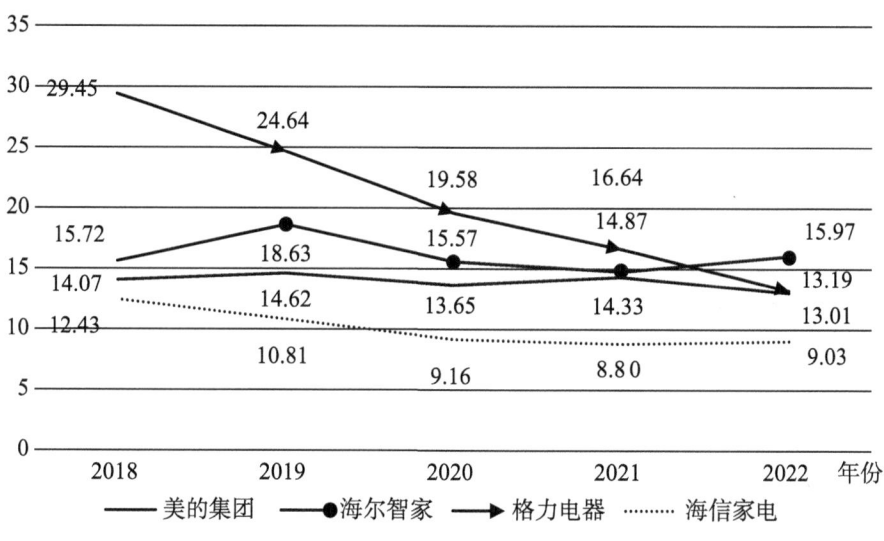

图 2-8 2018—2022 年 4 家企业应收账款周转率

根据图2-8，美的集团的应收账款周转率在2018—2022年整体变化不大，在14左右波动，是4家企业中最为稳定的；海信家电和海尔智家较为稳定，但海信家电的应收账款周转率呈现明显的下降趋势，最低为8.8，明显较差；格力电器的应收账款周转率较好，虽然其也呈下降趋势，但近5年都在15.2左右，应收账款流动的速度快。美的集团应收账款在2019年达到最高值14.62，接近15.2，可以认为良好；2018—2019年和2020—2021年应收账款周转率呈现上升趋势，其应收账款周转率的提高表明应收账款项回收速度变快，美的集团的收款效率和资金运作能力有一定提升；2019—2020年和2021—2022年该项指标下降，2022年达到最低点13.01，其应收账款周转率较低，则产生坏账的风险相对较高，增加了偿付能力风险。

整体来看，虽然美的集团近5年的应收账款周转率稳定，但在同行业来看还是需要提升的，在应收账款周转率上美的集团的资产流动性有待提高。

(2) 存货周转率

存货周转率是企业在一定时期内存货周转的快慢程度，它体现了存货的流动性以及资金占用量是否得当。一般认为存货周转率为3比较合适，通常越高越好。

据图2-9可以发现，这4家企业存货周转率都在3以上，故将其存货周转率与行业均值进行比较。海信家电这5年的存货周转率一直遥遥领先且高于行业均值；格力电器虽然在2018年存货周转率高于行业均值，但其他时间皆低于行业均值，总体看美的集团、海尔智家和格力电器都是低于行业均值的，可能会增加流动性的风险。

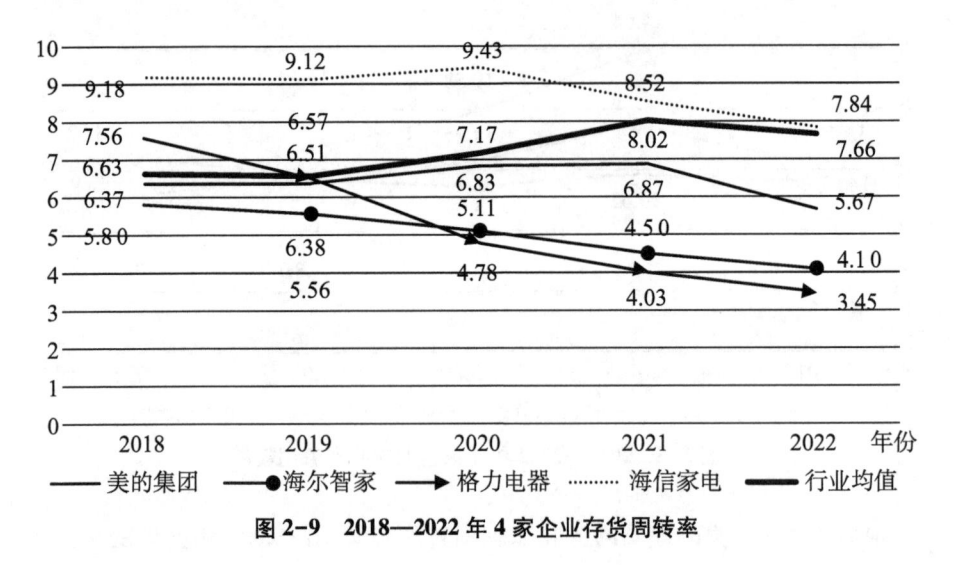

图2-9 2018—2022年4家企业存货周转率

美的集团的存货周转率在2018—2021年呈缓慢上升趋势，存货管理的效率有一定提升，在2021年达到最高点6.87，存货周转率提高表明美的集团的存货使用效率提高，能够快速地将存货转化为销售收入。2021—2022年该比率下降，2022年达到最低点，较低的存货周转率可能意味着美的集团存货过高或销售不畅。

综上所述，虽然美的集团存货周转率较为稳定，也在3以上，但近5年都低于行业均值，在存货周转率上美的集团的资产流动性有待提高。

3. 美的集团资产流动性的影响因素分析

（1）银行存款和流动负债期末余额

2021年美的集团流动比率最低，为1.12，通过查看年报发现，2021年流动负债的增长幅度21.02%，大于流动资产的增长幅度2.98%，主要系应付票据、应付账款和合同负债的增加所致，具体为银行承兑汇票、应付材料款和预收货款及劳务款的增加。2018年美的集团现金比率较低，为0.21，这是由于货币资金的减少和流动负债的增加，具体分析是银行存款和存放同业款项有一定程度的减少，还有其他流动负债主要为应付股权收购款的增加。2022年美的集团的现金比率下降至0.28，主要是因为货币资金的减少幅度大于流动负债的减少幅度，观察年报附注可以发现，是银行存款的减少比例最多。

（2）债务人财务状况

据查看美的集团年报可知，按欠款方归集的余额前五名的应收账款总额占应收账款余额总额的14.64%，2020年的单项计提坏账准备是2019年的2倍，主要原因是2020年疫情的影响，很多企业都受到了打击，美的集团的债务人财务发生了困难，无力支付货款，所以应收账款不能如期收回，故而2020年的应收账款周转率下降；2022年度计提的坏账准备金额为6.81亿元（2021年是1.74亿元），2022年单项计提的坏账准备是2021年的10倍，原因还是美的集团的债务人财务困难，2022年应收账款周转率降低。

（3）公司存货余额

经查看美的集团年报可知，2022年存货周转率的下降，主要原因如下：2022年美的集团存货增长率高于营业成本增长率，2022年营业成本增长率为−1.51%，存货上升幅度为0.26%，存货期末余额较高。通过查看美的集团的附注可以发现，2022年的存货跌价准备为6.99亿元，比2021年度的5.40亿元明显增加，2022年美的集团存货的较大幅度上升，主要源于库存商品和原材料的显著增加，其中，原材料的上升幅度居于首位。这是由于企业的需求和生产活动的增加，需要更多的原材料。

2.6.3　美的集团资产盈利性评价

一般而言，盈利能力越强，则资产质量越高。优良的盈利水平能够使企业维持良好的竞争优势,这也是企业实现可持续发展的基础。并且,盈利能力指标属于反映资产质量的关键指标。故本章就美的集团资产的盈利性情况展开评价。

通过选择与美的集团同一行业且规模相当的海尔智家、格力电器、海信家电三家公司,进行资产盈利性的五个指标比较,了解美的集团在行业内的竞争力、优势和不足。

(1) 销售毛利率

销售毛利率是企业在销售产品或提供服务过程中,所能获取的利润占销售收入的百分比,一般认为销售毛利率20%~30%比较合理。(图2-10)

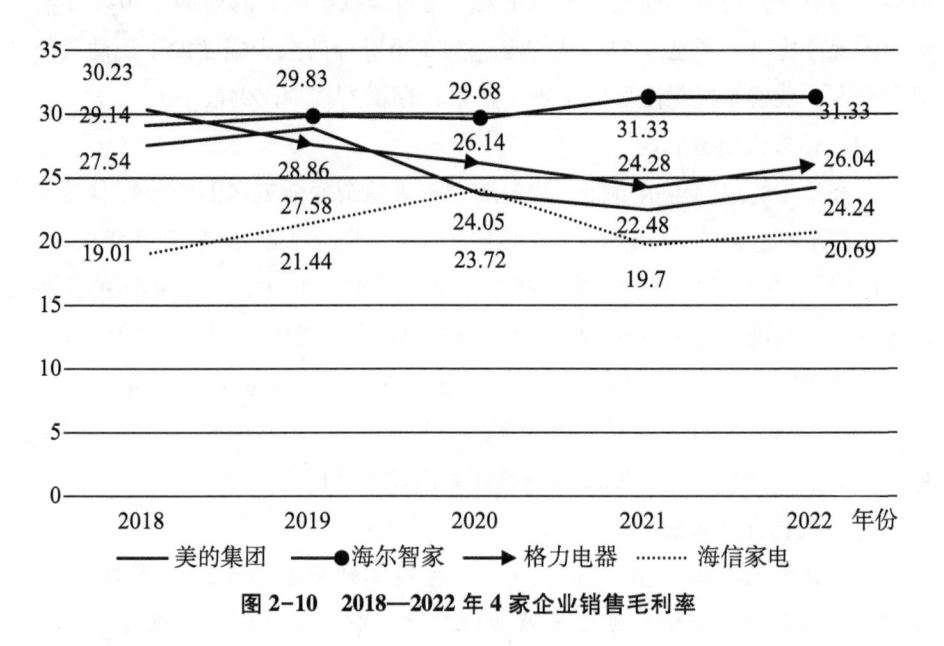

图2-10 2018—2022年4家企业销售毛利率

如图2-10所示,这4家企业的销售毛利率基本都在20%~30%,比较合理;2018—2022年,美的集团销售毛利率总体呈波动趋势,海尔智家的销售毛利率不仅稳定更有一定上升,此时该企业市场竞争力较好,美的集团和格力电器的销售毛利率都有所下降,说明此时美的集团所处的家电行业竞争比较激烈,海信家电销售毛利率是4家企业中最低的,说明较其他3家企业其在销售产品或服务时,获得的毛利相对较低。2020年美的集团的该项指标在4家企业中最低,且在近5年也是最低的,可以看出相比2019年市场竞争加剧,美的集团获利相对少,市场竞争力相对弱一些。

综上所述,美的集团销售毛利率在合理范围内,从行业上看,处于一个中等水平，在销售毛利率上美的集团的资产盈利性是较好的。

（2）销售净利率

销售净利率表示销售收入的收益水平，它是衡量企业经营效益的重要指标之一。一般认为销售净利率在5%以上比较合适，但越高越好。（图2-11）

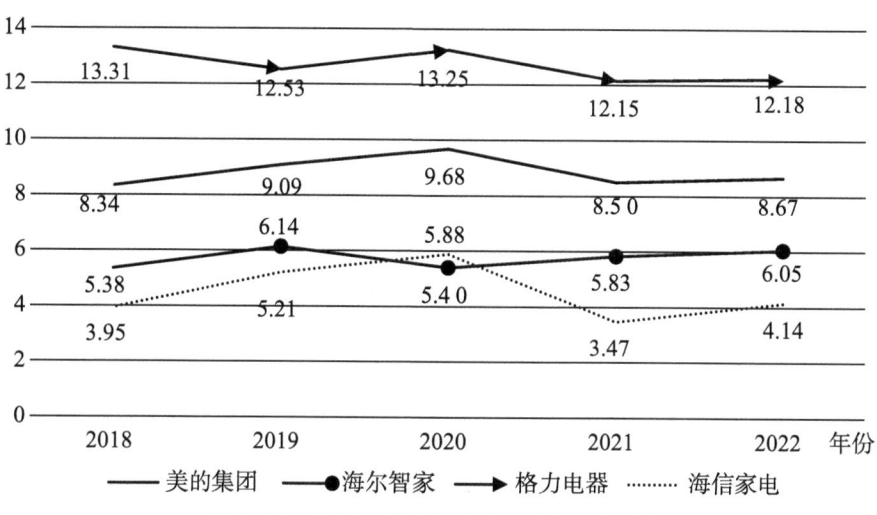

图2-11 2018—2022年4家企业销售净利率

根据图2-11，4家企业的销售净利率基本上不存在重叠情况，格力电器的该指标最高，其次是美的集团，最后是海尔智家和海信家电，美的集团始终是排在第二名的。在2018—2020年，美的集团的该项指标上升，2020—2021年该项指标下降，2020年达到最高值9.68，但其总体波动值较小，可以认为其销售净利率较为稳定，其获利能力较稳；海信家电在2018年、2021年和2022年的销售净利率较低，说明其在销售产品或服务时获得的利润率较低；格力电器与海尔智家在2018—2021年有不同程度的小波动，但在2021—2022年，4家企业该指标皆较为平稳。整体来看，美的集团销售净利率近5年波动小，数值高较稳定，可以说在销售净利率上美的集团的资产盈利性较好。

（3）净资产收益率

净资产收益率体现了公司对股东投入资本的利用效率。一般来说净资产收益率15%~40%比较合适。（图2-12）

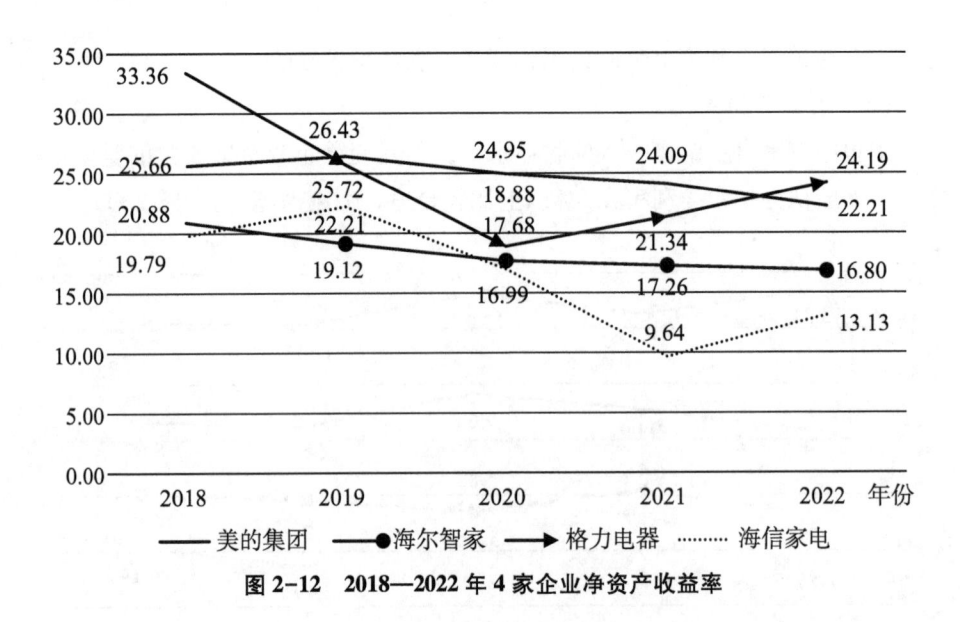

```
35.00
         33.36
30.00              26.43                24.95         24.09        24.19
25.00  25.66                                                         22.21
        20.88     25.72                 18.88
20.00   19.79     22.21                 17.68        21.34
                  19.12                               17.26         16.80
15.00                                   16.99
                                                      9.64          13.13
10.00
 5.00
 0.00
        2018      2019                  2020         2021          2022   年份
       ——— 美的集团   —●— 海尔智家   —▲— 格力电器   ……… 海信家电
```

图 2-12　2018—2022 年 4 家企业净资产收益率

根据图 2-12，4 家企业的净资产收益率存在重叠情况，格力电器和海信家电波动很大，但基本都在合理范围内，只是海信家电 2021 年和 2022 年的净资产收益率低于 15%，可能是其盈利能力较其他公司比较低。

美的集团和海尔智家不存在重叠情况，两家公司的净资产收益率很稳定，在合理范围内且美的集团一直保持在前面，说明美的集团的经营能力较强，在市场竞争中有更多的优势。综上，美的集团净资产收益率在合理范围内且很稳定，可以说在净资产收益率上美的集团的资产盈利性较好。

（4）总资产净利率

总资产净利率反映公司利用全部资产获取利润的水平。一般认为总资产净利率为 5%～15%。

通过图 2-13 可以发现，美的集团近 5 年内总资产净利率先缓慢上升后缓慢下降，到 2022 年达到最低值 7.36%，大体来说该项指标相对保持在一个稳定的水平上，说明美的集团的总资产盈利能力是比较稳定的，并未出现较大的波动。其他 3 家企业的总资产净利率都出现了不同程度的波动，但其指标大部分都在 5%～12%，值得注意的是美的集团和格力电器呈现下降趋势，说明其净利润较以往有所下降。

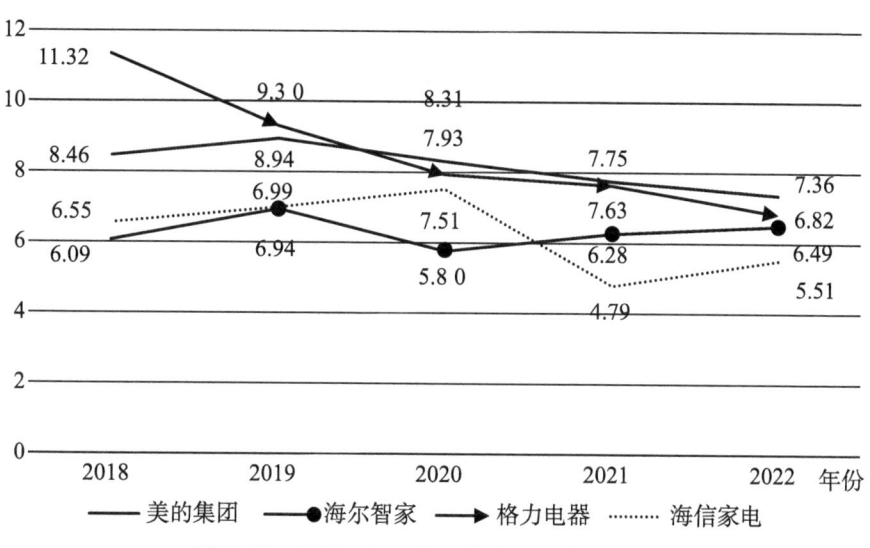

图 2-13　2018—2022 年 4 家企业总资产净利率

综上，美的集团大体上的总资产净利率波动不大，且在行业上属领先位置，因此，在总资产净利率上美的集团的资产盈利性较好。

（5）总资产报酬率

总资产报酬率可用于评估企业运用全部资产的总体盈利能力。一般认为总资产报酬率越高越好，没有明确的合理范围。（图 2-14）

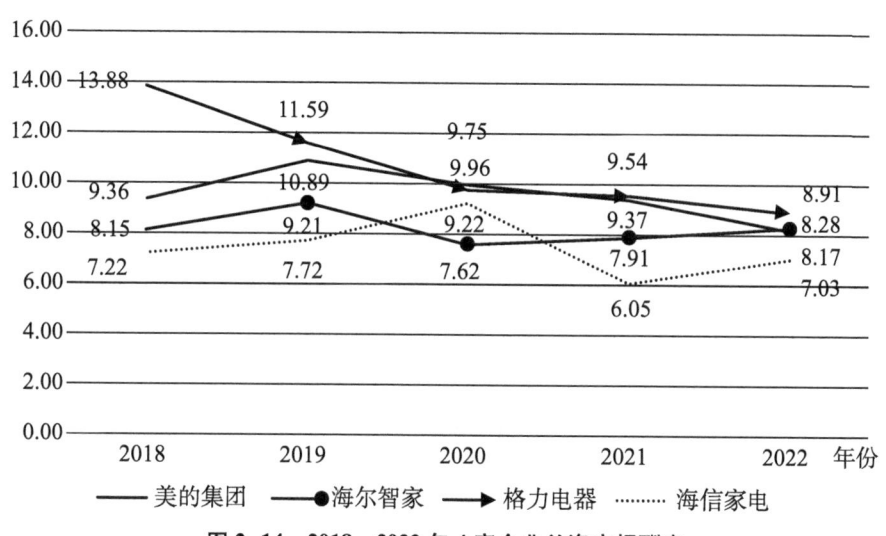

图 2-14　2018—2022 年 4 家企业总资产报酬率

根据图 2-14 可知，海尔智家、格力电器和海信家电的总资产报酬率有不同程度波动，其中格力电器基本呈下降趋势，说明其获利能力明显下降，经营管理水平也在下降；美的集团的总资产报酬率在 2018—2019 年上升，说明在利用其总资产创造利润方面取得了积极的进展，这可能源于多种因素的相互作用：密切联系客户增加销售额、改善生产技术提高生产效率、合理降低成本等，也意味着其有效地运用资产，使其更具盈利性和效率性；在 2019 年达到相对高峰 10.89%，而在 2019—2021 年呈现出逐渐下滑的态势，2021 年为 9.37%，说明美的集团的资产利用效益较以往稍有下降。

综上所述，美的集团近 5 年内总资产报酬率虽说有些许下降趋势，但整体上较为稳定，在行业中也比较有竞争力，可以说在总资产报酬率上美的集团的资产盈利性较好。

2.6.4 美的集团资产结构质量分析

通过查找美的集团 2018—2022 年主要资产的具体数据，包括货币资金、存货、固定资产、债权项目和金融资产等，分析美的集团的资产质量。

1. 货币资金质量

通过表 2-1 可以看出，美的集团的货币资金呈现先上升再下降的趋势；海尔智家的货币资金变化较为稳定；格力电器的货币资金在 3 家企业中数值最大，其货币资金过多通常意味着有较好的财务安全性和流动性，但过多的货币资金也可能表明资金的利用效率不高。（图 2-15）

表 2-1　2018—2022 年 3 家企业货币资金项目　　单位：亿元

公司名称	2018 年	2019 年	2020 年	2021 年	2022 年
美的集团	270	709	812	719	553
海尔智家	384	362	465	461	542
格力电器	1150	1254	1364	1169	1575

数据来源：新浪财经

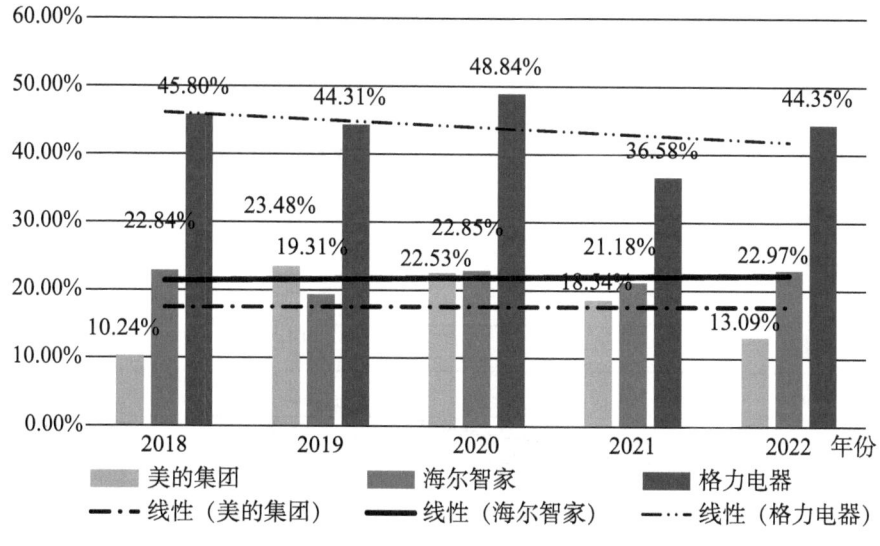

图 2-15 2018—2022 年 3 家企业货币资金占总资产的百分比

如图 2-15 所示，从行业上来看，格力电器的货币资金占总资产的比例最高，基本在 40% 以上，虽然说明其积压了较多的银行存款，没有有效利用资金，但其流动资金较为充裕，财务风险低；海尔智家货币资金占比较为稳定在 20% 左右，在合理范围 15%~25% 说明其货币资金质量不错；美的集团在 2018 年和 2022 年货币资金占比比较低，说明其资金链有一定风险，且偿债能力也越弱，但是在 2019—2021 年其货币资金占比在正常范围，货币资金质量较好。

2. 存货质量

由表 2-2 可见，美的集团的存货期末余额在近 5 年呈上下波动。海尔智家的存货期末余额呈现明显的增长态势，格力电器存货的期末余额大体上也呈增长态势。

表 2-2 2018—2022 年 3 家企业存货项目　　　　　　　单位：亿元

公司名称	2018 年	2019 年	2020 年	2021 年	2022 年
美的集团	296	324	311	459	460
海尔智家	224	282	294	399	416
格力电器	200	241	279	428	383

数据来源：新浪财经

如图 2-16 所示，海尔智家的存货占总资产的百分比是 3 家企业中最高的，格力电器和美的集团总体来说还是较为接近的，相差不是很大，说明美的集团较先进的同行业，其存货管理还是比较不错的。美的集团存货在总资产中的占比由 2019 年的 10.74%降至 2020 年的 8.63%，存货占总资产的百分比逐渐降低，这表明美的集团提升了存货资产变现方面的管理能力，其资产变现管理能力相对往年更强了。

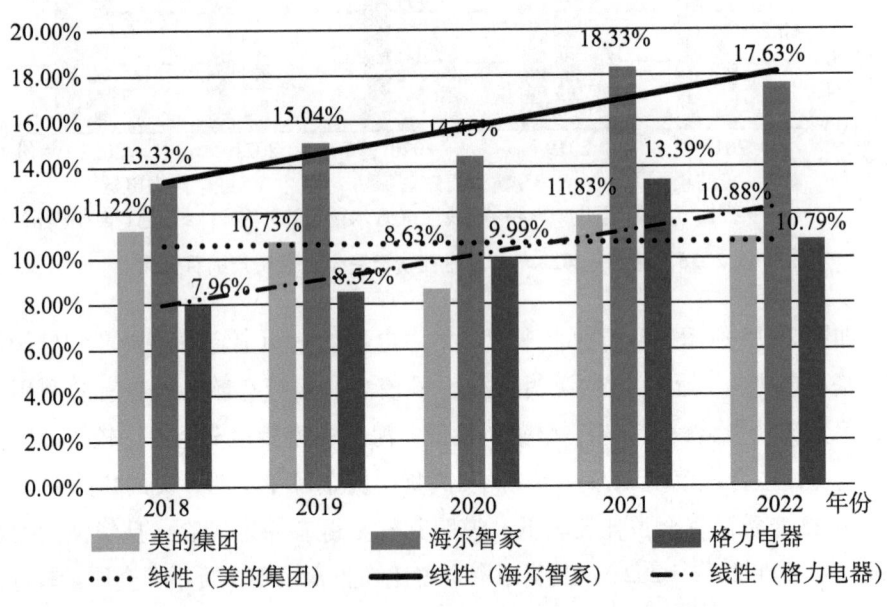

图 2-16　2018—2022 年 3 家企业存货占总资产的百分比

3. 固定资产质量

从表 2-3 固定资产的数据可以发现，2018—2022 年美的集团的固定资产期末账面余额呈现先下降再上升的变化趋势，海尔智家和格力电器的固定资产期末账面余额呈现上升趋势，说明可能在扩大生产规模或者进行技术升级。总体来说美的集团的固定资产在行业是领先的。

表 2-3　2018—2022 年 3 家企业固定资产项目　　　　　　　　单位：亿元

公司名称	2018 年	2019 年	2020 年	2021 年	2022 年
美的集团	225	217	223	229	261

续表

公司名称	2018 年	2019 年	2020 年	2021 年	2022 年
海尔智家	174	212	210	224	272
格力电器	184	191	190	312	338

数据来源：新浪财经

如图 2-17 所示，海尔智家近 5 年来固定资产占总资产比重基本在 10% 以上，较为稳定，格力电器固定资产占总资产比重 5 年来大体呈现上升态势；美的集团 2019—2021 年固定资产占总资产比重呈现逐年下降的趋势，但观察其固定资产的具体项目可以发现：美的集团的业务主要为白色家电，因此其生产用固定资产占总资产的比例理应偏高。通过查看年报附注可知，美的集团机器设备生产用固定资产在总资产中所占比例居于首位，这显示出美的集团具有较强的产品生产能力；此外，房屋、建筑物生产用固定资产所占比例也较高，这意味着美的集团拥有较大的生产规模。

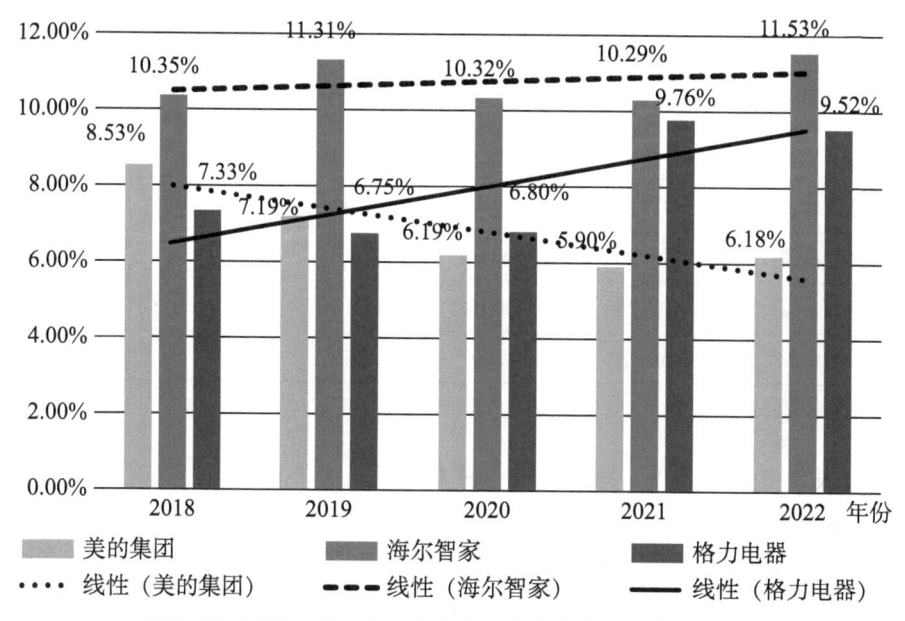

图 2-17 2018—2022 年 3 家企业固定资产占总资产的百分比

4. 债权项目质量

由表 2-4 可知，在美的集团的债权项目中，应收账款总是最多的，其次是应收票据和其他应收款，长期应收款最少。

表 2-4　2018—2022 年美的集团债权项目　　　　　　　　　　　单位：亿元

债权项目	2018 年	2019 年	2020 年	2021 年	2022 年
应收票据	125.56	47.69	53.05	47.85	47.58
应收账款	193.90	186.64	229.78	246.36	282.38
其他应收款	29.71	27.13	29.74	31.04	22.11
长期应收款	0.35	12.08	9.82	8.71	6.15

数据来源：新浪财经

就美的集团而言，2018 年的应收票据是这 5 年中金额最大的，主要是银行承兑汇票；长期应收款是这几年最少的，说明此时相比其他几年，企业资金的变现能力较强。2019 年的长期应收款同比 2018 年增加 3451.43%，主要为应收融资租赁款抵消未实现的融资收益净额增加所致。其他应收款近 5 年来较为稳定波动不大。

表 2-5　2018—2022 年 3 家企业应收账款项目　　　　　　　　　单位：亿元

公司名称	2018 年	2019 年	2020 年	2021 年	2022 年
美的集团	193.90	186.64	229.78	246.36	282.38
海尔智家	105.33	110.16	159.30	146.31	159.14
格力电器	76.42	84.40	87.38	138.41	148.25

数据来源：新浪财经

由表 2-5 可以发现，海尔智家和格力电器近 5 年来的应收账款呈现上升态势，美的集团大体也是上升的情况，说明市场竞争有所增加。虽然近几年经济下行，应收账款增加是比较常见的，但是相比其他两家企业，美的集团的应收账款还是比较多的，可能会对企业经营造成一定的影响，赊销多了资金回收也慢，财务风险相应的也会增加。美的集团在应收账款方面的管理需要提高。

5. 金融资产质量

从表 2-6 可以发现，在美的集团近 5 年的金融资产项目中，交易性金融资产和长期股权投资都比较多,最少的是衍生金融资产。

表2-6 2018—2022年美的集团金融资产项目　　　　　　单位:亿元

金融资产	2018年	2019年	2020年	2021年	2022年
交易性金融资产	—	10.87	282.40	58.79	32.85
长期股权投资	27.13	27.91	29.01	37.97	51.89
衍生金融资产	2.20	1.97	4.21	5.46	6.66

数据来源:新浪财经

美的集团2020年交易性金融资产期末余额接近282.40亿元,相较于2019年期末增长了25.98倍,达到5年来的最高值,这主要是由于结构性存款投资的充分积累;长期股权投资在这5年中是增长趋势,2022年长期股权投资增幅最高,与上年相比上涨了36.66%,主要是企业投资增加的结果。总体而言,金融资产质量较好;衍生金融资产呈现先下降再上升的趋势,2020年的衍生金融资产上升幅度最大,同比增加113.71%,主要是衍生金融工具公允价值变动的原因。

3家企业长期股权投资如表2-7所示。

表2-7 2018—2022年3家企业长期股权投资项目　　　　单位:亿元

公司名称	2018年	2019年	2020年	2021年	2022年
美的集团	27.13	27.91	29.01	37.97	51.89
海尔智家	139.94	204.61	215.68	232.32	245.28
格力电器	22.51	70.64	81.20	103.37	58.92

数据来源:新浪财经

从表2-7可知,海尔智家的长期股权投资最多,在2019年突破200亿元,说明其对外投资占比很大;格力电器的长期股权投资大体来看,增长很快,说明其对投资的力度加强,到2021年达到三位数,但是2022年下降幅度也很大,具有不稳定性。

美的集团的长期股权投资虽然较以上两家企业数值低,但是可以看出,到2022年其长期股权投资已接近格力电器,且近5年也是稳步增长的,说明美的集团的长期股权投资发展趋势是向好的。

2.6.5　美的集团资产质量管理的启示及建议

美的集团整体的资产盈利性较好，且位于行业的领先位置，具备很好的行业竞争力，比如其销售净利率近5年较为稳定，说明其获利能力稳，净资产收益率在合理范围内且一直保持在行业前列，说明美的集团的经营能力较强；但仍会有细微的值得注意的地方，比如2022年其总资产净利率达到近5年最低值，其净利润的增长幅度为2.74%小于往年，本质是因为营业收入降低的原因，公司经营情况较往年差一些；2021年总资产报酬率有些许下降，其利润总额增幅变小，营业利润增幅变小，本质是暖通空调、消费电器和机器人及自动化系统等主营业务成本的增加和材料销售收入等其他业务成本的增加。基于本案例的研究，实现资产质量提升，提出如下启示和建议。

1. 优化负债结构

由于短期负债和长期负债的成本和风险不同，在权衡负债比重时，应综合考虑盈利能力、成本和现金流水平，适当降低流动负债的相对占比。由于商业信用融资具有融资易获得、成本低和使用灵活的特点，企业可以根据自身的需求合理安排资金使用，很大程度上减轻了企业的负债压力，降低了企业的财务风险，因此，充分利用商业信用融资，也可以作为优化负债结构的重要选择。同时，充分利用长期负债的优势，积极争取期限较长的融资方式，如优先票据、可转换债券、长期银行信贷和信托合作等，减少短期偿债压力，提高企业经营的稳健性。

2. 加强应收账款管理

应收账款周转速度的快慢对企业投资决策影响较大，应收账款回收期越短，表明企业资金循环速度越快，能够提高企业生产和销售量，为企业带来更多收入，从而增强企业盈利能力。重点关注应收账款及其他应收款管理，逐步降低流动负债的占比。提高应收账款周转率，将回收的资金部分用于偿还公司短期债务，进一步降低流动负债的占比，减少短期偿债压力，降低财务风险，从而提高企业的整体经营稳健性。在利用长期融资方式时，应及时关注市场动态，合理调整融资策略，以有效应对市场变化带来的风险。

美的集团应加强售后应收款项管理，及时督促客户偿还往来款项。据此应当制定相关制度：首先，可以基于财务状况各异的客户创建不同档案，密切留意客户财务状况的变化，对收回应收账款的速度加以预测，企业就能决定是否进行大规模资金投入。其次，对于应收账款达到一定期限且有能力偿还欠款的客户，实施催收账款制度，在恰当的时间内进行催收至关重要，所以要注重适宜的催收时间。

3. 完善存货管理信息化系统

借助电子信息技术的高速发展，实现数据共享，突破企业内部存在的"信息孤岛"现象，建立更加迅速、高效的信息沟通渠道。通过实现各部门收集到的信息在企业内部的共享，提高企业的运营效率。为了充分发挥存货管理在企业中的作用，建立沟通渠道网络并促进内部沟通至关重要。利用互联网拓宽沟通渠道，构建区域性沟通平台，各地可以实时共享资源、交流市场信息。同时，各业务部门还应设立信息沟通平台，促进信息和资源的交流与互动。通过信息管理系统，公司能够全面收集与库存管理相关的各类信息，如库存水平、库存分布、库存周转率等。在收集到这些信息后，系统会对这些数据进行处理和分析，将结果发送给不同部门，为公司管理层制定战略决策提供有力的数据支持，为管理层更好地了解库存状况和优化库存管理策略提供依据，从而提高库存效率和整体运营水平。

4. 推动技术驱动盈利

上市公司的高质量发展需要紧跟时代发展潮流、契合国家产业发展需求，把握和利用国家支持政策至关重要。将国家产业政策导向作为技术创新的方向，随着产业政策的变化及时调整技术创新的主攻方向，以确保企业始终处于行业发展的领先地位。

美的集团围绕"数智驱动"战略。改变了产品的形态，用软件驱动硬件做好内容和服务；改变了业务方法，用互联网思维和工具颠覆原有商业模式。推进业务实现数字化，打造数据业务化体系，经过多年数字化实践，聚焦产业数字化发展趋势和产业数字化特性，已建立美的 SMART 数据业务化体系，以流程变革贯穿数据业务化全链路，数据治理保障数据规范可用，并依托在公共层之上构建的高价值数据资产，通过数据技术打造数据产品和数据应用。在如今的数字时代，其他同行企业也可以在数字化技术改革方面进一步改善，提升运营效率，以提高利润。

5. 加强成本控制

美的集团的营业成本主要包括材料成本及人工成本，且变动较大。一方面，提升产品的价格增加产品利润，但是价格的提升并不能简单地理解为仅仅提高现有产品的价格，而应该是通过技术创新来开发新的产品，提升新产品的性能和耐用性等方面，即在新产品的基础上提高产品的价格。在原材料不断上涨的情况下，美的集团可以不断改进原有产品的生产环节，尽量减少不必要环节。可以将性价比高的原材料作为目标成本进行选择，从而实现提高利润的目的。另一方面，对人员进行精简，勤恳敬业的优秀人才要想办法留住，工作效率低的人员要减少，以降低员工成本。此外，实施激励机制，调动员工的主动性，提升员工的工作效率。

6. 充分利用资产质量信息

资产质量是非常重要的信息资源，反映了企业的财务状况、经营效益和风险水平，揭示了上市公司在市场竞争中的地位和潜在竞争力。资产质量水平是企业制定战略规划、优化资源配置和提高经营效益的重要依据。通过对资产质量信息的分析，上市公司可以更准确地把握自身的财务状况，识别潜在风险。对于投资者和债权人来说，资产质量信息是了解企业的财务状况、盈利能力和偿债能力，以评估企业投资价值和信用风险，做出明智的投资决策的依据。对于政府监管部门而言，上市公司质量是上市公司监管的重要目标，而资产质量是上市公司质量的关键组成部分，通过上市公司资产质量掌握行业的发展现状和趋势，提高上市公司监管的有效性。

3 上市公司盈利能力评价

3.1 研究背景与意义

3.1.1 研究背景

随着经济全球化的不断深化，我国经济取得了令人瞩目的成就。在这个大背景下，企业若想维持行业地位并保持长期竞争力，就必须依赖于战略性的经营管理。盈利能力是衡量企业经营成果的重要指标，不仅反映了企业获利情况，还涉及发展质量、成长能力、经营绩效等多个方面。对于企业而言，保持较高的盈利能力是确保良好发展的关键保障。

盈利水平是衡量公司核心经营活动盈利能力、经营性资产增值能力和核心经营活动现金流获取能力的评价。通常情况下，经营绩效出色的企业具有较高的盈利水平，这使它们能够更好地应对宏观经济周期波动、行业生命周期演变和不可控因素对企业经营带来的不利影响，使企业在面临市场波动和行业变革时具有较强的抵抗力和适应能力。具备较高盈利水平的企业通常能够充分利用其核心业务的优势，实现稳定的收入增长和利润回报，从而在竞争激烈的市场中脱颖而出。此外，盈利水平也是评价企业经营绩效的重要依据。经营绩效优良的企业往往能够在各种市场环境下保持稳定的盈利水平，实现资产的持续增值和现金流的稳步增长，树立良好的市场形象，吸引更多的投资者关注和信任，进一步拓宽融资渠道，为企业的发展壮大提供有力支持。

走好高质量发展之路是新时代上市公司的历史使命，高质量发展的核心是提升质量和效益，盈利能力是衡量公司效益的重要指标，是其核心竞争力的体现，也是上市公司实现可持续发展和高质量发展的基础。长期以来，上市公司盈利能力评价在不断完善，准确评价上市公司盈利能力水平，对于上市公司挖掘盈利点，确立盈利对象，实现盈利质量提升具有重要意义。

3.1.2 研究意义

上市公司的盈利能力是评估其发展和竞争力的重要维度。盈利是上市公司开展各种活动的基石，盈利能力通常通过财务绩效和非财务业绩等多种维度来衡量。因此，公司的股东、管理层和债权人都会特别关注盈利能力。

第一，完善了上市公司盈利能力评价。深入研究上市公司盈利能力理论，分析企业盈利能力的影响因素和评价指标及其内在关系，使企业盈利能力评价更加准确和全面。这为企业投资者和管理层决策提供了有力依据，还可以进一步拓展盈利能力评价体系的研究。

第二，丰富了上市公司盈利能力的实践研究。通过对新疆能源化工类上市公司的盈利能力进行分析，拓展盈利能力评价的维度，加入非财务指标评价，在分析新疆能源化工类上市公司盈利能力时，充分考虑国家"一带一路"倡议，行业竞争等非财务因素的影响，促进了相关理论的研究，也完善了盈利能力评价的实践研究。

第三，扩充了上市公司盈利质量的影响因素。结合上市公司高质量发展的要求，以及外部宏观环境和内部公司治理、主营业务竞争力、资产状况及收入质量等因素，找出影响盈利质量的具体原因，避免影响因素过于单一，难以真实反映企业的盈利质量。

3.2 国内外研究现状

随着经济的快速发展和资本市场的迅速扩张，投资者对企业盈利能力的关注度日益提高。这一现象引起了专家学者的广泛关注，他们纷纷将这一课题作为重点研究对象，积极投入理论研究。国外学者在盈利能力研究方面起步较早，但国内学者也在不断探索和丰富盈利能力理论和实践。

3.2.1 国外研究现状

1. 有关盈利能力的产生与发展的研究

1844年,英国提出了盈利能力的相关论述,并将盈利能力概念或相关理论作为评估企业内部控制的指标。这些指标根据每个公司的经营方式和性质而设定,以反映企业在不同行业和领域的盈利能力表现。1921年,《信用分析》一书作为较早的财务分析类书籍,引导学者从企业内部和外部条件出发,对企业的盈利能力分析提供了基本框架。例如,Markides C 等(1994)影响企业盈利波动的因素中,多元化和企业的核心竞争力是重要的因素。学者关于盈利能力水平的评价进行了探索,更多聚焦于财务指标的分析,将净资产收益率、销售净利率、权益报酬率、每股收益等指标纳入盈利能力评价体系(Alexander Wole,1928;Lessig 和 Persen,1979 等)。

2. 有关盈利能力评价的研究

Hawkins(2010)提出在选择盈利能力评价指标时采取定性与定量相结合的评价方法,Alexander(2011)利用沃尔评分法从盈利能力、偿债能力、发展能力三个层面评价企业盈利能力,Alban(2013)利用问卷调查方法,构建了以净资产收益率、现金流量等指标为主要内容的盈利能力评价指标体系。Gowan(2016)在研究企业盈利能力时,创造性地提出了杜邦分析方法,该方法将公司盈利能力分解为运营、偿债、获利三个维度,并通过分析这三个维度的相关指标,深入研究公司的盈利水平。这一方法有助于企业全面了解自身盈利能力的来源和构成,从而制定有针对性的提升策略。Rosario Cano Garcia(2017)对传统的杜邦分析法进行了改进和应用,将净资产收益率(ROE)拆分为资产周转率、利润承担率、税收承担率以及销售息税前利润率(EBITDA)四个指标。这一创新性的分析方法有助于企业更加精确地评估自身盈利能力,并找出影响企业盈利的关键因素。

3. 有关盈利能力影响因素的研究

针对企业盈利能力的影响因素,国外学者从多个视角进行了广泛而深入的探索。最具代表性的有公司治理、运营能力、技术创新、融资等方面对盈利能力的影响。Jensen 和 Meckling(1996)认为企业的盈利能力与股权结构密切相关，一般来说，股权结构优劣与企业盈利能力呈正相关。股权结构的变化会直接影响企业内部股东权益规模，进而影响企业的价值。企业的盈利能力也会随着股权结构的变化而发生相应的改变。公司盈利能力受到企业日常运营水平的影响，Soekarno（2012）以家电企业为研究对象，发现盈利能力和企业的增长能力一定程度上呈正相关关系，银行有效管理和监控营运资金可以大幅减少资金的损失，促进盈利能力的提升（Osuji 等，2020），也有研究表明：资产负债率、企业战略等对企业的盈利能力产生影响。Sutrisno 等（2022）发现融资会对银行盈利能力产生影响。Dhanora 等（2018）通过对多家制药公司进行研究，发现企业创新能力的提升对盈利能力有促进作用。Biddle 等（2015）以许多案例为例，发现国家政策、国内外市场发展环境、行业内部因素等一定程度上会对企业盈利能力产生影响（Biddle，2015；Cambra-Fierro，2017 等）。

3.2.2 国内研究现状

虽然国内对企业盈利能力的研究起步晚于国外，但在研究过程中，国内学者们从简单到复杂，逐步深入探讨了盈利能力的各种影响因素。同时，随着研究的不断深入，评价指标也从单一到综合，形成了多角度的综合评价体系。

1. 关于盈利能力评价方法的研究

在对公司经营方面、获利水平和发展状况的评价中，采取较为全面的评价方法有助于系统地分析公司的盈利能力（李帅，2017）。目前，国内主要应用较多的是杜邦分析法。黄璐（2019）将杜邦分析方法应用于不同行业的典型案例公司，以提高中小企业的盈利水平。胡亚敏（2021）用杜邦分析法研究食品民营企业在 2015—2019 年的盈利水平。马刚宁（2021）采用杜邦分析法，将企业重要的财务指标和企业高质量的发展目标结合起来，构建盈利能力评价指标体系。此外，因子分析法也是学者专家比较青睐的评价方法。学者用因子分析法、聚类分析法或者二者相结合的模式，对单一企业或者行业的盈利能力进行了评价（杨博涵，2017；赵彬，2020；刘宁宁、王健华，2020；姚燕燕，2020；葛杉杉，2021 等）。资产结构是企业财务分析的重要内容，包含企业的经营情况和发展战略，发现企业的资本结构与获利水平呈现出正相关关系（黄镜蓉、吴利华，2018），评估企业盈利能力和发展潜力要考虑企业资产结构性变化（张新民，2022）。此外，宋丽丽等（2015）基于经营、资产、资本和收益质量因素四个方面，构建了对物流企业盈利能力进行分析评价的模型。

2. 关于盈利能力影响因素的研究

企业盈利能力的影响因素较多，研发投入是影响企业盈利的重要因素之一，汪建（2020）认为，企业在一定程度上加大研发投入可以对企业的盈利能力产生促进作用，耿喆、郄海拓等（2020）通过对2012—2018年不同行业上市的高新技术企业数据分析，企业的研发投入数量确实有利于减弱资产负债率对盈利能力的反向作用。企业想要获得持续较高水平的盈利能力，主要依靠其主营业务创造的利润（王新红，2017；王慧君、朱建明，2018）。此外，投融资战略、生产经营决策等与企业的盈利能力紧密相关，需要企业根据自身情况剖析不足，寻找改进路径（金英伟、张敏，2019；杨立艳，2018；孙晓华、翟钰，2021等）。

3.2.3 文献述评

根据对国内外有关盈利能力研究的文献的梳理和分析，总体状况如下。

第一，国外学者在研究盈利能力评价体系及影响因素时，更倾向于采用宏观视角，从股权结构、资本质量、资本结构等多个方面进行深入探讨。此外，关于企业利润质量的研究，往往与资本市场发展情况相结合，从而更全面地分析盈利能力。这种研究方法强调从股东权益的层面来考虑盈利能力，为企业、投资者和管理层提供了更加丰富的理论和实践指导。国内学者在研究企业盈利能力时，更多的是根据企业的实际发展情况，例如，经营者管理能力、盈利水平等因素，对公司盈利能力进行综合评价研究，关注盈利能力的提高结果，并为企业提供相关对策，以促进企业实现高质量发展。

第二，有关盈利能力评价方法的探索和研究上，经典的评价方法国内外学者一致认同，例如杜邦分析法、因子分析法等，对于具体指标的选取上国内学者比国外学者更为谨慎，此外国内专家更多聚焦于企业盈利能力提升策略的研究上。

第三，目前，在研究基础上，系统梳理盈利能力水平评价理论和方法，并辅之以典型案例分析的研究方法，本研究锚定国家对上市公司高质量发展的要求，理论层面提出如何实现上市公司盈利能力提升的理论基础，以及提升策略，实践层面，以新疆地区能源化工上市公司盈利能力分析进一步深化理论应用，从而发现问题—剖析原因—提出对策，为提升案例企业盈利能力提供参考。

3.3 相关概念与理论基础

3.3.1 相关概念

1. 盈利能力的含义

盈利能力是公司在一定时期内赚取利润的能力，利润率越高，盈利能力就越强，它涵盖了数量和质量两个层面。从数量的角度来看，盈利能力通常通过税后利润来衡量。这不仅代表企业在一段时间内创造的经济价值，也反映了企业的运营效率和成本控制能力。盈利能力并不仅仅局限于数量的衡量。从质量的角度来看，盈利能力更强调盈利的水平，这涉及企业的利润空间、利润率以及利润增长的潜力。盈利水平不仅反映了企业的经济实力，也反映了企业的战略眼光和创新能力。

2. 盈利能力的影响因素

盈利能力是衡量企业绩效和价值的关键指标之一。一是国家的财政、税收、金融等方面的政策，会对企业的盈利能力产生影响。例如，高税率会增加企业的税收负担，对企业经营发展形成压力，削弱企业的盈利能力。企业需要投入更多的资金来应对税收，这无疑会增加企业的运营成本，降低企业的利润水平。而低税率则能够为企业提供更多的资金和资源，促进企业的发展和盈利，减轻企业的税收负担及经济压力，有利于提高企业的盈利能力和市场竞争力。企业也可以通过创新和提高产品质量来获得竞争优势，进而提高其盈利能力。二是企业经营成本、投资者资金回报率等也是盈利能力的重要影响因素。有效的成本控制可以降低企业的成本费用，提高企业的盈利能力。通过合理的计划和安排，企业可以在原材料采购、生产、销售、管理等多个环节中降低成本，从而减少不必要的开支，增强企业的风险抵御能力，使企业在面临市场风险、政策风险等不利因素时，能够保持稳定的盈利能力。

3. 盈利能力评价内容与方法

盈利能力评价是采用财务指标对企业资本经营盈利能力、商品经营盈利能力和资产经营能力三个角度展开分析，主要财务指标如表 3-1 所示，不同角度反映企业的盈利状况和资本利用效率，帮助投资者更全面地评估上市公司的盈利质量、财务健康状况以及市场对其未来盈利能力的预期，从而做出更为明智的投资决策。

表 3-1　盈利能力常用相关指标

相关指标	计算公式	含义
净资产收益率	（净利润÷平均净资产）×100%	该指标值越高，说明企业投资带来的收益越高
每股收益	期末净利润÷期末总股本	该指标值越高，说明企业能够创造更多的利润
总资产收益率	（净利润÷平均资产总额）×100%	该指标值越高，表明企业的盈利能力和资产利用效率越好
毛利率	（毛利÷营业收入）×100%	该指标值越高，表明企业的盈利能力越强

数据来源：必应网（https://cn.bing.com/? FORM=BEHPTB）

3.3.2　理论基础

1. 资本结构理论

资本结构理论是财务理论的核心内容之一，主要研究企业资本结构与公司价值之间的关系，资本结构的影响因素，以及公司治理结构对公司资本结构选择的影响。资本结构理论经历了多个发展阶段，其中比较重要的有 MM 资本结构理论、优序融资理论、权衡债务税盾价值与财务困境成本的均衡理论。

MM 资本结构理论是现代资本结构理论的重要组成部分，它认为在完全市场条件下，企业的资本结构与市场无偏预期收益有关，而与企业的风险和资产流动性等因素无关。该理论强调了市场参与者的预期和决策对企业资本结构选择的影响。优序融资理论则认为，企业融资的顺序应该是内源融资、债务融资、股权融资。这种理论强调了企业融资的顺序和企业的内生需求有关，同时也考虑到企业融资的成本和风险。权衡债务税盾价值与财务困境成本的均衡理论认为，企业应根据税盾价值和财务困境成本之间的权衡来选择最优的资本结构。该理论强调了企业需要考虑债务的风险和成本，以及债务对税收优惠的利用程度，来选择合适的资本结构。企业资本结构是企业进行决策的重要依据，良好的资本结构能够为企业的发展提供有力的支持。为了获取良好的发展，企业须全面考虑资本结构的影响因素，并采用合适的方法来优化企业资本结构。

2. 价值创造理论

企业价值创造的过程包括生产、销售、服务、研发等多个环节，这些环节相互关联、相互影响，共同构成企业的价值创造过程。价值创造理论的核心是实现企业价值的最大化，同时兼顾客户价值的最大化。为了实现这一目标，企业需要从市场和客户需求出发，制定合理的战略、优化生产流程、提高产品质量、加强市场营销等方面的工作。价值创造理论的应用包括产品研发、生产制造、市场营销和客户服务等方面。企业应该注重创新和转型，推动绿色发展、循环发展和低碳发展，加强资源节约和环境保护，提高企业的社会责任感和公信力。同时，企业还应该注重员工培训和发展，提高员工素质和技能水平，实现员工和企业共同发展的目标。

3. 利润最大化理论

利润最大化理论认为，企业的核心目标应是尽可能地实现利润最大化，即在消耗最少经济资源的前提下，创造最大的产品市场价值。这一理论对于投资者来说，意味着能够获得相应的投资回报；对企业而言，则有助于增加收益，提高员工薪资，以及改善工作环境；此外，它还有助于提升企业责任感，从而更好地保护消费者的合法权益。为了达到利润最大化的目标，企业将致力于提升产品生产效率、提高技术水平、加强企业管理，进而降低产品成本、减少企业管理费用等。这一系列策略有助于实现资源的优化配置，提高企业的经济效益，从而保障企业的盈利质量。

在运用利润最大化理论进行盈利质量分析时，首先关注的是企业的盈利性，这是因为只有具备良好的盈利能力，企业才有可能实现资源的最优配置，从而为投资者、员工和消费者创造更大的价值。因此，分析企业的盈利性是盈利质量分析的重要前提。

4. 核心竞争力理论

核心竞争力理论主要阐述的是企业如何通过对已有知识、技术和资源等条件进行系统整合，以协调各种生产和制造技术，对不同产品进行结构调整，从而在激烈的市场竞争中稳定立足，并彰显本企业在技术先进性、独特性等方面的优势。这一核心竞争力必须具备一定的技术壁垒，使其具有其他企业难以模仿的独特性质。核心竞争力具有价值性、稀缺性和极难效仿性等特点。价值性体现在核心竞争力能够为企业创造显著的经济效益，提升企业的市场地位，从而吸引投资者和客户。稀缺性则表现在核心竞争力难以被其他企业复制，使企业在竞争激烈的市场中脱颖而出，形成竞争优势。极难效仿性意味着核心竞争力具有独特的技术壁垒，这使得其他企业难以通过简单的模仿来达到与本企业相当的市场地位。

一方面，当企业具备核心竞争力时，能够以更高的效率、更好的质量、更具创新性的产品和服务在市场中竞争，从而吸引更多的客户，提高市场份额，实现更高的利润。另一方面，盈利能力也可以反映企业的核心竞争力，企业能够持续地实现高利润，说明它具备一定的竞争优势，能够在市场竞争中脱颖而出。这种竞争优势，很大程度上来源于企业的核心竞争力。

5. 现金流理论

现金是企业经营活动中不可或缺的资源，现金流理论是关于现金、现金流量以及自由现金流量的理论，它构成企业财务管理的基础，该理论关注企业现金的流入和流出，以及企业在经营活动中产生的现金流量，为企业进行财务决策提供重要依据。现金流管理成为企业提高盈利能力的关键，通过有效地管理现金流，企业可以合理安排投资和筹资活动，优化资本结构，从而降低成本和财务风险，提高资金使用效率和企业的盈利能力，实现企业的可持续发展。

3.4 上市公司盈利能力的影响因素

3.4.1 非财务因素

上市公司盈利能力的影响因素众多，从非财务因素的角度出发，宏观经济政策、市场竞争、公司治理机制、股权结构等都会对上市公司的盈利能力产生一定影响。

1. 宏观经济政策

宏观经济政策会在经济衰退期提供财政和货币政策支持，帮助企业渡过难关，而在经济繁荣期则可能采取紧缩政策防止过热，这会影响企业的盈利预期。政府的减税降费、扩大公共支出等财政政策，可以增加市场流动性，刺激消费和投资，进而推动企业销售收入的增长。利率调整和信贷政策也会影响企业的融资成本。此外，政府的投资导向和对特定行业的支持，如基础设施建设、科技创新等，会引导企业进行相关领域的投资，创造新的盈利增长点。因此，企业需要密切关注宏观经济政策的变化，以便及时调整经营策略，抓住政策带来的机遇，应对挑战，提升盈利能力。

税收政策作为政府进行宏观调控的重要手段。合理运用国家税收政策，对于企业的盈利能力及净利润提升具有显著的促进作用。当企业严格遵循并合理合法地享受税收优惠政策时，这些政策为企业的财务结构提供了优化的空间，降低了税负，增加了现金流量，从而间接地增强了企业的盈利能力。国家税收政策作为一项重要的经济调控工具，其核心目标是实现税收的有效分配和公平性。企业若能充分利用这些政策，例如，研发费用抵扣等不仅可以减轻短期的财务压力，还可以激发企业的创新活力和长期发展潜力。在进行企业盈利能力分析时，国家税收政策无疑是一个至关重要的考量因素。它不仅影响企业的直接成本，还间接影响企业的收入和运营效率。因此，深入研究和灵活运用税收政策，是企业优化财务管理，提高盈利水平的关键策略之一。

2. 市场竞争

在激烈的市场竞争中，企业为了差异化竞争，往往会投入更多的资源进行产品创新、服务创新和运营模式创新。这不仅可以提高企业的核心竞争力，也会带来新的盈利来源，促使企业提高效率，降低成本，提供优质产品或服务，提高企业的市场份额，并能有效控制企业成本。在市场竞争中，需要制定合理的价格策略以吸引消费者，同时保持足够的利润空间。定价过高可能会导致市场份额下降，定价过低则可能牺牲利润。因此，找到适当的价格平衡点对盈利能力至关重要。面对竞争压力，企业合作与联盟的意愿更加强烈，实现共享资源，降低风险，甚至通过合并或收购来扩大规模和提升盈利能力。

3. 公司治理机制

企业有效组织和配置资源，以实现企业战略目标的过程，即公司治理，它涉及企业的组织结构、决策机制、激励机制、监督机制等方面，对企业盈利能力产生重要影响。

一是组织结构与决策机制。完善的公司治理结构应包括明确的职责划分和权责对等的决策机制，设立高效的决策层，负责战略规划和重大决策；执行层负责日常运营和项目实施；构建高效的信息传递和协调机制，降低信息的不对称性，资源的有效分配和决策的快速响应，强化内部治理体系，降低管理成本，从而提高企业的盈利能力。

二是激励和监督机制。激励与员工业绩挂钩，促使员工更加努力工作，提高工作效率和产出，提高企业的总体生产力。根据马斯洛需求理论，通过实施晋升机会、薪酬增长、股票期权等激励方式，使员工感受到被尊重和赏识，这将增强他们的工作满意度和忠诚度，降低离职率；同时，推动企业进行技术革新、产品升级或服务改进，这些创新往往能带来新的利润增长点。有效的监督机制是企业运行的保障。首先，实施监督保障企业遵守法律法规，避免因违规而产生罚款、诉讼等额外成本，维护企业的合法经营，保持盈利能力的稳定性。其次，在企业决策中，监督的运行确保决策过程的透明度和合理性，避免决策失误带来的经济损失。通过严谨的数据分析和决策审核，企业可以做出更明智的战略选择。此外，在日常运营中，识别和改进内部管理的低效环节，提高资源利用效率，产品质量和服务质量的监控，可以维护企业的品牌形象，提高客户满意度，进而转化为持续的销售收入，可以预防和及时发现财务违规、项目延误、质量问题等风险，减少损失，降低运营成本，提高盈利能力。

4. 股权结构

在资本结构中，股权结构对企业的盈利能力有着重要的影响。具体而言，股权制衡是影响企业盈利能力的重要因素。一方面，当企业处于合理的股权制衡结构中时，持股比率较大的股东并不能直接对企业经营性决策作出一票决定权，而是需要通过绝大多数股东的商讨来决定，决策过程变得更加民主化，各种股东的意见都能得到充分的尊重和考虑，避免某些股东因为持股比例较大而对企业决策产生过多的影响，从而保证企业的决策更加公正和客观。另一方面，股权制衡还能促进企业的稳定性和长期发展。当企业股权结构失衡时，会导致股东之间产生矛盾和纷争,甚至会影响企业的日常运营。而当企业股权制衡得到有效实施时,不同股东之间的利益得到了平衡,企业的经营也就能更加稳定和可持续,则有利于企业的长期发展。

3.4.2 财务因素

财务因素可以说是影响企业盈利能力最直接也是主要的因素。通常包括收入、利润和资产等。销售毛利率、销售净利率、资产净利率和净资产收益率等指标也在一定程度上反映一个企业的盈利能力。

1. 资本结构

债务水平对企业的增长能力有积极影响,但高负债率会提高企业的破产风险,影响企业的盈利水平,应当保持适当的负债水平,有利于提升企业的竞争力和企业绩效(Harris 和 Ravi,2007;李传宪、赵紫琳,2020;曾繁荣等,2020),债务产生的利息支出会限制企业的盈利能力(Maria Kontesa,2015)。根据修正的 MM 理论,债务具有税盾效应,债务资本的成本通常比股权资本的成本低,因此,企业资本结构中债务资本的比例越高,企业的融资成本就越低。但是,债务资本的利息支出也会增加企业的财务成本,如果企业债务资本过多,会导致企业财务风险增加,企业偿还利息的负担加重,企业现金流短缺,投资不足,从而影响企业的盈利能力。在对企业盈利分析时,要注意资本结构变动对利润水平的影响,进而找到优化资本结构的路径,降低融资风险,保障高效投资,提升企业的盈利能力。

2. 资产质量

资产是企业的基础,是企业盈利的来源。企业的生产经营都必须围绕资产展开,通过资产的合理安排和使用,从而获得营业收入和利润,实现企业的战略目标。

资产质量越高,说明企业的资产越优质、越有价值,企业的生产能力和盈利能力也就越强。相反,如果资产质量较差,说明企业的资产质量较低、价值不高,企业的生产能力和盈利能力较弱,资产质量也能够反映企业在市场竞争中的地位。

对资产质量主要从资产盈利能力和结构质量评价。一是资产盈利能力,通常指企业通过对资产的安排和使用，使其达到获得营业收入、赚取利润的经济效益的能力，为企业创造价值。资产是企业的重要资源，通过资产的配置和运用，企业可以实现生产、销售等经营活动，获得经济利益。因此，资产的安排和使用是企业创造价值的重要手段。二是资产结构质量，资产结构是指企业各种资产的构成及其比例关系，反映了企业在经营活动中所拥有的资产种类和数量，以及不同资产在总资产中所占的比例。常见的反映资产结构的指标包括流动资产与总资产之比、长期资产与总资产之比、流动资产的内部结构、长期资产的内部结构等。合理的资产结构能够使各项资产充分发挥其作用，为企业创造较多的盈利。比如，企业拥有足够的流动资产可以保证企业的短期偿债能力，同时也可以支持企业的日常经营活动；企业拥有合理的长期资产可以保证企业的长期发展，同时也可以获得较高的投资回报。相反，不合理的资产结构不仅会影响企业的盈利能力，而且会影响企业的正常运转。比如，如果企业拥有过多的流动资产，会导致企业的资产利用效率低下，进而影响企业的盈利能力；如果企业拥有过多的长期资产，会导致企业的财务风险增加，影响企业的正常运转。

3. 利润质量

利润质量代表企业利润的优劣程度，反映了企业盈利水平的高低和盈利能力的强弱。利润质量既包括利润的真实性，也包括盈利的持久性，可对其进行广义和狭义两方面解释。

狭义的利润质量是指在一个会计期间内，公司实现的会计利润的变现能力，即这些利润是否能够转化为真实的现金流入。通常情况下，公司在这段时间内确认的净利润或利润总额，只是基于权责发生制为核心的一种会计核算方法所计算出来的利润，而并非是真正的现金流入。为了提高利润质量，企业应该注重现金流的管理和优化，确保其实现的会计利润能够转化为真实的现金流入。企业可以通过加强应收账款管理、优化存货结构、控制成本和费用等方式，提高现金流的管理效率和水平，从而提高利润质量。

广义的利润质量主要是反映企业长期发展态势的能力，即企业利润持续和稳定发展的能力。它主要表现为盈利能力和获取利润的稳定性，同时也涉及企业未来发展的态势。不仅关注企业当前的会计利润，更注重企业未来的盈利能力和稳定性。它考虑了企业的发展战略、市场竞争力、行业趋势、经营风险等多个因素，对企业未来盈利能力和稳定性进行评估和预测。为了提高广义的利润质量，企业应该注重长期的规划和战略，加强核心竞争力建设，提高市场竞争力，降低经营风险，保障盈利能力和稳定性。企业还应该关注行业趋势和市场变化，及时调整战略和经营策略，以适应不断变化的市场环境。

4. 主营业务竞争力

主营业务竞争力对盈利能力的提升具有积极的促进作用。当企业具备较强的主营业务竞争力时，通常能够在市场竞争中占据优势地位，实现较高的市场份额和利润水平。具备竞争力的产品能够满足市场需求，提高客户满意度，从而增加销售量和市场份额。拥有先进技术和高效生产流程的企业可以降低生产成本，提高生产效率，从而在市场竞争中获得更大的利润空间。高效的企业管理可以提高企业资源配置效率，降低成本，减少资源浪费。同时，良好的企业管理能够提高员工的工作效率和满意度，降低员工流失率，从而降低人力资源成本。因此，企业应该在产品、技术、市场、管理等方面着手，形成主营业务竞争力，以实现持续、稳定的发展和盈利。

5. 研发投入

一方面，研发投入促进企业创新能力的提升，往往伴随着新产品或服务的开发，这些新产品或服务拥有更高的附加值，更快地适应市场变化，抓住商机，减少因市场滞后带来的损失，满足消费者的新需求，从而打开新的市场，增加销售收入。通过创新投入企业找到更高效、更低成本的生产方式，比如引入自动化设备，提高生产效率，降低生产成本。同时，创新驱动数字化转型、共享经济等新型商业模式，创造新的盈利模式，打破传统盈利边界，为企业带来新的盈利增长点。

另一方面，加大在新产品研发上的投入，以求在技术创新领域取得领先地位，但同时也伴随着盈利的不确定性。研发周期的漫长使得初期资金需求庞大，且短期内可能难以看到直接的经济回报，这无疑带来了显著的技术研发风险。因此，企业在规划研发策略时，需审慎评估研发项目的潜在收益与风险。为了提高研发效率，企业应注重人力资源的配置，优先聘请具备专业技能和丰富经验的研发团队，他们的知识和能力能加速研发进程，降低失败的可能性。同时，优化研发流程，也能有效地缩短研发周期，提升资金使用效率。然而，过度的科研投入会对企业的资金链构成压力。高额的研发费用导致企业流动资金紧张，影响日常运营，甚至可能引发财务风险。因此，企业需要统筹谋划，确保研发投资与整体经营策略的协调,将研发开支控制在可控范围内,从而平衡风险与收益,维护企业的稳健运营。

3.5 新疆能源化工类上市公司盈利能力分析

3.5.1 新疆能源化工类上市公司盈利能力现状

1. 新疆能源化工类上市公司基本情况

截至2023年3月31日,新疆总共有60家上市公司。随着"一带一路"倡议的不断推进,中国与中亚能源陆上大通道逐渐完善,新疆在中国与中亚的能源化工合作中的战略地位也在不断提升。"一带一路"建设为新疆发展能源化工类产业提供了前所未有的机遇。为了深入了解新疆能源化工类上市公司的发展水平,本文收集和整理了特变电工、新疆天业、新疆天山水泥等五家上市公司的主营业务、国家影响力和综合实力等指标数据予以呈现。(表3-2)

表3-2 新疆能源化工类上市公司基本情况

企业名称	注册时间	主营业务	国家影响力	综合实力
特变电工股份有限公司	1993.02	以能源为主,"输变电高端制造、新能源、新材料"一高两新国家三大战略性新兴产业,多晶硅新材料研制及大型铝电子出口基地,大型太阳能光伏、风电系统集成商	国家级高新技术企业和中国大型能源装备制造企业	中国输变电行业的排头兵,位居中国企业500强第303位
新疆天业股份有限公司	1997.06	化工产品、建筑安装、种植业、养殖业及农业水土开发、农副产品深加工等科研开发、生产销售以及进出口贸易等十二大产业	新疆生产建设兵团农八师所属的一家大型国有企业	新疆天业的化工产业化工产品的年生产能力达18万吨,在新疆是第一

续表

企业名称	注册时间	主营业务	国家影响力	综合实力
新疆天山水泥股份有限公司	1998.11	主要从事水泥制造,其经营范围包括水泥及相关产品的开发、生产、销售和技术服务,以及机械设备、仪器仪表和技术的进出口业务,同时兼营"三来一补"和进料加工	是西北地区最大的水泥生产厂家、全国重要的特种水泥生产基地	在新疆地区市场份额超过50%
新疆中泰化学股份有限公司	2006.12	产品广泛应用于石油、化工、轻工、纺织等20多个行业	股份公司名下有7家控股子公司,是全国大型氯碱化工企业之一	产品除供应新疆市场外,还远销内地省区并出口到中亚5国、越南、非洲等国家和地区
新疆广汇新能源有限公司	2006.9	生产加工甲醇、二甲醚、石脑油、焦油、硫酸、粗酚、中油、LNG、硫酸铵、杂醇油、原煤	打造成为新疆乃至全国大型煤化工及煤制天然气产业基地	该项目作为自治区第一个启动实施煤制甲醇项目,被国家发展与改革主管部门列为国家煤化工示范工程

数据来源:必应网（https://cn.bing.com/?FORM=BEHPTB）

2. 新疆地区上市公司盈利能力评价

（1）新疆地区上市公司整体盈利水平

根据最新的汇总信息,A股市场2023财年半年度报告披露工作已经完成,新疆地区上市公司的中期业绩呈现出稳健增长的态势。在这次"期中考"中,新疆的60家上市公司总计报告了3684.36亿元的营业收入,与2022年同期相比实现了0.7%的增长,尽管增长幅度不大,但超过半数的公司实现了归属于母公司所有者的净利润正向增长,表明多数上市公司在复杂经济环境下仍能保持盈利能力。

业绩亮点主要集中在工业与能源行业,这些行业的公司在营业收入和净利润方面的增速领先,显示了其强劲的市场地位和良好的盈利潜力。龙头企业的表现尤为抢眼,它们不仅在各自行业内发挥着引领作用,还显著增强了整个市场的活力。同时,民营企业的灵活性和韧性得到了体现,它们在面对外部挑战时展现出了较强的适应和恢复能力。

现金流状况是衡量企业健康运营的重要指标，新疆上市公司的表现同样积极。截止到2023年6月30日，这些公司的经营活动现金流量净额达到1163.87亿元，相较于2022年同期大幅增加了719.95亿元，表明企业经营活动产生的现金流入显著增加，资金流动性增强。其中，43家公司实现正向的经营活动现金流量，而17家公司则面临现金流为负的情况，显示出上市公司之间存在一定的业绩分化。此外，有35家公司实现了营业收入的正增长，显示出多数企业经营活跃，市场需求稳定或有所提升。特别值得注意的是，有12家公司的营业总收入突破了100亿元大关，凸显了这些企业在规模和市场占有上的优势。

综上所述，新疆上市公司经营业绩总体呈平稳的趋势，不仅现金流管理上展现出相对充足的健康状态，而且营业收入也保持稳中有进的状态。

（2）新疆能源化工类上市公司盈利能力概述

基于对新疆上市公司整体盈利能力的分析，结合能源化工行业和能源化工行业上市公司发展情况，现对新疆地区能源化工类上市公司的整体盈利情况从两个方面评价。一是营业收入。根据半年报数据，新疆地区能源化工类上市公司的营业收入主要集中在材料（28.5%）、工业（27%）和能源（25%）三个行业中。其中，材料行业的营业收入同比增长20%，工业和能源行业的营业收入同比分别增长18.7%和17.95%。二是净利润。从净利润角度来看，新疆地区能源化工类上市公司的净利润主要集中在工业（35.5%）、金融（26%）和能源（24%）三个行业中。其中，工业行业的净利润同比增长20%，金融和能源行业的净利润同比分别增长了18.7%和17.95%。

新疆地区能源化工类上市公司的龙头企业包括天山股份、特变电工、广汇能源、中油工程、中泰化学、金风科技等，这些公司在新疆上市公司中占据重要地位。这六家龙头企业——天山股份、特变电工、广汇能源、中油工程、中泰化学、金风科技，在报告期中共实现2125.2亿元的营业总收入，占新疆上市公司总营业收入的57.68%；归母净利润249.20亿元，占新疆上市公司总归母净利润的88.13%。这表明新疆地区的龙头企业具有较强的业绩集中度和带动能力。

3.5.2　新疆能源化工类上市公司盈利能力分析

盈利能力分析的主要方法包括盈利稳定性分析、盈利持久性分析、比率分析、利润表分析法等。本书选用公司净资产收益率、每股收益、总资产收益率和毛利率指标对新疆能源化工类上市公司盈利能力展开分析。

1. 净资产收益率指标分析

净资产收益率是评估企业盈利能力、资本管理效率以及投资价值的重要工具之一，对于企业经营者制定战略、投资者做出投资决策都有着极其重要的意义，它是企业净利润与平均净资产的比率，反映所有者权益所获报酬的水平，用以衡量公司运用自有资本的效率。（表 3-3）

表 3-3　净资产收益率分析表　　　　　　　　单位:%

	2018 年	2019 年	2020 年	2021 年	2022 年
特变电工	6.38	5.85	6.81	19.37	33.15
新疆天业	12.91	7.31	12.21	19.07	8.45
天山股份	15.71	16.32	17.88	16.10	5.65
中泰化学	12.91	1.93	0.77	12.60	2.80
广汇能源	12.56	10.35	8.16	26.77	45.05

数据来源：东方财富网

由表 3-3 可知，2018—2022 年这 5 家公司的净资产收益率大部分都在稳定上升，但是受疫情的影响，中泰化学与广汇能源的净资产收益率下降较为明显，特变电工与新疆天业在 2019 年下降比较明显，2020 年有所回升，2021 年受大环境的影响，这五家上市公司的净资产收益率都出现回暖趋势，且增长比较明显，呈现出较为强劲的发展趋势，究其原因，可能是能源化工行业低迷期之后的复苏。特变电工作为"一带一路"倡议的积极践行者，在 2022 年不断深化其在能源板块的重点项目合作，特别是在与吉尔吉斯斯坦的协作中，通过成功实施多项关键性能源工程，为该国能源供应的自给自足提供了坚实支撑，显著增强了吉尔吉斯斯坦在电力领域的独立性。但是在 2022 年，新疆天业、天山股份、中泰化学的资产净收益率不升反降，可能与负债的增加有关。其中，新疆天业的负债由 2021 年的 63.09 亿元增加到 132.5 亿元，成本费用的上涨导致利润总额减少；天山股份虽然负债有所减少，但是在竞争激烈的大环境中，利润总额也从 2021 年的 207.8 亿元缩减到 64.12 亿元。中泰化学 2022 年受国内外宏观经济下行、地缘政治冲突及疫情反复等影响，导致大宗商品原材料、运输等成本上涨，产品销售价格持续下跌，导致利润不增反降。综上所述，由于行业政策、国家战略以及自身发展能力多重因素的影响，新疆能源化工类上市公司净资产收益率存在差异。其中，特变电工与广汇能源的净资产收益率最高，说明这两家公司盈利能力较强，其余三家公司的盈利能力稍显逊色。

2. 每股收益指标分析

每股收益即每股盈利，指税后利润与股本总数的比率，每股收益通常被用来反映企业的经营成果。（表 3-4）

表 3-4 每股收益变动趋势表　　　　　　　　　　　　　单位：元

	2018 年	2019 年	2020 年	2021 年	2022 年
特变电工	0.4905	0.4695	0.5803	1.8813	4.1183
新疆天业	0.5100	0.4200	0.6600	1.0700	0.5000
天山股份	1.1835	1.5598	1.6461	1.5675	0.5259
中泰化学	1.0826	0.1784	0.0673	1.1817	0.2772
广汇能源	0.2797	0.2353	0.1994	0.7688	1.7268

数据来源：东方财富网

由表 3-4 的数据可知，特变电工的每股收益最高，与其一直处于行业领先地位有关，特变电工的每股收益一直呈上升趋势，2022 年迎来较大增长可能跟利润的增长有关，公司国际单机项目实现了多个增量市场的突破。新疆天业、天山股份、中泰化学的每股收益在 2022 年整体呈现下降的趋势，且整体下滑的速度较为明显，新疆天业、天山股份在 2018—2020 年整体呈现缓慢上升的趋势，但是上升幅度不够明显。中泰化学在 2019—2020 年每股收益有明显的下降趋势，广汇能源整体呈上升的趋势，特别是在 2021 年与 2022 年上升非常明显。

就其每股收益变动水平的原因进行分析，2021 年新疆天业抢抓市场机遇，保持主要氯碱化工产品的产能发挥，大力推进降本增效，主要经济指标再创新高；天山股份自2018年起，为积极遵循国家"一带一路"倡议及国有企业国际化发展的方针，通过其全资子公司中材水泥有限责任公司在赞比亚的战略性投资，积极推进"水泥+"商业模式的海外延伸。中泰化学在2019年的经营情况确实受到了国际环境及市场因素的显著影响。这一年里，公司主打的几款产品包括粘胶纤维、粘胶纱以及烧碱，遭遇了市场价格的下滑，这对于公司的盈利产生了不利影响，直接导致利润减少。中泰化学加大环保投入、推动项目落地、全面加强规范化管理，公司下属公司新疆中泰化学托克逊能化有限公司基础设施建设项目投产，增加了成本；广汇能源在2021年与2022年每股收益增加明显，可能是由于公司报告期内天然气国际、国内业务量及销售价格增加和煤炭销售量及销售价格增加和煤化工产品销售量及销售价格增加。综上所述，广汇能源的盈利能力最强，其次是特变电工，新疆天业、中泰化学、天山股份的盈利能力较弱。

3. 总资产收益率指标分析

总资产收益率与净利润和平均资产总额有关，总资产收益率的高低直接反映了公司的竞争实力和发展能力。（表3-5）

表3-5 总资产收益率指标分析表 单位:%

	2018年	2019年	2020年	2021年	2022年
特变电工	2.88	2.45	2.96	8.24	14.90
新疆天业	5.27	5.31	6.13	10.10	3.79
天山股份	6.97	11.32	12.01	5.49	1.77
中泰化学	4.48	0.39	-0.07	4.44	1.43
广汇能源	3.48	2.98	2.16	8.51	18.40

数据来源：东方财富网

由表3-5的数据可知：特变电工和广汇能源大体呈稳定上升的趋势，特变电工盈利主要来源包括输变电业务、新能源业务及能源业务，后者主要从事煤炭清洁及炼化贸易业务。对业绩同比增长的情况，特变电工主要因为多晶硅产品涨价的同时销量增加，火力发电量增加，控股子公司新特能源和参股公司新疆众和业绩增长；广汇能源在近年来的发展策略中，积极响应中国日益增长的环保需求，进一步强调了天然气作为低碳替代能源的重要性。随着全球经济逐步回暖，对能源的需求复苏，导致大宗商品价格整体上涨，加之中东地区石油减产，引发了短期内石油市场供应紧张的情况，石油价格还将持续高位运行。受益环保需求提升和市场消费的高速增长，未来油气开采行业景气度将持续走高。新疆天业的总资产收益率在 2021 年达到一个小高峰，究其原因是在国家"一带一路"环保目标持续提升的背景下，节能减排、提高能源效率和产业结构调整成为我国氯碱行业可持续发展的重要方向，为新疆天业的发展带来契机。在 2020 年至 2021 年间，新疆天业节承载着国家"一带一路"倡议框架下的农业国际合作使命，具体实施了海外标准化示范区建设项目，为推动"一带一路"共建国家的农业现代化和可持续水资源管理树立了典范。以 2020 年为分界点，天山股份的总资产收益率，在 2020 年之后降幅明显，其净利润也由 2020 年的 164.7 亿元降到了 2022 年的 50.74 亿元，可能是由于研发费用的增加，导致营业成本的上涨，公司推进技术攻关、新成果应用的结果。中泰化学 2020 年净利润为 -4632 万元，可能是由于营业总成本较多导致的。综上所述，广汇能源与特变电工的总资产收益率稳步增长，说明其盈利能力较强。

4. 毛利率指标分析

毛利率用于表示毛利占销售收入的百分比，这个指标反映了企业在直接生产或销售过程中的获利能力，是衡量企业利润水平的重要指标之一。一般来说，毛利率越高，表示企业经营状况越好，利润水平较高，说明企业经营能力较强。（表 3-6）

表 3-6 毛利率指标分析表　　　　　　　　　　单位：%

	2018 年	2019 年	2020 年	2021 年	2022 年
特变电工	19.66	20.61	20.21	28.49	38.59
新疆天业	27.09	24.66	23.85	26.62	19.57
天山股份	36.18	36.6	28.35	24.95	16.06
中泰化学	11.1	7.04	5.75	13.91	12.28
广汇能源	36.3	31.72	28.17	38.41	28.63

数据来源：东方财富网

由表 3-6 的数据可知：特变电工的毛利率整体呈稳步上升的趋势，虽然营业成本也在逐年上涨，其中管理费用增长较快，但是，由于在共建"一带一路"背景下，国家鼓励沿线企业发展，特变电工的营业总收入也十分可观。新疆天业 2018 年至 2021 年毛利率都比较稳定，2022 年下降较为明显，可能是由于成本增加造成的营业成本上涨，从而利润缩减。天山股份的毛利率自 2020 年起下降明显，究其原因可能是全国水泥市场表现为需求低迷，旺季不旺，淡季更淡，导致水泥需求出现未有的"断崖式"下跌，由于原材料煤炭价格持续高位，市场交易电价上下浮动范围扩大，电价大幅上涨。尽管公司积极加强成本控制，结合煤炭等主要原燃材料价格同比下降，水泥熟料和商品混凝土的成本同比下降，但受市场需求偏弱、价格大幅下降的影响，水泥熟料和商品混凝土的毛利率同比下降。中泰化学与广汇能源在 2020 年时出现低谷，受经济大环境和疫情的影响，导致原材料成本上涨，消费市场低迷，营业收入也不太景气。随后在"一带一路"倡议能源互通、中哈油气开发合作加快推进的大背景下，广汇集团的能源业务板块已领先规划，提前布局，覆盖国家"一带一路"整体布局。综上所述，2020 年以前，天山股份和广汇能源的盈利能力较好，2020 年后，特变电工与广汇能源的盈利能力较好。

3.5.3　新疆能源化工类上市公司盈利能力启示

1. 紧盯国家政策，实施绿色排放

随着"一带一路"倡议的实施，化工行业的产能调整成为关注焦点。在国内化工行业快速发展的同时，也一度出现了严重的生产过剩和环保问题。科学规划绿色排放，可以将能源的利用效率最大化，给企业带来更多的盈利。为此，化工行业需要通过推进产业转型升级、绿色转型等方面的努力，才能实现可持续发展。始终将清洁生产、节能减排及资源循环利用作为企业可持续发展的命脉，一直将绿色高质量发展作为企业生存的生命线，依托新疆丰富的煤炭、矿产资源大力发展氯碱化工，在"双碳"背景下，有针对性地制定节能降耗减排措施，延长产业链，大力倡导发展绿色清洁能源，积极进行产品深加工，提高产业产品附加值，关注绿色发展理念，争取实现低排放、低污染、低耗能、高利用。广汇能源自 2021 年起，正式启动了以"绿色革命"为主题的第二次战略转型升级，提出以净零排放为终极目标，推进化石能源洁净化、洁净能源规模化、生产过程低碳化，依托自有资源，走绿色开发、低碳利用、清洁发展之路。2022 年天山股份制定并发布了"十四五""双碳"发展规划，围绕能源转型、产品创新与固碳技术三大方向，提出到 2025 年，实现平均单位熟料二氧化碳排放量较 2021 年下降 6.24%。为了实现这一目标，公司试点建设"零购电"工厂、"零碳"矿山，有序开展二氧化碳捕捉、利用及封存项目，旗下济源中联水泥窑碳捕集项目是国内首个实现碳捕集的实际工业应用项目，也是全球首条利用钢渣进行捕集的工业化生产线。

2. 利用区位优势，优化产业链

新疆独特的区位优势，与周边 8 个国家接壤，位于新亚欧大陆桥、中蒙俄、中国—中亚—西亚、中巴经济走廊交汇处，成为丝绸之路经济带上重要的交通枢纽、商贸物流和文化科教中心，打造丝绸之路经济带核心区，并拥有我国 4 个现代煤化工产业示范区之一的准东基地，能源化工产业基础雄厚，吸引了神华、中煤、兖矿等大型企业投资落户，一批现代煤化工项目建成投产。此外，产业链下游需求持续增长，新疆能源化工类上市公司可与现有的棉纺及化纤产业延伸衔接，围绕战略性新兴产业做好规划布局，或与石油化工耦合发展，优化产业链，形成后发优势。

3. 控制成本费用，提高管理水平

企业的成本是盈利能力分析的基础，企业管理者需要密切关注成本的动态变化，及时采取措施调整销售策略和成本控制，以保证盈利能力的提升，成本控制得当，就有助于企业盈利能力的提升。

采购环节，由于化工行业原材料价格受市场波动影响较大，应该构建集中化、规模化的采购平台，促使采购价格趋于合理稳定。在对供应商进行选择时，需要对材料质量、收货周期和货物成本进行综合考量，在保证材料质量的前提下，优先选择价格较低的供应商。在企业内部规范原材料领用制度，根据实际用量进行申请，避免造成浪费。如果采购数量较多，存放在材料仓库可能会增加管理成本。加强与供应商之间的交流，及时更新需求量和库存量，确定合适的生产时间，使原材料既能满足企业的正常生产需求，也减少了对仓储成本的无效占用。运营环节，加强对人工成本的管控，由于企业生产人员占比较高，增强对一线工人的岗位培训，根据工作完成度，制定相应的激励和惩罚措施，调动员工积极性，提高工作效率。与此同时，企业继续加强智能化生产，引入自动化生产线，快速建立智能仓储物流，提高作业精确度，减少因人工操作失误而造成的物料消耗。例如，天山股份自 2021 年起，持续推动技改，降本增效，发挥整合的协同效应，天山股份完成第一阶段重组后，重新调整了内部组织架构，水泥企业还存在客户资源、矿山资源、运输资源优势，都有利于帮助天山股份降低成本。

4. 重视研发创新，提升主营业务竞争力

技术创新关系着企业的盈利能力，始终坚持创新驱动发展战略，依托科技创新推动实现企业高质量发展，探索推动高质量发展路径，扎实推进节能技术创新项目，大力推进能效双控、节能减排、技术创新，积极开展产学研合作，研究攻克众多行业核心关键瓶颈技术。引进高技术人才，为产业转型升级提供智力支持。以信息化促进数字化、智能化转型升级，"工业互联网+安全生产"。抢抓数字工厂建设机遇，实践应用先进过程控制、无人值守化验、大数据分析、机器人巡检等先进技术扩大拓深产业链。根据市场需求，加大研发力度，丰富自己的产品领域，通过研发创新来优化产业结构，生产出更高质量的产品和差异化的产品，提升市场占有率，增强核心竞争力，保障公司盈利的成长性。例如，2023年4月，特变电工为了给高端科技人才提供良好的研发、办公环境，提升公司产品和服务智能化、系统集成化、研发数字化等方面的技术研发能力和成果转化能力，保障公司长远可持续发展，公司以全资子公司特变电工科技投资有限责任公司为主体在天津武清区投资建设智慧园区项目，助力技术创新。多年来，中泰化学始终坚持用创业的精神创新，用创新的成果创业的理念，深耕氯碱、纺织产业的研发、生产与经营，聚焦解决"卡脖子"问题，突破了多项行业关键核心技术，建成国家企业技术中心、国家博士后科研工作站，管理国家高新技术企业14家，自治区"专精特新"中小企业4家，自治区创新型中小企业6家，产学研示范基地等科技创新平台，累计获得授权专利1095项，软件著作权83项，连续3年研发投入合计超30亿元。

5. 利用财务杠杆，优化资本结构

随着能源化工行业市场竞争加剧，能源化工类上市公司需要不断投入大量资金用于技术研发、扩大生产经营、拓宽销售渠道以及产品转型升级。在有效控制财务风险的前提下，充分利用财务杠杆，不仅能够降低资本成本，还可以保障企业的稳定经营。改变筹资方式单一的现状，充分利用长期借款、债券发行、优先股发行等融资方式为企业提供长期稳定的资金来源，降低企业的短期偿债风险，促进融资结构多元化，合理调整资本结构，提高盈利质量。

4 上市公司现金流管理

4.1 研究背景

在公司经营活动中，现金流常常被看作企业的血液，它负责维持企业的正常运转。现金流是企业收入和支出的流动性表现，反映了企业现金的流动状况。正如人体需要血液供应氧气和营养物质来维持生命一样，企业也需要现金流来支付员工工资、采购原材料、偿还债务以及投资扩张等各项支出。

回顾资本市场的发展，不难发现，很多退市或者出现问题的上市公司，都与现金流管理不当有关。本章主要关注上市公司的现金流管理问题，以期为企业更好地管理现金流提供借鉴。下面我们总结和归纳了我国相关学者对现金流管理的研究情况。

本章文献样本以"现金流管理"为关键词，在中国知网数据库中共检索出3325篇期刊文献。检索出1068篇学位论文，其中硕士论文1048篇、博士论文20篇，学位论文分为两种类型，一方面现金流管理的案例分析，选取某家上市公司，基于某一背景进行现金流管理分析；另一方面是研究现金流与企业财务风险、市场声誉等的关系。

下面对查找出的3325篇期刊文献做进一步统计整理，得到图4-1发文量趋势图，从图中发文趋势可以看到，我国学者对现金流的研究主要可以分为3个阶段。

第一阶段是1986—1998年，此阶段学者刚开始关注现金流，发文量还不是很多。可以看出社会公众对上市公司现金流的关注也不多。

第二阶段是1999—2008年，本阶段是学者高度关注和发文量爆发式增长阶段。这与1998年3月财政部发布了《企业会计准则——现金流量表》有关，政策的发布，是引导研究者高度关注的原因之一。同时，此项准则的发布也让资本市场参与者更加注重企业现金流量的管理问题。所以，可以看出发文量从每年不到 10 篇增长到超过 100 篇。

第三阶段是 2009 年至今，处于高发文量阶段。在此期间，每年关于现金流管理的文献都在 100 篇以上，同时存在波动，例如，2020 年发文量在 256 篇，创下历史新高。这样的趋势也充分说明现金流管理依然是资本市场参与者关注的重点，也是上市公司财务管理研究的热点之一。

根据文献的主题统计情况看，主要主题分布如图 4-2 所示。现金流量管理、现金流、现金流量、企业现金流量管理、财务管理、财务风险等都是研究的热点主题。从研究主要主题统计看，对现金流量管理的研究主要是围绕企业现金流如何管理才能降低企业财务风险角度展开，这也是本章研究的意义所在。

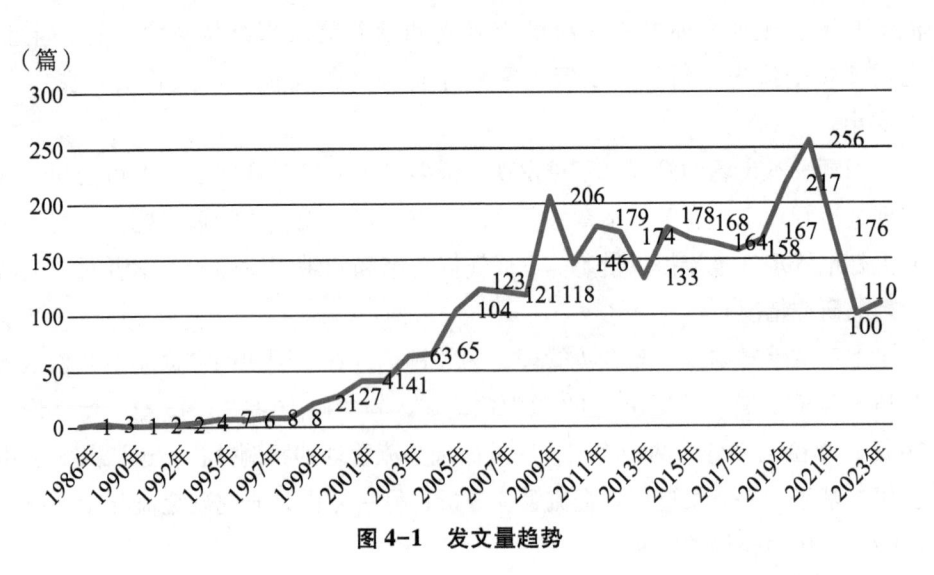

图 4-1 发文量趋势

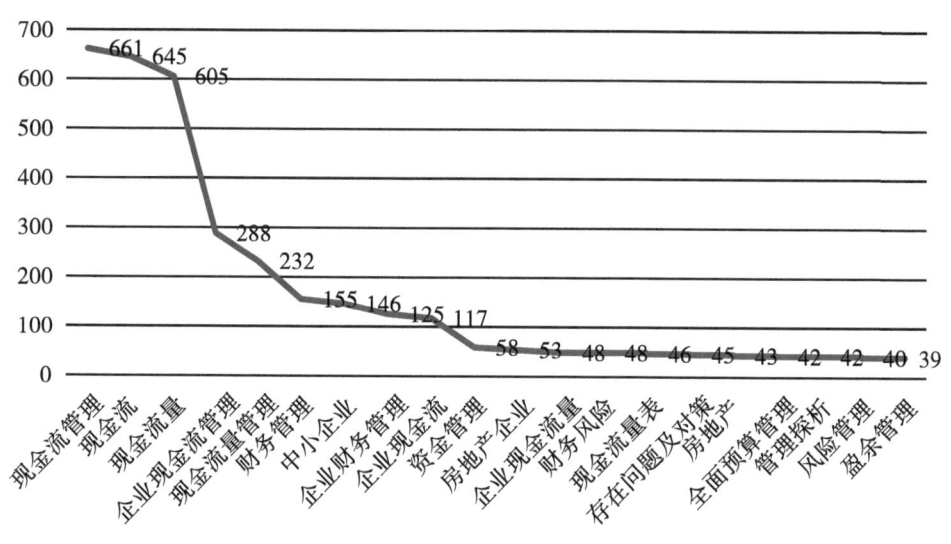

图 4-2 主要主题分布情况

同时，也对检索到的文章发文期刊进行了统计，3325 篇文献共发表在 31 个期刊上。其中北大核心期刊 488 篇，CSSCI 期刊 174 篇，AMI 期刊 10 篇，EI 期刊 3 篇，其余均发表在普通期刊上。另外，在中国知网以"现金流管理"为主题，搜索结果中可以看出，现金流管理一直是研究的热点话题。之所以一直是研究的热点，源于现金流对企业经营发展的重要程度。任何企业的经营发展都离不开现金流的支持，如果一旦现金流出现问题，轻则企业经营业绩受到损失，重则导致企业破产。所以一直以来现金流管理都是企业运营的重中之重。

4.2 相关概念与理论基础

4.2.1 相关概念

1. 现金流的概念

公司现金流是指企业在一定时期内的现金收入与现金支出。根据现金流状态，现金流可以分为静态现金流和动态现金流两种。静态现金流包括公司手头现金、可即时支付的银行存款和其他形式的资金。根据财政部 2009 年颁布的《企业会计准则》，现金流量按其来源可分为经营活动现金流量、投资活动现金流量、筹资活动现金流量三类。现金流的重要性体现在以下六个方面。

(1) 支付日常开支

现金流是企业支付日常运营开支的主要来源，如员工工资、租金、原材料购买等。一个稳定且充足的现金流有助于公司顺利运作，维持日常业务。

(2) 偿还债务

企业在发展过程中需要借款来满足各种需求，如扩大生产规模、购买设备等。一个健康的现金流有助于企业按时还款，降低违约风险。

(3) 投资和扩张

企业需要持续投资以促进发展。现金流充足的公司能够投资于研发、市场营销、并购等领域，以实现业务增长和规模扩张。

(4) 应对风险

企业在运营过程中可能遇到各种不确定性因素，如市场波动、政策变动等。充足的现金流有助于企业在面临风险时更有韧性，能够更好地应对和渡过困难时期。

(5) 分红回报股东

对于上市公司来说，现金流足够的公司可以考虑分红，为股东创造回报。股东收益的稳定性和持续性对于提高公司股价和吸引投资者至关重要。

(6) 提高企业信用

企业现金流状况是评估公司偿债能力、信用等级和融资能力的重要指标。一个稳健的现金流有助于提高企业信誉，获得更有利的融资条件。

由此可见，公司现金流的重要性不容忽视。（公司现金流是衡量企业在一定时期内现金收入与现金支出的净额，它对于企业的运营至关重要。）企业须密切关注现金流状况，合理规划财务，确保公司的健康发展。

2. 现金流管理的概念

现金流管理（Cash Flow Management）是指企业对现金流入、流出和结余的综合管理过程，以确保企业具有足够的现金来满足其日常运营、投资和融资需求。现金流管理是企业日常运营的关键环节之一，它涉及企业现金流入、流出以及结余的管理。良好的现金流管理有助于企业保持财务稳定，避免现金流危机。现金流管理的目标是维持企业财务稳定，降低财务风险，提高资产利用效率，并为企业的持续发展提供支持。现金流管理涉及以下4个方面。

（1）现金流入管理

企业须关注各种现金流入来源，如销售收入、投资收益、借款和其他筹资活动。通过提高收款效率、加强信用管理、扩大销售渠道等手段，企业可以增加现金流入。

（2）现金流出管理

企业须对各种现金流出进行合理规划和控制，以保持现金流的稳定。这包括采购、工资、利息支付、投资支出等。企业可以通过降低采购成本、提高生产效率、合理安排付款计划等方式，降低现金流出。

（3）现金结余管理

企业须确保其现金结余能够满足日常运营需求，并为未来发展提供资金支持。企业可以采用现金预测、现金流优化等方法，以提高现金结余的使用效率。

（4）现金流风险管理

现金流波动可能会导致企业面临财务风险。企业需要关注市场变化、行业趋势等因素，及时调整现金流管理策略，以降低现金流风险。在面临现金流压力时，企业可以通过融资活动来缓解压力。企业应根据自身需求和市场条件，选择合适的融资方式，如银行贷款、发行债券等。企业还需要关注融资成本和风险，以达到最佳的融资效果。

现金流管理对企业的运营和发展有着重要意义。通过实施有效的现金流管理策略，企业可以维持财务稳定，降低财务风险，提高资产利用效率，并促进企业持续发展。企业应关注现金流的变化，持续优化现金流管理，以应对不断变化的市场环境。现金流管理是企业财务管理的核心部分，需要企业高度重视。通过有效的现金流管理，企业可以维持财务稳定，降低财务风险，并为企业的持续发展创造有利条件。

4.2.2 相关理论

1. 现金流转理论

资金管理是财务管理的关键步骤，它管理的对象就是资金及其流转情况。资本是现金流通的起点，也是终结，但是其他资产是资本在不断周转环节里的不同表现形式。此外，资本的增加多数是由于债务和权益，债务和权益同样作为公司将来资本流出的项目。因此，财务管理的目标为现金的良性流转源。

2. 资本循环理论

根据马克思《资本论》中"资本形态变化及其循环"的定义，产业资本通过货币资本、生产资本和商品资本这三种职能形式的循环运动，实现其价值增值。产业资本循环要保持其连续性，就必须要实现货币资本循环、生产资本循环以及商品资本循环三者的统一，这样便能实现产业资本在时间和空间上循环、连续，以此来确保资本循环运动的有序进行。根据马克思的资本循环理论，企业为了确保其生产的连续性，必须加强自身的现金流量管理，对现金的筹集和使用进行必要的预测、计划和控制，保证企业现金流量的连续性，使企业的供、产、销活动可以有序进行，从而形成企业财富的积累。

3. 生命周期理论

任何事物的发展都存在着固有的生命周期，企业亦是如此。企业的生命周期在潜移默化中影响着企业的发展轨迹。美国著名的管理学家伊查克·麦迪思把企业的生命周期比喻成人类的成长与衰亡，他将企业的生命周期细分成如下七个阶段：孕育期、婴儿期、学步期、青春期、盛年期、稳定期和贵族期，每个阶段都有各自的特征。要注意在企业不同的发展时期，经营活动、筹资活动和投资活动的现金流量之间的转化与配合。

4.3 上市公司现金管理问题

研究上市公司现金管理存在的问题，本书采用案例分析法进行，首先选取几家上市公司作为案例公司，通过分析案例公司现金管理的现状和存在的问题，提出对策建议。然后根据案例公司的分析情况梳理上市公司现金管理存在的问题，并在此基础上提出提升上市公司现金管理的对策建议。

4.3.1 熙菱信息现金管理案例分析

1. 公司概况

1992年，熙菱信息成立于新疆，是最早上市的软件企业之一。熙菱信息专注于大数据智能应用服务，致力于为公共安全保护、数字化治理和工业数字化转型等领域提供智能、精准、高效的数据分析和解决方案。

近年来，熙菱信息集中高端的信息技术，为新疆地区的城市公共安全防范和业务信息安全提供了相关技术支持。熙菱信息主要产品包括深度显卡端口应用平台、公安信息系统应用日志、安全审计方案等相关信息服务。该公司产品的核心价值在于提升城市公共安全的威慑水平和信息化所依赖的业务安全审计能力。地域方面，依托国家西部大开发战略，立足新疆，在智能安防、信息安全、软件开发与服务等领域拥有多年经验，充分发挥人才优势，在上海、西安建立人才库，逐步把产品和服务推广到全国各地。公司主要产品服务如表4-1所示。

表4-1 熙菱信息主要产品服务

业 务	产品或服务形式	产品用途
智能安防领域	提供自主研发的智能安防软件产品，以视频图像及业务数据为基础进行公共安全领域应用，以及基于业务数据共享技术服务形式，为用户提供专业的城市智能安防整体解决方案	智能安防领域的软件产品、技术服务及智能工程集成服务
信息安全领域	提供自主研发的安全审计软件产品，主要针对公共领域，为用户提供专业的信息安全和业务审计技术咨询和整体解决方案	信息安全和业务审计技术咨询和整体解决方案
其他领域	提供运营、工商、烟草等行业满足用户业务、管理等要求的应用软件开发、系统集成及相应技术服务	软件开发、技术服务、软件产品或系统集成服务

数据来源：东方财经网

2. 熙菱信息现金流量管理现状

（1）熙菱信息经营活动现金流量情况分析

现金流量管理关系整个企业的发展。本研究将熙菱信息现金流量表分解为几个不同的部分，多角度进行分析和评估。从现金流机制的角度，可以发现熙菱信息现金流流入和流出的规模。不同的现金流量组合，能够有效地反映出熙菱信息的经营状况。表4-2列出了熙菱信息近年来经营、投资和筹资活动产生的现金流量。

表 4-2　2019—2023 年熙菱信息经营活动产生的现金流量　　　　单位：万元

项目	2019年	2020年	2021年	2022年	2023年
销售商品、提供劳务收到的现金	39239.53	27925.04	39519.21	26441.68	30893.88
收到的其他与经营活动有关的现金	2130.53	2204.28	2247.50	1820.02	3376.98
经营活动现金流入小计	41623.74	30365.92	41812.22	28611.07	34404.07
购买商品、接受劳务支付的现金	21672.29	22108.47	23006.19	12223.48	16638.31
支付给职工以及为职工支付的现金	8162.94	6754.53	8527.02	9685.15	9640.80
支付的各项税费	1291.47	1633.95	1634.16	1881.81	1494.83
支付的其他与经营活动有关的现金	5504.35	4479.86	3211.75	2226.42	3485.26
经营活动现金流出小计	36631.06	34976.83	36379.13	26016.86	31259.20
经营活动产生的现金流量净额	4992.68	-4610.92	5433.09	2594.20	3144.87

数据来源：2019—2023年熙菱信息公司年报

由表 4-2 可以看出，2019—2023 年，经营活动现金流入波动较大。2020 年相较 2019 年大幅下降，但从 2021 年开始现金流入逐渐回升，到 2021 年达到了 4.18 亿元，但是 2022 年和 2023 年又有所下降，整体是 W 趋势。

当 2017 年和 2018 年连续经营活动产生的现金流量净额为负的情况下，2019 年转负为正 4992.68 万元，2020 年仍然为 -4610.92 万元。自 2021 年之后逐渐稳定为正。这表明公司在销售和劳务方面的盈利能力并不稳定，尤其是在

2020年，该收入相较于其他年份明显减少。可能是由于在该时期受新冠疫情影响，面临市场竞争压力及经济波动。经营活动现金流量是企业现金来源的主要构成，从分析情况看，经营活动现金流量波动较大，这可能引起企业的财务风险增加。

需注意的是，这仅仅是对现金流量表的分析，要对公司整体财务状况做全面评估，还需要结合其他财务报表（如资产负债表、利润表等）进行分析。此外，分析现金流量状况时，还需考虑公司所处行业、市场竞争环境、政策影响等多种因素，以便更准确地评估公司的财务状况。由此看出，熙菱信息整体经营状况良好，通过募集资金进行投资，企业注重投资项目的盈利能力。现金收入增速大于现金支出增速，有利于熙菱信息净现金流量增长。

（2）熙菱信息投资活动现金流量情况分析（表4-3）

表4-3 2019—2023年熙菱信息投资活动产生的现金流量　　　　单位：万元

项目	2019年	2020年	2021年	2022年	2023年
收回投资所收到的现金	33890.00	35166.29	12150.00	115320.00	168900.00
取得投资收益所收到的现金	96.32	43.82	15.36	305.70	341.91
处置固定资产、无形资产和其他长期资产所收回的现金净额	9.60	25.65	3.43	21.57	2.36
投资活动现金流入小计	34383.85	35235.76	12968.79	116014.27	169552.27
购建固定资产、无形资产和其他长期资产所支付的现金	1799.13	1117.31	781.33	207.88	5592.82
投资所支付的现金	34014.00	33104.00	23150.00	105320.00	168900.00
支付的其他与投资活动有关的现金	297.21	0.00	0.00	0.00	0.00
投资活动现金流出小计	36110.34	34221.31	23931.33	105527.87	174492.82
投资活动产生的现金流量净额	-1726.48	1014.45	-10962.54	10486.39	-4940.55

数据来源：2019—2023年熙菱信息公司年报

从表4-3可知，2019—2023年熙菱信息公司投资活动现金流量整体是逐步上升趋势，尤其是2022年和2023年，现金流入整体较前三年大幅度上涨，2023年经营现金流量流入较2019年上涨3.9倍。

但是，从投资活动产生的现金流量净额的变动趋势看，呈现出较大波动。

2019年、2021年、2023年现金流量净额为负，这意味着投资活动的现金流出量更大。尤其是2022年和2023年投资支出整体较前三年有大幅度增长。

2019—2023年，公司在购建固定资产、无形资产和其他长期资产上的支出前四年较平稳，但2023年有大额支出，这表明公司在这5年间一直在持续地进行资本投资。由于2023年，公司在新的投资上的支出增加，投资活动现金流量净额再次变为负，这些结果表明，公司在投资活动方面的现金流状况波动较大，须更加有效的投资管理策略来平衡现金流入和流出，以保持良好的财务状况。

总体来看，熙菱信息在过去几年中，投资活动的现金流入整体是增长趋势，但在2021年出现了下降。在这段时间里，投资活动现金流出也是整体增长相对稳定，2021年最少，与投资活动现金流入情况基本一致。从净现金流量来看，除了2020年和2022年投资活动产生正向现金流量外，其他几年均为负值。这表明公司需要关注投资活动的现金回收和支出，以及投资结构比例情况，以便优化现金流状况。

（3）熙菱信息筹资活动现金流量情况分析（表4-4）

表4-4　2019—2023年熙菱信息筹资活动产生的现金流量　　　　　单位：万元

项目	2019年	2020年	2021年	2022年	2023年
吸收投资收到的现金	230.00	1786.29	29100.00	0.00	0.00
取得借款收到的现金	7814.00	12800.00	8320.00	1000.00	200.00
收到其他与筹资活动有关的现金	2777.43	0.00	700.00	0.00	0.00
筹资活动现金流入小计	10821.43	14586.29	38120.00	1000.00	200.00
偿还债务支付的现金	15814.00	9300.00	10820.00	8000.00	1200.00
分配股利、利润或偿付利息所支付的现金	949.07	645.96	393.04	205.85	36.22
支付其他与筹资活动有关的现金	2653.49	1077.68	2474.69	1058.52	768.90
筹资活动现金流出小计	19416.55	11023.64	13687.73	9264.37	2005.12
筹资活动产生的现金流量净额	-8595.12	3562.65	24432.27	-8264.37	-1805.12

数据来源：2019—2023年熙菱信息公司年报

从表4-4可以看出，吸收投资收到的现金在2021年有显著增长，收到2.91亿元，但在2022年和2023年均没有收到投资的现金。这表明公司在吸引投资方面在这两年没有大的增长。在取得借款方面，2019—2021年收到较大金额，但是2022年和2023年借款金额也大幅度减少。在其他筹资活动方面，仅在2019年和2021年有现金流入，但是其他年份均没有流入。

对于筹资活动现金流出方面，偿还债务和分配股利、利润或偿付利息所支付的现金，公司在5年间的支出是总体下降的趋势，在2023年流出量最少。从筹资活动产生的现金流量净额来看，公司在2020年和2021年的筹资活动现金流量净额为正，而在2019年、2022年和2023年，筹资活动净额为负。在2021年，筹资活动产生的现金流量净额为正，且金额较大。由于公司在这一年成功进行了大规模的融资活动，筹资活动产生的现金流量净额显著增加。

综上所述，公司在筹资活动方面的现金流动性状况波动较大，但总体上看，公司能通过筹资活动来平衡现金流，维持公司运营。需要注意的是，尽管公司在吸引投资和获得借款方面取得了成功，但还要关注其在偿还债务和支付利息方面的能力。

此外，公司没有通过发行债券以筹集资金。这意味着公司可能主要依赖投资者和借款来筹集资金，而未充分利用债券市场。总之，公司在筹资活动方面呈现出较强的能力，能够通过各种形式获得资金支持。但仍须关注偿还债务、支付利息的能力以及进一步拓展筹资渠道的可能性。在未来几年中，公司应继续关注筹资活动的表现，以确保在现金流管理和财务稳定方面取得良好平衡。

（4）熙菱信息现金流量相关财务指标分析

①现金负债总额比率（表4-5）

表4-5 2019—2023年熙菱信息现金负债总额比率

项目	2019年	2020年	2021年	2022年	2023年
经营活动现金流量净额（万元）	4992.68	-4610.92	5433.09	2594.20	3144.87
负债总额（万元）	51729.32	63211.71	51263.89	45897.78	37156.17
现金负债总额比率（%）	10%	-7.3%	11%	5.7%	8.5%

数据来源：2019—2023年熙菱信息公司年报

如表4-5所示，2020年，公司经营活动的现金流量净额为-4610.92万元，现金负债总额比率为-7.3%。而2019年、2021年、2022年和2023年现金负债总额比率均为正，且2022年和2023年比率上涨较快。一部分原因是经营活动现金流量有小量增长趋势，另一部分原因是这两年负债总额较少，公司偿还了大量负债。这样的变化趋势表明公司在经营活动方面的现金流状况波动较大。

经过对经营活动现金流量净额、负债总额和现金负债总额比率的全面分析，可以明确发现，熙菱信息在经营活动方面的现金流状况波动显著，正负交替。这表明公司在某些时期面临明显的经营压力。为了保持良好的财务状况，公司须时刻关注其现金流量净额的情况，同时，必须积极寻求提高经营活动现金流量净额的方法。

同时，熙菱信息的现金负债总额比率波动过大，这反映出公司在管理现金与负债关系方面存在明显的不稳定性。公司应当坚决采取措施优化现金管理和负债结构，以实现稳定的现金负债总额比率。

综上，熙菱信息在现金流管理方面有着显著的提升空间。专注于提升经营活动现金流量净额和稳定现金负债总额比率，同时优化负债结构和现金管理，是公司未来实现更优财务表现的关键路径。

②销售现金比率（表4-6）

表4-6 2019—2023年熙菱信息销售现金比率

项目	2019年	2020年	2021年	2022年	2023年
经营活动现金流量净额（万元）	4992.68	-4610.92	5433.09	2594.20	3144.87
营业收入（万元）	28105.66	27049.07	14533.85	17876.81	15901.80
销售现金比率（%）	17.80%	-17.04%	37.38%	14.51%	19.78%

数据来源：2019—2023年熙菱信息公司年报

销售现金比率这一指标表明企业收入中在当期能够收回现金的能力，此项指标越高说明公司在经营市场中具有较强的优势。同时也说明公司未来产生坏账的风险降低。如之前所述，经营活动的现金流量净额这5年波动较大。销售现金比率表示经营活动现金流量净额与营业收入之间的关系。根据表4-6的数据，熙菱信息公司2020年的销售现金比率为负，表示这一年公司的经营活动现金流量净额不足以覆盖营业收入。2021年，销售现金比率达到37.38%，显示出较好的现金流状况。

综合考虑经营活动现金流量净额、营业收入和销售现金比率，我们可以看出公司在经营活动方面的现金流状况波动较大，与营业收入之间的关系也不稳定。销售现金比率的波动可能反映了公司在现金收入和实际销售额之间的不平衡。在2019年和2020年，营业收入较高，表明公司在这两年的现金收入较好；但在2021年、2022年和2023年，销售收入有所降低，这几年销售现金收入比率为正。

总之，公司须关注提高经营活动现金流量净额和营业收入之间的平衡，以实现更稳定的现金流状况。优化现金管理、提高收款效率和降低营运成本都有助于改善公司的财务表现。同时，应密切关注销售现金比率，以确保公司在未来实现更好的现金流管理。

③经营现金流量回报率（表4-7）

表4-7 2019—2023年熙菱信息经营现金流量回报率

项目	2019年	2020年	2021年	2022年	2023年
经营活动现金流量净额（万元）	4992.68	-4610.92	5433.09	2594.20	3144.87
资产总额（万元）	93523.94	91313.53	99532.19	87907.18	75600.42
经营现金流量回报率（%）	5.34%	-5.05%	5.46%	2.95%	4.16%

数据来源：2019—2023年熙菱信息公司年报

如前所述，经营活动的现金流量净额波动较大，由于2020年为负值，所以只有这一年经营现金流量回报率为负，其余均为正值。从企业总资产的情况看，2019—2021年较为平稳，但是自2022—2023年均有下降趋势。

经营现金流量回报率表示经营活动现金流量净额与资产总额之间的关系。熙菱信息公司2019—2023年经营现金流量回报率如表4-7所示，只有2020年为负，是因为这一年经营活动现金流量净额为负。其余年份均能稳定在4%~6%。

综合考虑经营活动现金流量净额、资产总额和经营现金流量回报率，我们可以看出公司在经营活动方面的现金流状况波动较大，与资产总额之间的关系也不稳定。经营现金流量回报率的波动可能反映了公司在现金收入和资产管理之间的不平衡。

总之，公司需要关注提高经营活动现金流量净额和资产总额之间的平衡，以实现更稳定的现金流状况。加强现金管理、提高资产利用效率和降低营运成本可以改善公司的财务表现。同时，应密切关注经营现金流量回报率，以确保公司在未来实现更好的现金流管理。综合以上分析，企业经营活动现金流量影响深远，是企业可持续经营的最好支撑。经营活动现金流量净额是企业核心竞争力的体现，是推动企业健康持续发展的最好动力。

3. 熙菱信息公司现金流管理存在的问题

熙菱信息公司在现金流管理方面不够集中，没有完整的现金管理体系，职责和岗位不明确。管理层往往依据经验作出决定，还缺乏资金的灵活性和资源规划、分配和使用。

（1）熙菱信息公司经营活动现金流量存在的问题

负的现金流量净额意味着在特定时间段内，公司的现金流出大于现金流入。在这种情况下，熙菱信息的经营活动没有产生足够的现金来覆盖其日常开支。对于2020年的负现金流量净额，我们可以进行如下分析：

由表4-2可以看出，2020年经营活动现金流量净额的正负很大程度上取决于销售商品、提供劳务等现金流入。2020年此部分现金流入30365.92万元，处于近5年来较低水平，比前后两年少了1亿多元。然而购买商品、接受劳务支付的现金22108.47万元与2019年的21672.29万元和2021年的23006.19万元均相差不到1000万元。支付给职工以及为职工支付的现金和各项税费等也都相差不多。这可能意味着公司在购买原材料和库存方面的投入较高，或者公司面临较高的运营成本。此外，支付给职工以及为职工支付的现金、支付的各项税费和支付的其他与经营活动有关的现金也都相差无几，这必然会导致2020年经营活动产生的现金流量净额为负值。

进一步分析经营活动各现金流量，来自销售商品、提供劳务收到的现金是企业经营活动的主要现金收入来源，更是体现一个企业主营业务实力的最好支撑。从熙菱信息近5年的数据来看呈现出W趋势发展，2019年、2021年、2023年三个年度都超过了3亿元，2020年和2022年甚至接近3亿元，而2020年和2022年分别为2.7亿元和2.6亿元，相差较多，说明波动性很大。从购买商品、接受劳务支付的现金来看，近5年来的趋势是前三年较平稳，均在2.2亿元左右，而2022年和2023年分别为1.2亿元和1.6亿元，这样的变化趋势与销售商品、提供劳务收到的现金变化趋势并不一致。这是企业在存货及各项成本支出中存在调整和市场环境原因，导致价格有所不同等多重影响导致的结果。支付给职工以及为职工支付的现金、支付的各项税费及支付的其他与经营活动有关的现金均变化不大。这就导致经营活动现金流量净额的变动同销售商品、提供劳务收到的现金变化趋势一致，也呈现出 W 形态，甚至 2020 年还出现了-4610.92 万元。

总结上述数据可以看到，首先，经营活动现金流量的一个很大的问题是销售收入、提供劳务这样的主营业务波动较大，加上成本控制与主营业务之间没有同趋势变动，很大程度是由于企业主营业务盈利能力不稳定导致的。其次，外部环境的变化也给企业带来很大的冲击，尤其是疫情等因素。这也说明，企业应对环境变化的能力不足，无法支撑企业持续的现金流入。另外，企业在行业内上下游的竞争优势可能不明显，导致企业实现收入收回比率不高，如表 4-6 所示，但是从企业年报中 2022 年和 2023 年核销坏账准备为 0 的情况看，并没有应收款无法收回的实际情况发生。综合以上因素，企业的经营现金活动流量才呈现出如此变化。

（2）熙菱信息投资活动现金流量存在的问题

企业的投资活动现金流量是检验企业投资成效的关键指标之一，如表 4-3 所示，企业投资活动现金流量在 2019—2023 年 5 年来效果并不乐观。从总体趋势看，企业投资活动产生的现金流量净额变化趋势呈现 M 形，与销售收入、提供劳务带来的现金流入变化趋势相反。2019—2023 年 5 年中，有三年投资活动产生的现金流量净额均为负数，说明相应年份的现金流出大于现金流入。

根据表 4-3 的数据展开具体分析，从 2019—2023 年收回投资所收到的现金分别为 3.39 亿元、3.52 亿元、1.22 亿元、11.53 亿元、16.89 亿元，前三年与后两年差距非常大。取得投资收益所收到的现金分别为 96.32 万元、43.82 万元、15.36 万元、305.70 万元、341.91 万元，同样是前三年与后两年差距很大。处置固定资产、无形资产和其他长期资产所收回的现金净额分别为 9.60 万元、25.65 万元、3.43 万元、21.57 万元、2.36 万元，虽然差距很大，但是此部分的处置与企业实质上投资效果关联度不高。

进一步查看投资活动现金流出情况，近 5 年购建固定资产、无形资产和其他长期资产所支付的现金分别为 1799.13 万元、1117.31 万元、781.33 万元、207.88 万元、5592.82 万元，可以看出只有 2023 年才有大额度固定资产类支出，前面四年均投入不多。投资所支付现金分别为 3.40 亿元、3.31 亿元、2.32 亿元、10.53 亿元、16.89 亿元，从此类投资支出可以看出，同收回投资所收到的现金变化趋势几乎一致，尤其是2023年两个数额相同。说明2022年和2023年虽然投资支出和收回投资均数额较大，但是在现金流量表及附注的补充说明中并没有提及关于投资活动有关的现金重要事项和进一步说明。

综上所述，2019—2023年5年中企业投资活动现金流量净额为负的主要原因是2019年和2021年投资支付的现金金额较大而收到的现金金额少，2023年的原因是购建固定资产、无形资产和其他长期资产所支付的现金增幅较大，为5592.82万元，而实质上的流入仅为投资收益的较少，必然导致这样的结果。

从以上的数据变化情况看，企业投资活动并不是本企业的优势。首先，投资活动产生的现金流量净额不稳定，波动幅度较大，说明企业对投资并没有做好中长期的规划。在如今信息技术发展如此迅速的时期，投资和经营本应都能够有机遇快速发展，但是企业数据上并没有看到优势。另外，外部环境对企业发展还是带来了较大影响。

（3）熙菱信息筹资活动现金流量存在的问题

企业经营发展中筹资能力的重要性不言而喻，但是从表4-4数据可以看到，还是存在一些不足。整体来看，2019—2023年，筹资活动产生的现金流量净额有三年是负值，分别是2019年、2022年和2023年，数额分别是-8595.12万元、-8264.37万元和-1805.12万元。2020年和2021年为正值，分别为3562.65万元和24432.27万元。

详细分析可以看出，企业吸收投资收到的现金在2019—2021年急速上升，分别为230万元、1786.29万元和29100万元。而2022年和2023年均为0万元。这也是导致筹资活动现金流量净额三年为负的主要原因。取得借款收到的现金近5年分别为7814万元、12800万元、8320万元、1000万元和200万元，从数据来看企业并没有开展大额度的借款筹资。

从现金流出情况看，偿还债务支付的现金分别为15814万元、9300万元、10820万元、8000万元和1200万元，偿还债务的压力并不大。分配股利、利润或偿付利息所支付的现金分别为949.07万元、645.96万元、393.04万元、205.85万元和36.22万元，从企业此项支出可以看出，并没有进行大量的现金分红，而是根据企业的实际收益和现金流量进行的适当分红。支付的其他与筹资活动有关的现金较分配股利等多，分别为2653.49万元、1077.68万元、2474.69万元、1058.52万元和768.90万元，变动幅度不大。

从以上数据分析情况看，企业的筹资情况波动较大，有三年为负值。而且企业吸收权益性筹资的金额近两年较少，吸收债务筹资近两年也较少。从经营现金流入和投资现金流入情况看，还是需要一定的筹资现金支持的。但企业无论股权还是债权，近两年均没有获得大额现金流入。可能是企业筹资能力出现了波动。此外，虽然企业债务性资金偿还压力不大，但是也从另外的角度说明失去了一定的杠杆作用。

综上所述，为了改善筹资活动现金流量净额，公司需要审慎评估其筹资活动策略，合理安排债务偿还，以及寻求更有利的融资渠道和策略。此外，关注公司的盈利能力和现金流状况有助于改善筹资活动现金流量净额。

（4）熙菱信息现金流量相关财务指标存在的问题

结合表4-5的现金负债总额比率指标，表4-6的销售现金比率指标和表4-7的经营现金流量回报率指标可以发现，2020年现金负债总额比率为-7.3%，2020年销售现金比率为-17.04%，2020年经营现金流量回报率为-5.05%，比率为负的主要原因是2020年度经营活动现金流量净额为负。

结合以上数据可以发现，2020年，公司经营活动没有产生足够的现金流以支持资产的运营和投资，公司销售产生的现金不足以覆盖营业收入，且公司的经营活动现金流量不足以满足负债的需要，须寻求其他筹资方式以支持公司的运营和发展。

进一步可以分析出以下财务指标存在的问题。

一是应收账款管理。在销售现金比率为负的情况下，可能是因为应收账款增加，导致实际收到的现金少于销售收入。这表明公司在收款方面可能存在问题，须关注应收账款的管理和收款周期，加强对客户信用的控制。

二是存货管理。销售现金比率为负可能还与存货积压有关。存货积压可能导致公司需要承担更多的库存成本，影响现金流。因此，公司须关注存货周转率，优化存货管理，确保库存水平与销售需求相匹配。

三是营业成本控制。在经营现金流量回报率为负的情况下，可能是由于公司无法有效地控制营业成本。公司应关注成本控制和效率提升，以降低成本，提高利润，从而提高现金流量。

四是负债结构。现金负债总额比率为负，表明公司经营活动产生的现金流量不足以支持负债。这可能意味着公司的负债结构不合理，须调整筹资策略。公司应关注负债成本，优化负债结构，以降低财务风险。

五是营运资金管理。由于现金流量净额为负，公司需要关注营运资金管理。加强对应收账款、预付账款、应付账款等的管理，优化资金周转，提高公司的现金流状况。

综上所述，熙菱信息须关注应收账款、存货、营业成本控制、负债结构和营运资金管理等方面的财务指标，以解决现金流净额为负的问题。

4.3.2 美克家居现金管理案例分析

1. 公司简介

美克家居的前身为美克家居国际家居股份有限公司，公司在 2000 年 11 月 27 日在上海证券交易所上市。美克家居主要经营家居全产业链业务，是一家家居制造业，逐渐地走向国际市场，逐步地发展成国内最多品牌，以及多渠道和全球化地供应国际整体家庭消费品的代表性企业。企业相当规范、拥有标准化和绿色化的制造园区。入选工业和信息化部"互联网+"在制造业应用十大新锐项目的智能企业，公司经营模式非常先进、技术实力相当强大，业务网络覆盖全世界。针对我国优质的市场，美克家居将重点放在为客户打造高端的一站式的家居体验公司，如今在全国将近 150 个城市建立了将近 400 家零售店面。

2. 经营活动现金流量情况

（1）经营活动现金流入规模与趋势（表4-8）

表 4-8　2019—2023 年美克家居经营活动现金流量　　单位：亿元

项目	2019 年	2020 年	2021 年	2022 年	2023 年
经营活动现金流入合计	61.09	50.20	57.95	50.43	45.33

数据来源：东方财富网

由表 4-8 可以得知，美克家居的经营活动现金流入在 2019 年为 61.09 亿元，但是之后出现了下降，在 2023 年下降为 45.33 亿元。整体变化趋势是下降的，于 2021 年有所回升，但是存在波动的同时，波动的幅度和趋势并不大。

(2) 经营活动现金流入结构（表4-9）

表4-9　2019—2023年美克家居经营活动现金流量流入结构　　单位：亿元

项目	2019年	2020年	2021年	2022年	2023年
销售商品、提供劳务收到的现金	60.47	48.79	57.32	49.65	44.36
收到的税收返还	0.13	0.14	0.10	0.24	0.55
收到其他与经营活动有关的现金	0.49	1.27	0.43	0.54	0.41

数据来源：东方财富网

从表4-9可以看出，经营活动现金流入主体还是销售商品、提供劳务的主营业务。从变化趋势上看，仍然是2019年最高60.47亿元，随后是下降趋势，于2021年有所上升。

(3) 经营活动现金流出情况

①经营性现金流出的规模与趋势（表4-10）

表4-10　2019—2023年美克家居经营活动现金流出量　　单位：亿元

项目	2019年	2020年	2021年	2022年	2023年
购买商品、接受劳务支付的现金	22.37	17.04	23.45	21.38	16.28
支付给职工以及职工支付的现金	13.57	11.16	12.76	13.43	14.14
支付的各项税费	4.26	3.77	3.30	3.11	2.21
支付其他与经营活动有关的现金	14.83	12.02	10.49	10.39	8.35
经营活动现金流出量	55.03	43.99	50.00	48.30	40.97

数据来源：东方财富网

由表4-10可知，美克家居公司经营活动现金流出量当中，在2019年为55.03亿元，随后出现了逐年的下降，虽然在2021年有所回转，但是在2023年直接下降到40.97亿元。经营活动现金流出量出现了较大幅度的波动。

公司的经营活动流出构成主要有购买商品、接受劳务支付的现金，支付给职工以及职工支付的现金，支付的各项税费，支付其他与经营活动有关的现金四个方面。其中购买商品、接受劳务支付的现金是主体，但是从美克家居的支出结构看，购买商品、接受劳务支付的现金占经营活动现金流出量均不到50%，说明企业的主营业务需要进一步加强。从支付给职工以及职工支付的现金情况看，每年的波动不大，说明职工数量还算稳定，但是此部分支出占比较高，平均达到25%，在2023年更是达到了34.5%，这可能是由于企业线下门店较多导致的此部分现金支出压力较大。

从整体看，美克家居主营业务支出占比较低，经营现金流出量结构不太合理，同时主营业务支出占比下降，表明企业的经营现金流出量结构缺乏稳定性。这可能是由于企业受到多方因素影响导致的。企业需要不断优化经营活动管理，尽可能降低不必要的支出，比如降低管理费用、缩减不必要的资产等，同时增加收入来源并拓展业务范围，提高主营业务的收益能力，以达到经营现金流量结构的稳定性。只有稳定的经营现金流量结构，企业才能在竞争激烈的市场环境下生存和发展。

根据表4-10得知，公司的现金收入来源和支出结构正在发生变化，对公司的经营产生了影响。这可能是多种原因引起的，比如销售额不断下降、恶性竞争等经营风险导致公司的现金流入减少，同时企业可能会采取一些措施来减少支出，如精简人员、缩减营销等，导致支付其他经营活动的现金也在不断降低。不管原因是什么，企业都需要及时识别问题并采取合适的措施，以确保现金流入和支出结构的稳定，保持企业的良好经营状态。

②经营性现金流入量与现金流出量的匹配程度（表4-11）

表4-11 2019—2023年美克家居经营性现金流入量和现金流出量比率

项目	2019年	2020年	2021年	2022年	2023年
经营活动现金流入量（亿元）	61.09	50.20	57.95	50.43	45.33
经营活动现金流出量（亿元）	55.03	43.99	50.00	48.30	40.97
经营性现金流入流出比	1.11	1.17	1.16	1.04	1.10
经营活动产生的现金流量净额（亿元）	6.05	6.21	7.95	2.12	4.36

数据来源：东方财富网

根据表4-11得知，经营性现金流入流出比率一直在1左右，整体比较合理。同时经营活动产生的现金流量净额2019—2023年分别为6.05亿元、6.21亿元、7.95亿元、2.12亿元和4.36亿元，从变化趋势看，后两年有所下降，可能是由于后两年房地产市场变化及大环境影响家居行业导致。

3. 投资活动现金流量情况

（1）投资性现金流量的盈利性（表4-12）

表4-12　2019—2023年美克家居投资活动现金流量

项目	2019年	2020年	2021年	2022年	2023年
投资活动现金流入（亿元）	5.81	6.09	3.44	0.98	0.14
投资活动现金流出（亿元）	10.68	2.85	7.76	3.63	1.30
投资活动现金流量净额（亿元）	-4.87	3.24	-4.32	-2.64	-1.16
现金流入流出比	0.54	2.14	0.44	0.27	0.11

数据来源：东方财富网

根据表4-12得知，2019—2023年，投资活动现金流量净额有四年为负值，只有2020年为正。从整体结构看，企业投资活动支出大于流入，即使是投资当年看不到流入回报，那么2021年、2022年、2023年连续三年均为负值，说明这5年来投资整体效果不理想。也可能是因为近几年市场大环境导致的好的投资项目少、风险高，也可能是企业在投资方面没有足够的中长期战略规划，导致企业投资方面没有很好的现金流入。这也能看出，美克家居主要还是业务型为主。

（2）对内对外投资相互转移的均衡性

①对内投资。美克家居投资活动现金流分析表如表4-13所示。

表4-13　2019—2023年美克家居投资活动现金流分析表　　　　单位：亿元

项目	2019年	2020年	2021年	2022年	2023年
处置固定资产、无形资产和其他	0.935	2.178	0.01	0.04	0.03
购建固定资产、无形资产和其他	5.37	2.85	4.10	2.40	1.30

数据来源：东方财富网

根据表4-13得知，公司的投资活动现金净流量为负数，说明公司一直在拓展投资。主要用于购建固定资产、无形资产和其他长期资产，但是此部分支出的金额还是过高。虽然从整体趋势看是下降的，但仍然在结构比例上支出较高。公司应该考虑在市场经济整体不太乐观的情况下，进行固定资产等的购置是否合理。

②对外投资（表4-14）

表4-14　2019—2023年美克家居对外投资活动产生的现金流量　　单位：万元

项目	2019年	2020年	2021年	2022年	2023年
处置子公司及其他营业单位收到的现金净额	1813	—	983.5	—	—
取得子公司及其他营业单位支付的现金净额	86.20	—	—	—	—

数据来源：东方财富网

根据表4-14得知，公司在子公司及其他营业单位收到和支付的现金在2019—2023年发生的都不多。进一步分析发现，综合来看，这5年公司几乎没有大额的对外投资扩大业务，同时也很少有处置子公司及其他营业单位等业务发生。要注意的是，公司对外投资需要谨慎评估风险，合理控制经营费用和现金流出量。只有科学合理地进行投资，不断优化营业结构，加强内部管理，才能保持公司的稳健经营和可持续发展。

4. 筹资活动现金流量情况

（1）筹资活动产生的现金流量适应性（表4-15）

表4-15　2019—2023年美克家居筹资活动现金流量　　单位：亿元

项目	2019年	2020年	2021年	2022年	2023年
筹资活动现金流入（亿元）	19.91	13.08	22.26	18.24	26.62
筹资活动现金流出（亿元）	32.50	22.99	24.44	20.41	30.44
筹资活动现金流量净额（亿元）	-12.58	-9.91	-2.19	-2.17	-3.82
筹资活动现金流入流出比	0.61	0.57	0.91	0.89	0.87

数据来源：东方财富网

根据表4-15可以得知，2019—2023年，美克家居筹资活动现金流量净额均为负值，2019年为-12.58亿元、2020年为-9.91亿元。从结构分析看，主要是偿还债务支付金额较大，2019—2023年分别为24.55亿元、15.55亿元、19.64亿元、15.33亿元、24.55亿元，金额较大。同时从企业筹资产生的现金流入来看，权益性筹资流入几乎没有，大多都是依靠债务筹资，这可能也会给企业带来较高的风险。以上分析可以看出公司的现金偿债的压力较大，公司筹资活动的管理可能存在不合理之处，筹资活动以及现金流出的方向较为单一和集中，公司的现金流出大部分都用在偿债上，这也能看出公司面临较大的偿债压力。

（2）筹资活动产生的现金流量多样性（表4-16）

表4-16　2019—2023年美克家居筹资活动现金流量分析　　单位：亿元

项目	2019年	2020年	2021年	2022年	2023年
吸收投资收到的现金	—	0.040	—	0.060	—
取得借款收到的现金	19.91	13.04	22.26	18.11	26.62
收到的其他与筹资活动有关的现金	—	—	—	0.071	—

数据来源：东方财富网

根据表4-16得知，公司现金流量表项目可以看出，企业筹资取得的现金支持几乎都是来源于借款，而权益性筹资和企业筹资均带来很少的资金。这也能看出，企业的融资渠道很单一。

5. 美克家居现金管理存在的问题

（1）经营活动规划不合理

美克家居的经营活动现金净额在2019—2023年中整体是前三年相对平稳，后两年下降的趋势。这也表明美克家居对于经营活动的现金管理不够成熟，还存在较多问题，公司的收款能力也需要进一步提升。如果企业想要在经营环境中对资金进行合理的运用，让资金的使用得到最大化，需要关注并严格地管控各种资金，这样可以创建较为合理有效的经营现金管理模式，在一定程度上可以让公司的现金流量在合理的范围运行。但是通过上文的分析可以得知，美克家居在经营活动中的管理控制局限在存货和应收账款方面。并未对其他方面构成较为重视的倾向，如果是组织出现资金断裂的情况，那么就应该及时止损，防患于未然。对于美克家居来说在经营环节中的资金都是依靠管理层的监管和控制来实现。这样也就造成了企业在出现危机的时候，部门之间往往就会互相推卸责任，不但不利于问题的解决，往往还会造成严重的后果。

（2）投资活动缺乏可行性

根据上文的分析可以得知，美克家居在投资活动中的各类现金支出比现金收入要大，公司的投资活动现金流比较差，公司想要加强投资提高自己的产业规模，会导致公司的现金流压力比较大，容易出现现金流的断裂。现金流出主要用在对外结构性存款投资以及构建长期资产上，公司用大量的现金进行投资，但是投资回报的现金一直比较低，公司并没有通过理财产品获取投资的收益，投资支付的资金不能获取有效的补偿。加大投资导致投资活动现金流量净额出现连年下降，导致投资活动现金流变化不稳定。公司没有准确地对投资中的现金预算管理活动进行预测，导致投资活动收益和预计情况准确率比较低，公司虽然成立了投资预算委员会，但是将年作为单位的投资预算不准确，并且在投资现金流量预算管理中，现金流量预算是非常重要的。公司还缺乏严谨的投资现金预算考核机制，在投资预算委员会对预算编制进行评估与考核的时候，不能只把发生数额与预算数额进行对比，而应该建立一套完善的考核制度，并建立严厉的奖惩机制，保证全员利益，才能够达成公司的预算实现全面控制的目标。

（3）筹资活动缺乏科学规划

美克家居在经营活动和投资活动方面的现金流表现不佳，但公司没有通过筹资活动来获取更多的股权和债权融资来支持日常经营活动，这可能导致资金链断裂，公司面临着财务危机。此外，公司大量的资金主要用于项目建设，而这些投资需要较长的周期才能转化为现金流出，因此公司通过筹资活动所获得的现金流投入未能有效改善公司的现金流表现。要解决这一问题，公司须加强资金管理，更加谨慎地评估风险，制定科学合理的资金策略，优化项目投资结构，以减少现金流出的压力。同时，公司应积极探索多元化的融资渠道，包括股权融资、债券融资、银行贷款等方式，以增加现金流入的来源，稳定公司经营活动。公司使用多的是短期负债，一般需要在一年内偿还，对现金流动要求比较高，这导致美克家居的偿债负担比较大，对公司长期发展不利，还会加深美克家居在运营中的风险，导致本来就紧张的现金流更加紧绷。不仅如此，还会影响到公司向银行借款，如果公司不能及时偿还银行贷款，那么公司的信誉就会产生影响，向银行贷款的难度就会增加，这样公司的筹资渠道就会减少。

4.3.3 天润乳业现金流管理案例分析

1. 公司简介

新疆天润乳业股份有限公司成立于2002年，系兵团第十二师控股的上市公司，是国家农业产业化重点龙头企业，成为新疆首个智能化控制的生产企业，被评为全国乳品质量安全管理优秀企业。天润乳业是在2010年更名的，公司的全称为新疆天润生物科技股份有限公司，公司在收购了盖瑞品牌之后，以9100万元拍下了沙湾盖瑞乳业和奶牛场。公司在2012年实施了年产3万吨发酵乳制品项目，开发了奶酪生产线以及利乐砖，将产品结构进行了重新调整。2003年，天润乳业在上海证券交易所上市，注册资金为8638.94万元，净资产为6亿元，公司的市值为20亿元。2015年，创建了集饲草种植以及奶牛养殖和生产加工、科研销售为一体的发展模式。在新疆乳业行业中，天润乳业占龙头企业的地位，并不断地进行创新，2017年研发了芒果布丁和蛋奶布丁等新品，在市场上受到广泛的认可和信赖。

2. 公司现金管理制度保障及人员配备

（1）制度保障

第一，在货币资金收支和保管活动方面，公司制定出了严格的货币资金制度，对货币资金的活动要求都进行了详细的说明。非常明确地对货币资金业务岗位进行分工，并将责任落实到每个人身上，各个岗位的员工之间可以监督彼此。公司制定的《货币资金使用总则》中规定了现金使用的范围，还详细地说明在办理现金收支的时候需要注意的事项，将流程也详细地制定出来，明确银行存款结算的程序。天润乳业禁止在银行贷款的资金过多，同时明确禁止采用资金筹集的方式给员工，禁止私自设置银行账户。

第二，《筹资业务管理制度》主要内容将公司的融资规模详细地制定出来，其中还包含了融资结构以及融资的方式，还严格地控制了公司的金融风险，这样会有效地降低资金的成本。

第三，天润乳业制定了具体的《采购管理制度》，其中将采购和付款业务职责规定出来，也能看出不相容职务分离的原则，将存货的清购、审批以及验收等程序的责任分配进行确定。

第四，在销售和收款管理方面，天润乳业采用信息化的手段，将《内部管理纲要》不断进行完善，销售业务流程更加详细，销售预算以及合理管理也更加完善，对资金的提取做出了相关的要求，将岗位权利及责任进行明确。保证销售及收款是真实的、合法的、及时的。

第五，天润乳业制定了《对外投资管理制度》，主要内容为规定了对外投资决策程序和重大投资决策的责任追究等，这样有效地控制了投资的风险。

第六，天润乳业制定了审计工作规范，形成了《内部审计制度》。审计部门对公司和子公司的业务活动及内部管理进行了独立的审计监督。

（2）人员配备

天润乳业在现金投资活动中，董事长具备投资决策权，主要负责签订相关合同；公司财务部非金融机构主要是发行低风险以及高流动的投资产品，并深入地分析了投资产品和项目的进度；公司的内部审计主要负责对投资和理财的审核以及监督；公司证券部结合证监会和上海证券有关规定履行信息披露义务，将各项投资披露出来。

天润乳业在现金筹资活动，会计部门设置资金使用账簿，记录募集资金支出及投资；内审部门每季度都需要深入地检查募集资金的投入和使用的情况，并第一时间报告给审计委员会。

3. 现金管理状况（表4-17）

表4-17　2019—2023年天润乳业现金存量情况

项目	2019年	2020年	2021年	2022年	2023年
银行存款（亿元）	1.40	5.76	9.00	7.04	5.11
库存现金（亿元）	0	0	0	0	0
其他货币资金（亿元）	0.031	0	0	0	0
货币资金（亿元）	1.43	3.70	9.00	7.04	5.11
总资产（亿元）	20.25	25.90	34.72	39.36	57.00
货币资金占总资产的比例（%）	7.06	14.29	25.92	17.89	8.96

数据来源：东方财富网

根据表4-17得知，货币资金包括银行存款、库存现金和其他货币资金。2019—2023年库存现金和其他货币资金值很少，几乎没有，主要是银行存款金额。天润乳业的货币资金占总资产的比例从 2019 年到 2023 年呈现出先上升后下降的趋势，是从 7.06% 上升到 25.92%，后又在 2023 年下降到 8.96%。

一般来说，货币资金占总资产比重越高，说明该企业的资金储备率越高，财务风险越小，偿债能力也越强。如占总资产比重较低，则说明企业的资金链有一定风险，且偿债能力也越弱。但货币资金也有其两重性。如货币资金过多也说明企业资金利用率不高。该公司的货币资金占总资产比重存在波动。还有一些货币资金因为保证金质押等原因，不能随意地支取现金，但是从公司的报表附注说明看，截止到 2023 年，本公司期末无使用受限货币资金。如今没有最好的确定最佳现金存量的方法，都是根据之前的经验，将之前的平均数作为基数，上下浮动不超 10%，也没有创建预警系统去帮助企业的管理者对现金存量进行判断。通过天润乳业现阶段的现金存量的情况可以得知，2021 年天润乳业的资金存量比较多，但是在后面几年有所调整。

4. 现金流量现状

（1）经营活动现金流量管理情况（表 4-18）

表 4-18　2019—2023 年天润乳业经营活动现金流量　　单位：亿元

项目	2019 年	2020 年	2021 年	2022 年	2023 年
经营活动现金流入	18.13	19.24	24.17	27.84	31.20
经营活动现金流出	15.73	17.06	20.58	24.84	27.75
经营活动现金流量净额	2.40	2.18	3.59	3.00	3.45

数据来源：东方财富网

根据表 4-18 得知，天润乳业的经营活动现金流入从 2019 年的 18.13 亿元上升为 2023 年的 31.20 亿元，呈现出逐年增长的发展趋势；经营活动现金流出从 2019 年的 15.73 亿元上升为 2023 年的 27.75 亿元；经营活动现金流量净额从 2019 年的 2.40 亿元上升为 2023 年的 3.45 亿元，整体呈现上升的趋势，但是中间出现波动。经营活动的现金流入和流出，主要来源于销售商品、提供劳务收到的现金和购买商品、接受劳务支付的现金，从整体的发展趋势看，公司盈利情况逐年增加。通过上述数据分析可以看出，该企业在经营活动中为企业带来了正向的现金流，这对于企业可持续发展有着一定的意义。经营活动净现金流为正数，是指公司通过销售商品或提供服务等活动所获得的现金收入，在经营过程中大于公司所支付的现金开支。该指标是衡量公司运营能力的重要指标之一，也是投资者的重点。

天润乳业经营状况良好，盈利能力稳健。在这种情况下，公司可以通过自身经营获得足够的现金流入，而不必依赖借款等外部资金，从而保证公司的正常经营、发展和扩张。同时，这也显示出公司具有卓越的财务管理能力，能够对成本进行有效控制，对资金进行管理。从而实现对现金流的有效管理。想要从经营活动中取得利润，应该结合多项指标进行分析，不能只通过财务分析，应该和天润乳业的财务数据结合起来。比如公司的利润下降可能是销售制度不理想，或者因为公司的本期债务比较多，所以导致资金流出。

（2）投资活动现金流量管理情况（表4-19）

表4-19 2019—2023年天润乳业投资活动中的现金流量　　　　单位：亿元

项目	2019年	2020年	2021年	2022年	2023年
投资活动现金流入	0.26	0.81	0.75	0.85	1.30
投资活动现金流出	3.49	4.46	5.49	7.27	11.99
投资活动现金流量净额	-3.23	-3.65	-4.74	-6.42	-10.69

数据来源：东方财富网

根据表4-19得知，天润乳业的投资活动现金流入在2019年为0.26亿元，在2023年为1.30亿元，呈现了增长的趋势；投资活动现金流出从2019年的3.49亿元上升为2023年的11.99亿元，整体出现快速上升；投资活动现金流量净额在2019—2023年均为负值，且越来越低。分析投资活动的结构可以看出，投资活动流入方面收回投资和取得投资收益收到的现金几乎没有，主要的流入是处置固定资产、无形资产和其他长期资产收回的现金净额带来的，金额不大。企业的投资流出主要是购建固定资产、无形资产和其他长期资产支付的现金支出，对于子公司等的投资几乎没有，只有2023年发生了2.645亿元。从数据反映情况看，企业是经营为主型，投资活动并不是企业的主要业务。

由于乳业行业的原材料价格波动比较大，上下游市场发展环境不太稳定，会影响到公司的经营和发展。因此天润乳业为了面对市场情况的变化，让投资活动更加具备科学性，将投资前期编制以及设计规划出来，将原有的固定的投资预算管理模式，改成以季度为单位的预算编制。天润乳业在现金投资活动中的预算编制方面，将年度作为基本单位，内容有合同收入预算、销售费用预算、管理费用以及固定资产投资预算和改造预算等。同时为了将天润乳业的投资活动管理水平提高，创建相应的投资前期预算管理体制。天润乳业在销售合同的基础上，还在原材料采购上开展预算，期间费用及固定资产支出的预算，都是结合上年度的预计需求进行调整。另外，天润乳业在现金流量预算管理方面，成立专门的预算管理委员会，实施具体的现金流量预算工作，内容主要有：将预算编制的有关规范确定出来，并且在年末的时候，要将下半年度的一些预算编制确定出来，还要将预算编制的过程写出来，这样可以发现预算编制的过程有什么问题，并及时进行改正，还要对预算的情况进行考核，将预算考核的评价报告上交。

从总体情况看，企业的投资主要在固定资产、无形资产等长期资产支出上。但是从2019—2023年的整体发展趋势看，进行大额的长期资产投资是否合理还要看企业未来的发展战略方向。

（3）筹资活动现金流量管理情况（表4-20）

表4-20　2019—2023年天润乳业筹资活动中的现金流量　　单位：亿元

项目	2019年	2020年	2021年	2022年	2023年
筹资活动现金流入	1.10	5.37	7.94	4.16	11.34
筹资活动现金流出	0.43	1.60	1.49	2.70	6.04
筹资活动现金流量净额	0.67	3.77	6.45	1.46	5.30

数据来源：东方财富网

根据表4-20得知，天润乳业的筹资活动现金流入在2019年为1.10亿元，在2023年为11.34亿元，整体呈现上升的趋势，中间2022年有波动；筹资活动现金流出在2019年为0.43亿元，在2023年为6.04亿元，呈现出整体上升的趋势；筹资活动现金流量净额在2019年为0.67亿元，在2023年为5.30亿元，呈现出上升的趋势，仍在2022年出现波动。整体可以看出公司的筹资活动处于不断上升的状态中，又有不稳定的波动状态，就是到2022年突然降到1.46亿元。从企业筹资活动结构分析，企业的筹资现金流入和流出均为收到借款和偿还借款的债务筹资带来的，权益筹资活动发生的较少，筹资渠道还是比较单一的。

筹资活动产生的现金流量代表企业通过筹资获得现金的能力。通过筹资活动产生的现金流量可以了解该公司的筹资活动。如果筹资活动的现金净流入量大幅度增加，则该公司在扩大其经营规模，说明公司现有的资金不能满足经营的需要，又获得了新的市场机会需要从公司外部大量筹集资金；如果筹资活动的现金净流出量大幅度增加，则说明本期大量的现金流出公司，该公司的规模在收缩。

天润乳业在筹资活动中控制现金流量的时候，会结合公司的发展战略、生产经营计划和预算编制将筹资方案制定出来，从而使闲置资金得到充分的利用，明确筹资目标。但是筹资目标会结合上一年度销售合同中需要的成本以及年初制定的预算支出费用将筹资的成本确定出来，从而选择最合适的筹资方式。天润乳业主要使用银行贷款、个人贷款以及民间贷款等筹资方式。为了让资金筹备更加规范，公司成立专门的筹资资金管理部门，主要负责公司各类筹资资金流出以及流入。

4.3.4 中泰化学案例分析

1. 公司简介

中泰化学公司成立于1991年12月18日，前身是新疆碱厂，2006年12月8日在深圳中小企业板块上市，由新疆中泰化学有限责任公司、乌鲁木齐环鹏有限责任公司、新疆维吾尔自治区技改投资有限公司等企业，以股份制改制形式设立。2023年中泰化学资产负债表（简表）如表4-21所示。

表4-21 2023年中泰化学资产负债表（简表）　　　　　单位：亿元

资产	金额	负债及股东权益	金额
流动资产	147	负债	431
非流动资产	578	股东权益	294
资产合计	725	负债及股东权益合计	725

数据来源：东方财富网

表4-21显示，公司总资产725亿元，流动资产147亿元占总资产的20.27%，非流动资产578亿元占总资产的79.73%，表明以非流动资产为主，

以长期投资如固定资产、无形资产等较多。

2. 中泰化学现金流现状分析

(1) 经营活动现金流量结构与趋势分析（表4-22）

表4-22　2019—2023年中泰化学经营活动产生的现金流量　　单位：亿元

项目	2019年	2020年	2021年	2022年	2023年
收到的现金	1029	1033	749.3	708	490.4
销售商品、提供劳务收到的现金	1016	1018	734.1	684.4	453.6
收到的税费返还	1.671	1.985	2.601	10.44	4.004
支付的现金	12.46	15.78	16.01	33.01	12.01
购买商品、接受劳务支付的现金	895.9	915.3	637.8	558.1	381.9
支付的各项税费	16.08	10.12	20.71	24.62	16.03
支付给员工和为员工支付的现金	23.32	21.53	30.15	39.07	38.87
经营活动产生的现金流量净额	81.40	70.62	44.58	53.25	41.65

数据来源：东方财富网

根据表4-22中的数据，对中泰化学2019—2023年经营活动产生的现金流量进行分析和总结：一是收到的现金。2019—2023年，公司每年收到的现金分别为1029亿元、1033亿元、749.3亿元、708亿元、490.4亿元。其中，销售商品和提供劳务收到的现金是主要部分，占收到的现金的绝大部分比例。收到的税费返还在2022年有较大幅度的增长，达到10.44亿元，相比前几年有所增加。二是支付的现金。在这5年间，公司每年支付的现金分别为12.46亿元、15.78亿元、16.01亿元、33.01亿元和12.01亿元，每年都在增加，到2023年减少。购买商品和接受劳务支付的现金是主要的现金支出项目，2019—2023年是下降的趋势。支付的各项税费也呈现增长趋势，特别是在2023年达到16.03亿元。支付给员工和为员工支付的现金在2023年有显著增加，达到38.87亿元。三是运营活动产生的净现金流。2019—2023年，公司运营活动产生的净现金流分别为81.40亿元、70.62亿元、44.58亿元、53.25亿元、

41.65亿元。可以看出，除了2019年和2020年较为接近外，2021—2023年的现金流量净额有所下降，尤其是在2023年下降到了41.65亿元。

中泰化学在2019—2023年，经营活动产生的现金流入整体是下降的趋势，尤其是在2023年收到的现金大幅度地下降。同时，公司的现金流出逐年增加，特别是在2023年支付的现金上升幅度大，使得经营活动产生的现金流量净额受损。这说明公司在这段时间内所面临一定的经营压力，企业进行了较大的资本支出和投资，需要关注其未来的收益情况和现金流状况。

（2）投资活动现金流量结构与趋势分析（表4-23）

表4-23　2019—2023年中泰化学投资活动产生的现金流量　　单位：亿元

项目	2019年	2020年	2021年	2022年	2023年
收回投资收到的现金	—	—	5.168	1.247	—
取得投资收益收到的现金	0.9172	0.3344	0.5158	0.0335	0.7654
投资支付的现金	5.197	7.596	8.177	2.166	0.4164
购建固定资产、无形资产和其他长期资产支付的现金	48.43	21.08	16.50	52.97	42.70
投资活动产生的现金流量净额	-52.59	-24.92	-32.56	-61.82	-43.04

数据来源：东方财富网

根据表4-23中的数据，对中泰化学2019—2023年投资活动产生的现金流量进行分析和总结。一是收回投资收到的现金。2019—2020年，公司没有记录收回投资收到的现金，到2021年和2022年收回投资收到的现金分别为5.168亿元、1.247亿元，2023年也没有收到。二是取得投资收益收到的现金。2019—2023年，公司取得投资收益收到的现金分别为0.9172亿元、0.3344亿元、0.5158亿元、0.0335亿元、0.7654亿元，呈现出先下降后增长的趋势。三是投资支付的现金。在这段时间内，公司每年投资支付的现金分别为5.197亿元、7.596亿元、8.177亿元、2.166亿元、0.4164亿元，显示出不规则的变化趋势。三是购买固定资产、无形资产及其他长期资产收到的现金。2019—2023年，公司为购置固定资产、无形资产及其他长期资产所付出的资金为48.43亿元、21.08亿元、16.50亿元、52.97亿元、42.70亿元，2022—2023年大幅增长。四是投资活动带来的净现金流。2019—2023年，公司的投资活动产生的净现金流分别为-52.59亿元，-24.92亿元、-32.56亿元、-61.82亿元、-43.04亿元，这意味着该公司近年来的投资活动不断地产生了大量的现金，且在2023年现金流出量最大。

中泰化学在2019—2023年的投资活动主要表现为现金流出，特别是固定资产、无形资产及其他固定资产的购置费用数额巨大。尽管在2022年回收了部分用于投资的资金，但是数额很少，获得的投资收入也在下降。来自投资活动的净现金流继续呈负值，并于2023年为-43.04亿元，显示该公司用于投资的开支大大超过其收益。这意味着公司在扩大生产能力或进行长期投资，以期待未来能带来更大的收益。然而，短期内这会增加公司的财务压力，需要关注其未来的投资回报情况。

（3）筹资活动现金流量结构与趋势分析（表4-24）

表4-24 2019—2023年中泰化学筹资活动现金流量　　　　单位：亿元

项目	2019年	2020年	2021年	2022年	2023年
吸收投资收到的现金	22.08	0.06	36.54	6.614	—
借款收到的现金	187.4	130.1	101.9	131.4	122.1
偿还债务支付的现金	210.3	159.3	147.0	124.8	121.6
分配股利、利润或偿付利息支付的现金	17.94	13.51	13.23	14.45	13.06
筹资活动产生的现金流量净额	-24.57	-42.81	-12.68	13.89	-11.61

数据来源：东方财富网

根据表4-24中的数据，对中泰化学2019—2023年筹资活动产生的现金流量进行分析和总结。一是吸收投资收到的现金。2019—2022年，公司通过吸收投资收到的现金分别为22.08亿元、0.06亿元、36.54亿元、6.614亿元，2023年吸收投资收到的现金为0亿元。这部分现金流入在2021年达到峰值，之后有所下降。二是借款收到的现金。在这段时间内，公司通过借款收到的现金分别为187.4亿元、130.1亿元、101.9亿元、131.4亿元、122.1亿元。这部分现金流入在2019年最高，之后逐年下降，但在2022年有所回升。三是偿还债务支付的现金。公司每年偿还债务支付的现金分别为210.3亿元、159.3亿元、147.0亿元、124.8亿元、121.6亿元，呈现出逐年递减的趋势。四是分配股利、利润或偿付利息支付的现金。2019—2023 年，公司在分配股利、利润或偿付利息上支付的现金分别为 17.94 亿元、13.51 亿元、13.23 亿元、14.45 亿元、13.06 亿元，这部分现金流出在 2023 年有所减少。五是筹资业务的净现金流。公司在 2019—2023 年，投资业务的净现金流分别为 -24.57 亿元、-42.81 亿元、-12.68 亿元、13.89 亿元、-11.61 亿元。这说明 2019—2021 年公司的筹资活动主要表现为现金流出，尤其是在 2020 年现金流出最为显著。然而，在 2022 年，公司的筹资活动产生了正的现金流量净额，达到了 13.89 亿元，这是由于公司在该年度增加了吸收投资和借款活动，同时减少了偿还债务和分配股利等支出。

由表 4-24 可知，2019—2022 年，中泰化学的融资活动现金流存在较大的波动。在过去的几年里，企业通过借贷、吸引投资、偿付负债、发放红利来筹资。尤其是在 2023 年，该公司的融资业务净现金流变成了正值，这表明该公司在融资上已经采取了某些正面的举措，或是融资条件得到了改进。然而，值得注意的是，今后公司的债务负担与分红政策能否维持，上述行为对企业的长远金融稳定有影响。

（4）现金流量财务指标分析（表 4-25）

表 4-25　2019—2023 年中泰化学现金流量

项目	2019 年	2020 年	2021 年	2022 年	2023 年
销售商品、提供劳务收到的现金（亿元）	1016	1018	734.1	684.4	453.6
营业收入（亿元）	831.4	842.1	628.9	516.6	371.2
营业收入现金含量（%）	1.2220	1.2088	1.1672	1.3248	1.2219
平均资产总额（亿元）	598.3	631.6	692	767.9	765
经营活动产生的现金流量净额（亿元）	81.4	70.62	44.58	53.25	41.65
全部资产现金回收率（%）	0.1360	0.1118	0.0644	0.0693	0.0544

数据来源：东方财富网

①营业收入现金含量

根据表 4-25 中的数据，可以看到中泰化学的营业活动产生的营业收入现金含量在 2019—2023 年呈现出一定的波动性。其中，2022 年和 2023 年有所回升，2019年和2021年的营业收入现金含量相对较低。这表明公司在这些年份中销售活动产生的现金流入有所波动，与市场需求、产品价格、销售策略等因素有关。中泰化学的营业收入现金含量在2019—2023年呈现出一定的波动性，这与销售活动的现金回收情况、市场需求、产品价格、销售策略等因素有关。

②全部资产现金回收率

如表4-25所示，从2019年到2023年，中泰化学总资产的现金回收率也出现了一些波动。该指数反映了一个企业的财产创造现金的能力，也就是一个企业的资本以更快的速度和更高的效率转换成现金。根据表4-25中的数据，可以计算出每年的全部资产现金回收率。

在2019年和2020年，公司的全部资产现金回收率相对较高，这是由于当年销售活动产生的现金流量净额高，或者公司的总资产规模较大。

值得指出的是，整个资产的资金回收率在2023年再次呈现下滑的态势。其原因主要是由于市场需求的变化、产品价格的波动以及企业资产结构的调整。所以，企业要时刻注意市场变化，并根据自己的资产情况，制定出切实可行的办法来提升自己的资金回收效率，保证企业财务的长远稳定。

4.3.5 上市公司现金管理存在的问题

上市公司作为资本市场的重要主体，其现金管理问题直接关系到企业的稳定运营与持续发展。然而，现实中许多上市公司在现金管理方面存在一系列问题，这些问题不仅影响着企业的资金利用效率，还可能会给企业带来潜在的风险。本书将重点探讨上市公司现金管理存在的三大问题：现金流波动较大、现金流结构多样以及经营活动造血能力参差不齐。

1. 现金流波动较大

现金流波动较大是上市公司现金管理面临的一个重要问题。由于市场环境、行业周期、企业规模及业务模式等多种因素的影响，上市公司的现金流常常呈现出较大的波动性。这种波动性使得企业难以准确预测未来的现金流入和流出情况，进而影响了企业的资金规划和调配。在现金流波动较大的情况下，企业可能会面临资金短缺或资金闲置的风险，这不仅降低了资金的使用效率，还可能影响企业的正常运营。

从以上案例分析情况看，公司的现金流不够稳定，也会给企业的发展带来很多的不确定性。通过对案例公司现金流的分析，不难看出，在2019—2023年总现金流净额波动幅度还是很大的。同时，通过观察上市公司数据发现，现金流波动大的情况，在大多数公司是比较常见的问题。尤其是近几年，经济形势有很多突发因素干扰的情况下，公司的现金流出现不稳定的问题较多。

2. 现金流结构多样

现金流结构多样也是上市公司现金管理面临的一个挑战。上市公司的现金流来源包括经营活动、投资活动和筹资活动等多个方面，每种活动产生的现金流具有不同的特点和风险。例如，经营活动的现金流相对稳定，但可能受到市场需求、成本控制等因素的影响；投资活动的现金流可能带来较高的收益，但也伴随着较大的风险；筹资活动的现金流则受到资本市场状况、企业信用等因素的制约。因此，如何合理配置和管理各种现金流，以实现企业的整体资金平衡和风险控制，是上市公司现金管理需要解决的重要问题。

一般来讲，一家企业比较合理的现金流模式应该是经营活动和投资活动起核心作用，而筹资活动主要用于协调和补充。但是从案例公司和多数企业报表情况看，经营活动、投资活动和筹资活动的结构存在多样性。一方面，可能是由于不同企业对于现金流的需求存在差异，同时经营环境的变化也会影响企业现金流的数据表现。另一方面，近些年来经营模式随着技术进步而发生了非常大的变化，也会导致企业的现金流结构呈现出不同的情况。无论原因怎样，企业的现金流结构还是呈现出多样性。公司如果要经营发展下去，保证企业经营活动现金和投资活动现金的活力是必要的。

3. 经营活动造血能力参差不齐

从上述两家案例公司经营活动现金流的分析来看，通过经营活动给企业注入现金活力的情况参差不齐。这也就是学者经常说的，经营活动造血能力存在差异化。经营活动造血能力参差不齐也是上市公司现金管理面临的一个现实问题。不同的上市公司在业务模式、市场竞争、成本控制等方面存在差异，这导致它们的经营活动造血能力存在较大的差异。一些企业可能拥有较强的盈利能力和稳定的现金流，而另一些企业则可能面临经营困难、现金流紧张等问题。这种差异使得上市公司在现金管理方面需要采取不同的策略和方法，以适应各自的经营特点和风险状况。

可以看出，不同的行业、不同的发展阶段、不同的经营环境，企业表现出来的经营活动造血能力参差不齐。一般而言，企业的经营活动要有很好的造血能力，才能支持企业获取更好的绩效，并能够为企业偿债和现金周转提供支撑，也是企业持续良好经营发展的基础。

4.4 上市公司现金管理质量提升对策

基于上述现金流管理存在的问题，本书从预算管理、运营管理、内控监督和风险预警机制等角度提出提升现金管理质量的对策建议。

4.4.1 健全现金流预算管理体系

企业要想健康运转，准确地进行资金预算是非常必要的。企业在构建现金流预算管理体系时，应注重预算管理的准确性和独立性。预算管理体系应包括预算管理决策主体、预算管理日常工作部门和预算执行单位。每个部分都有各自的使命和任务。

1. 预算管理决策主体

现金流预算管理主体包括董事会和预算管理监督委员会，是现金流预算管理决策主体的组成部分，现金流预算管理监督委员会负责预算的监督工作，审核和最终决策由董事会负责。各个部门的总经理组成现金流预算管理监督委员会，负责制定公司现金流预算流程和对董事会指定的预算管理目标和决策进行监督和检验，监督预算管理办公室和预算责任主体的工作和现金流流程的审核、调整和管控。

2. 预算管理日常工作部门

现金流预算管理日常工作部门的工作主要是通过对公司全业务的预算分解和经济分析，编制全公司预算，根据公司经营业务和各部门职责设置预算指标，收集各部门资金使用情况，根据各部门资金实际使用情况编制预算控制管理方案，并根据内外部环境的变化做出调整，还要对各个部门现金流预算执行情况进行考核和评价，保证成本目标和利润目标得以实现。

3. 预算执行单位

预算责任主体主要指的就是预算的执行单位，包括单位各个部门的员工。各预算责任主体的任务主要是为各部门的生产经营活动制订项目计划，做好各项目资金的支出预计情况表，并整理好反馈给上级的预算管理办公室，并对有较大改动的预算向预算管理办公室进行说明。有些公司应单独设立预算管理部门，进行公司资金的预算和监管，严格控制现金流入和流出，防止资金链断裂风险的发生。

4. 根据战略目标确定预算目标

企业应该根据自身的战略目标来进行现金的预算，不仅要考虑前期企业经营活动现金使用情况，还要充分结合当下企业所面临的内外部环境。尤其是遇到突发事件，可能对企业的预算有非常大的影响，例如疫情等。所以无论行业背景如何，企业都应该在考虑自身发展战略的前提下，进行现金预算目标的分配，才有助于企业更好地实现战略目标，持续健康发展。

5. 预算调整机制

一般企业的预算是基于上一年的资金使用情况进行的编制，在预算编制过程中，虽然考虑了环境变化、企业战略等因素的影响。但是，在实际企业运营过程中，仍然会遇到很多不可预测的因素，影响企业预算的执行。尤其是一些在弹性承受范围外的，更是会给企业造成很大影响。那么就需要设置预算调整机制，来解决以上遇到的困难。当然，在进行预算调整时，要遵循战略目标原则，调整必须符合公司总目标的要求。同时，预算管理调整机制要制定严格的规定，任何预算的调整都需要严格按照规章制度进行。不得随意更改调整预算。

4.4.2 优化现金流运营管理体系

现金流支撑着企业的运营，为了让现金在企业运营过程中发挥更大的价值，创造更多的绩效，需要明确并优化企业的运营管理流程。首先，无论是否明确到规章制度中，每一家企业都有自己的运营流程和顺序。那么就要探讨如何优化现金流运营管理流程。定期编制现金流量表和现金预算表，加强对现金流入流出的动态管理与控制，根据企业所处的不同发展阶段来判断现金流量的合理性，根据企业所处的生命周期，评价一个公司的现金流量是否健康。其次，运营管理不仅仅要考虑业务执行过程，而且要将运营的前、中、后三个阶段都充分重视起来，才能够避免在业务流转过程中出现资金不足的问题。最后，运营管理的内部监督也非常重要，管理部门要对运营的各阶段开展严格监督。以防止由于处理不及时等各种原因引起的现金冗余或者不足问题。

4.4.3 建立健全风险预警机制

要让企业的员工意识到现金流管理和风险预警的必要性。树立员工参与现金流管理的意识。经常性开展财务知识培训，让所有员工了解现金流对企业经营成长的重要性。然后，对于专门的财务人员要开展业务提升培训，提升财务人员的综合业务能力。让业务人员懂财务，让财务人员懂业务，真正实现业财融合。

通过建立现金流风险预警，尽早提示企业防范风险。企业可以采取信息技术手段实现风险预警。例如，企业可以通过对企业的长短期偿债能力、成长能力、盈利能力、现金流量情况等进行实时监测。根据行业特点、企业所处的发展阶段及面临的内外部环境进行分析，选取适合企业的风险预警模型，例如回归模型、AHP 等，选取风险预警指标。同时可以选取同行业中竞争对手或者行业均值等进行对比。根据不同阶段的指标反馈数据情况，分析企业是否会面临财务危机，达到风险预警的作用。

总之，对现金流管理中可能存在的风险进行评估，制定相应的风险防范措施至关重要。首先，企业应该识别可能影响现金流的各种风险，如市场风险、信用风险、操作风险等。其次，针对不同类型的风险，制定相应的应对策略，如建立紧密的市场监控机制、加强客户信用评估、规范操作流程等。最后，定期对风险评估机制进行审查和更新，确保其与企业实际情况保持一致，从而有效地保障企业现金流的稳定和安全。

4.4.4 强化内部控制和监督

内部控制和监督一直是公司管理中不可或缺的重要组成部分，对企业管理能够起到保障的作用。现金流管理过程中，从预算、执行、运营到风险预警等各个阶段都离不开控制和监督。首先，明确资金使用权限是至关重要的，只有经过授权的人员才能处理资金，这可以有效防止内部人员滥用资金。其次，流程规范是必不可少的，包括资金的申请、审批、支付等环节都要明确规定，以确保每一笔资金的流动都符合规定。最后，资金监控是现金流管理制度中的关键环节，通过建立有效的监控机制，可以及时发现异常情况并采取相应措施，确保资金的安全和合理使用。

加强内部审计和监督机制对于企业现金流管理至关重要。建立独立的审计部门是确保内部控制有效性的关键一步。这个部门应该定期对现金流进行审计，通过审计程序和技术手段，发现潜在问题并及时纠正。审计部门应该独立于财务部门，确保审计结果的客观性和公正性。同时，审计部门应该与管理层和董事会保持密切沟通，及时报告审计结果和提出改进建议。

加强内部审计和监督机制可以帮助企业及时发现现金流管理中的漏洞和风险，避免潜在的损失和错误。通过定期审计现金流，企业可以建立起有效的内部控制体系，提高对现金流的监督和管理水平。审计部门的独立性和专业性可以有效保障审计工作的质量和有效性，为企业提供可靠的审计意见和建议。

综上所述，加强内部审计和监督机制是企业现金流管理中不可或缺的一环。通过建立独立的审计部门，定期审计现金流，及时发现问题并采取纠正措施，企业可以有效提升内部控制水平，保障现金流的安全和稳定。

5 上市公司财务风险管理

5.1 研究背景

随着我国经济飞速发展，资本市场的发展进入前所未有的上升局面，公司面对的市场环境与过去有所不同，同时面临着与更多优质的公司竞争，使之难以用定性的方法分析公司的风险类型，财务风险已然成为公司在竞争中影响面较广的风险之一。在公司经营活动中，可能会因不可预料的因素远离预期目标，产生财务风险，进而陷入财务困境。因此，对于财务风险的研究，一直以来都是热点话题。

为探究学术界对财务风险的关注情况，本书在中国知网以"财务风险"为主题，共搜索到80394篇文献资料。具体包括期刊学术论文55645篇，硕博论文21070篇（其中博士论文361篇、硕士论文20709篇），会议496篇，报纸241篇，图书3本等。从文献量来看，财务风险一直是学术界和实务界比较关注的热点。下面我们分别对硕博论文和期刊论文进行分析，分析学术界对财务风险关注的主题等情况。

从硕博学位论文情况看，最早的硕士论文出现在2000年（杨云鹏，《我国上市公司财务风险分析与防范的研究》，西安理工大学），最早的博士论文也出现在2000年（田德录，《乡镇企业财务风险的机制与控制研究》，中国农业大学）。从具体的发文趋势图的分布情况看，大致可以将其分成两个阶段，一是2000—2013年，属于平稳增长阶段。本阶段随着我国经济处于腾飞时期，对财务风险的关注越来越多。同时此时也正是全国硕士扩招阶段，硕博士数量增多，对财务风险的研究也逐渐增多。二是2014—2023年，属于快速增长阶段。此时中国经济进入新时期，并且在持续跃升。同时由于经济危机的后续反应，学术界和实务界对于财务风险的关注也越来越多。此阶段的学位论文数量也是快速增长，并且在 2022 年达到了顶峰，2023 年有一个回落。

从硕博学位论文的选题来看，主要研究主题分别是财务风险、风险管理、控制研究、房地产、预警研究等。具体从选题来说，有两个类型：一是某一案例公司的财务风险分析、评价和防范。此部分主要是从某一案例公司着手，来分析如何评价财务风险和防范财务风险。二是分析内外部环境与财务风险的关系，或者是某一因素对企业财务风险的影响，并利用实证分析法进行验证。（图 5-1、图 5-2）

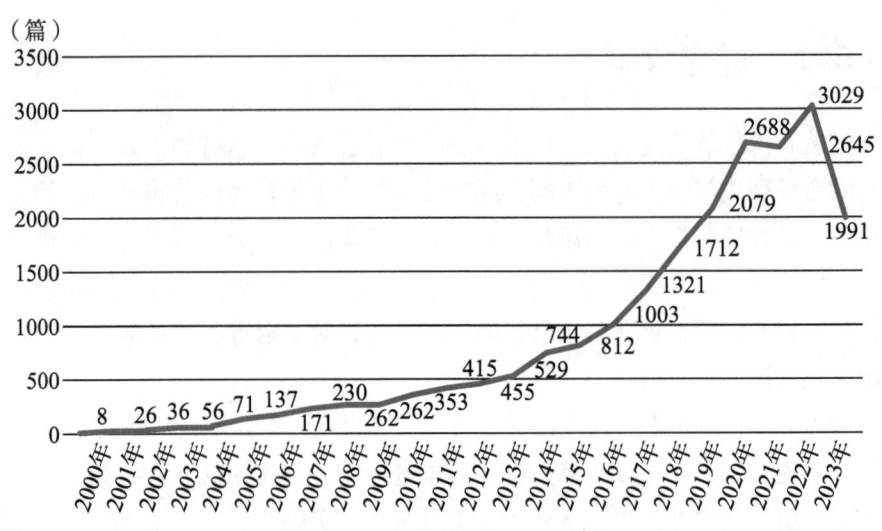

图 5-1 学位论文发文量趋势

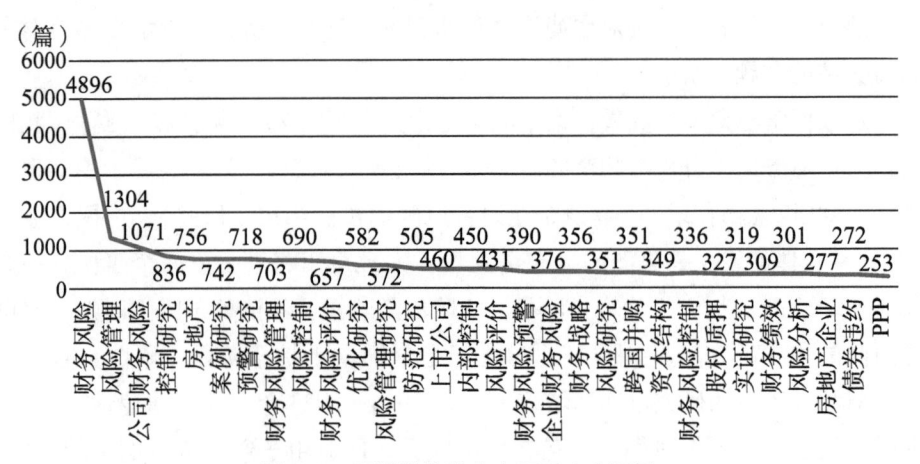

图 5-2 硕博学位论文主要研究主题图

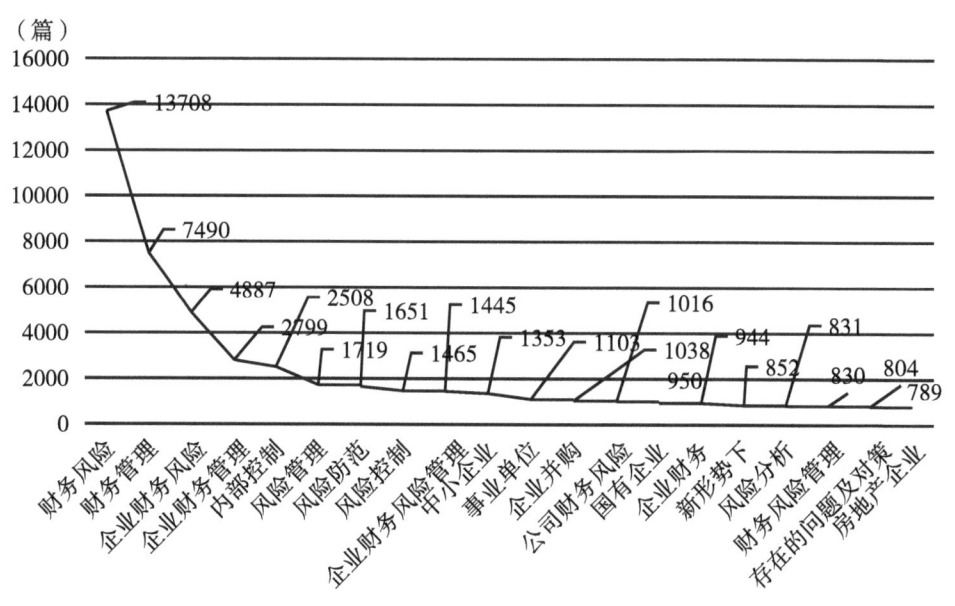

图 5-3　学术期刊文献主要研究主题图

从学术期刊文献的主要研究主题统计情况看，如图 5-3 所示，依然以财务风险、财务管理、内部控制、风险管理等为主，与硕博论文关注的主题几乎一致。同时，统计了论文的来源，从论文来源看有 5070 篇来自北大核心期刊、1345 篇来自 CSSCI、292 篇来自 AMI、25 篇来自 EI，其他均为普通期刊。说明无论是一般学者还是业界较有影响力的学者，都对财务风险问题有所关注。

当前国际竞争加剧以及更加复杂多变的发展形势下，企业最关键的问题便是如何在保证企业实力的同时，使核心竞争力得到更深层的提升，从而使企业自身的运行质量得到提高。经受过金融危机和疫情的影响以后，各企业都逐渐清晰地了解到商业环境并不是一成不变的，而其中的变化又是多种多样的。因此，及时地发现财务风险并进行有效应对，使企业能够健康持续地发展，这在国际国内市场上均有一席之地，是研究财务风险的重要意义所在。

5.2 相关概念与理论基础

5.2.1 相关概念

1. 财务风险

财务风险是指由于各种难以预料的因素，使公司在各项财务活动中，在一定时期、一定范围内，公司实际的经营成果和公司理想预期成果产生偏离，此类风险具有不确定性，很可能使公司因此承受经济损失，也有可能使公司获得更高的收益。公司财务活动和生产经营活动具有密切的联系，二者通常同时发生，筹资、投资、营运、收益分配等都可能产生风险。

2. 财务风险识别

财务风险识别就是将阻碍公司持续发展所出现的财务风险进行精准识别，针对财务风险进行识别之后就能立足于此继续深入分析风险成因，本节主要以光明乳业财务风险辨识工作为研究对象，分别从筹资、投资、营运、收益分配等风险发生概率和影响范围做出初步判断。立足重要财务指标对整体财务风险水平加以衡量。

3. 财务风险成因

造成公司财务风险发生的原因有很多，主要有两方面因素。一是外部环境因素，此类因素主要包括宏观经济环境因素、税收政策因素、市场环境因素等。二是内部环境因素，公司的战略目标、资产模式、内部控制制度等都和其内部环境因素息息相关，我国各公司之所以频繁产生财务风险，其重要原因之一就是公司内部环境较为混乱，公司各层级和各部门之间很容易出现权力滥用、利益分配模糊、资金管理混乱等现象。

4. 财务风险的防范与控制

经过风险识别和成因探究以后，据此采取措施加以防范和控制，使光明乳业公司能更加合理地安排资金使用方式和使用期限，从根源上规避财务风险，对此类风险加以控制，提升资金使用质量及效率，从而实现公司收益最大化，有效利用公司现有资源。

5.2.2 理论基础

1. 财务风险管理理论

财务风险管理的一个分支，它是一种特殊的管理功能，以前人的风险管理经验和近现代科技成就为基础。它是对理财过程中存在的各种风险进行识别、度量和分析评价，并采取及时有效的方法进行防范和控制，以保障理财活动安全正常开展，保证其经济利益免受损失的管理过程。财务风险管理是一个动态的过程，应根据企业内外环境不断变化，及时调整财务风险管理方案，对偏离财务风险管理目标的行为进行修正。

2. 资本结构理论

资本结构理论是西方国家财务理论的重要组成部分。它分为旧资本结构理论和新资本结构理论两个阶段。旧资本结构理论基于严格假设，研究公司价值最大化与破产成本之间的关系。新资本结构理论基于非对称信息，研究在非对称信息条件下资本结构的治理效应及对公司价值的影响。

最早的 MM 理论是美国的莫迪利安尼和米勒教授（以下简称 MM）在 1958 年 6 月《美国经济评论》上发表的题为《资本结构、公司融资与资本》的论文。这一理论表明，当排除了税收因素，并且在公司的运营风险相同，只有公司的资本结构不同的情况下，公司的市值才能与公司的资本结构保持一致。反之，如果一家公司的债务比率从 0 提高到 100%，那么该公司的资本总成本和总价值都不会有什么变化，也就是说，该公司的价值和该公司是否有负债没有关系，因此没有什么最优的资本结构问题。修正的 MM 理论是一种资本结构理论，其中负债的利息可以降低综合资本成本，增加企业价值。最初的 MM 理论和修正的 MM 理论都是关于债务配置的两个极端看法。

3. 风险控制理论

要实现风险控制需要满足两个条件。第一，应该确立风险管理机制；第二，应当对风险进行科学评价和精准识别。在进行风险管理工作的过程中，风险评估和评价工作都具有其不可替代性，风险控制应该兼顾二者的作用，以此保障风险管理效果，并在此过程中完成风险控制工作。

5.3 财务风险识别与评价

5.3.1 维维股份财务风险识别

1. 维维股份背景介绍

维维股份于1994年5月12日成立,并于2000年在上海证券交易所上市。自成立以来,维维股份一直将生产健康食品作为其发展目标,并与众多优质公司广泛合作以配合政府要求,在市场上建立了自己的竞争优势,力争成为一家大型食品企业。其中,维维豆浆是中国豆浆行业的领军企业,其市场份额多年来一直处于主导地位。此外,公司还生产饮料、粮油产品、农产品、奶粉、酒精饮料等多种产品。

2. 维维股份财务风险识别

(1) 筹资风险识别

①债务结构分析

从表5-1可以看出,维维股份的总负债在2019—2023年中一直在持续减少,流动负债占比也在缓慢减少,从2019年的95.81%减少到2023年的85.76%,其中2021年和2022年两年占比分别为78.38%和77.65%。从流动负债占比上看,一直处于较高状态,这意味着维维股份需要在短时间内偿还较多的债务。相比之下,非流动负债的比例变化相反。虽然短期负债的利率相对较低,但也会带来无法按时偿还债务的风险。此外,银行贷款利率的变化也可能对维维股份的负债水平产生重大影响。

表5-1 2019—2023年维维股份债务结构

项目	2019年	2020年	2021年	2022年	2023年
流动负债(亿元)	57.78	34.81	16.24	14.52	10.66
非流动负债(亿元)	2.53	2.21	4.48	4.18	1.77
负债总额(亿元)	60.31	37.02	20.72	18.70	12.43
流动负债占比(%)	95.81	94.03	78.38	77.65	85.76

续表

项目	2019 年	2020 年	2021 年	2022 年	2023 年
非流动负债占比（%）	4.19	5.97	21.62	22.35	14.24

数据来源：维维股份年报整理

维维股份在多元化业务的过程中，其规模和资产不断增加，但负债也在不断增加，其中流动负债约占债务结构的90%。这意味着，尽管短期内的融资成本低，但公司短期内的还款压力非常大，且无法有效比较融资成本，从而导致资金成本评估存在偏差。此外，从表5-2可知，公司财务活动主要依靠贷款，融资方式相对单一，存在无法为公司带来更多利润的风险。在现金流出方面，用于偿还债务的现金比例逐渐增加，这表明公司多元化业务和扩张主要依靠借款，并使用现金偿还之前的债务。如果融资渠道受阻，将增加融资缺口和融资难度。同时，公司财务成本增加，利润空间受挤压。

表 5-2 2019—2023 年维维股份筹资活动产生的现金流　　　　单位：亿元

项目	2019 年	2020 年	2021 年	2022 年	2023 年
取得借款收到的现金	57.40	45.63	11.75	10.45	3.74
收到其他与筹资活动有关的现金	1.79	—	—	—	—
偿还债务支付的现金	57.27	52.81	21.88	12.31	9.04
分配股利、利润或偿付利息支付的现金	1.49	1.18	2.27	1.03	0.54
支付其他与筹资活动有关的现金	2.68	0.96	0.43	0.10	0.048
筹资活动产生的现金净额	-2.24	-9.31	-12.77	-2.99	-5.89

数据来源：维维股份年报整理

结合表5-1和5-2综合来看，维维股份的债务结构可能存在不够合理之处，首先超过90%的流动负债，偿还期较短，利率变化较大，在无形之中加大了公司的还债压力，提高了公司的债权担保水平。另外，从2019—2023年的筹资活动情况看，大量的借款和还款，导致每年的筹资活动产生的现金净额均为负值。此外，维维股份的融资渠道比较单一，主要依靠举债来偿付所支付的现金，这样的循环对公司进行再融资不利，存在着融资风险。

②偿债能力分析

通过查阅维维股份和同行业企业2019—2023年财务报表，如表5-3所示：

表5-3 2019—2023年维维股份流动比率和速动比率

年份	流动资产（亿元）	流动负债（亿元）	流动比率	速动比率	资产负债率（%）
2019	49.65	57.78	0.86	0.63	69.70
2020	37.36	34.81	1.07	0.88	55.09
2021	17.36	16.24	1.07	0.69	40.16
2022	17.96	14.52	1.24	0.69	37.46
2023	16.19	10.66	1.52	0.86	27.84

数据来源：维维股份年报整理

维维股份这5年来实行多元化经营后，投入大量资金在固定资产、工程、大型公司的投资和并购等方面，导致流动资金不断减少、借款能力降低、资产流动性减弱、偿还债务能力下降。根据公布的业绩，该公司2019年的流动资产达到了49.65亿元，而流动负债快速增长到了57.78亿元，说明流动资产不能充分弥补流动负债。因此，维维股份的财务风险增大。

维维股份总资产周转率如表5-4所示。

表5-4 2019—2023年维维股份的总资产周转率

项目	2019年	2020年	2021年	2022年	2023年
总资产周转率	0.59	0.62	0.77	0.83	0.85

数据来源：东方财富网

从表5-4可知，2019—2023年维维股份总资产周转率均小于1，但是总体的发展趋势是缓慢增长的状态，说明企业的营运状态也在往好的方向发展。同时与后三年行业均值0.85和行业中值0.77相比，企业的周转情况属于均值水平。

(2) 投资风险识别

①投资项目分析

维维股份上市后，不断寻求多元化发展之路，但由于其所投资的项目过于多样化，其收益并不理想。对维维股份有限公司进行多元化投资的研究，有助于找出公司投资的特定项目所面临的金融风险，为公司将来进行多元化投资提供可借鉴的经验。同时，对公司的投资收益率进行分析，也能使公司对其存在的问题有更清晰的认识，从而有针对性地进行防范。（表5-5）

表5-5 维维股份投资现状

序号	投资项目	现状
1	房地产	股权转让
2	酒业	亏损
3	医药	投资失败
4	矿业	被收购
5	金融	被收购
6	茶业	亏损
7	贸易	被注销
8	粮食	盈利

数据来源：维维股份年报整理

从表5-5发现，维维股份所从事的多元化行业中，商业和制药行业的表现最差，其中商业行业出现股权转让，制药行业出现投资失败的情况。酒业和茶业开展了几年，至今还没有盈利。此外，维维股份对金融和矿业行业的投资被收购，对贸易行业的投资被注销，唯一盈利的行业是粮食。

综上所述，维维股份在实施多元化经营战略时没有充分考虑这些战略的可行性问题。他们在市场调研不足、投资管理程序松散等情形下投资。这种情况导致维维股份在资本市场上大量投入资金，但无法回收投资，造成巨大损失，增加了公司的投资风险。为了直观展示维维股份近几年的投资收益情况，可以计算投资收益率，并评估投资方案的盈利性，进而对公司的投资风险进行评价。

②投资活动现金流分析

由表5-6可知，维维股份的投资活动现金流在2019—2023年呈现较大波动的趋势。从整体趋势来看，公司投资活动只有2019年流入净额较多，近7亿元，在多数年份都是少量流入甚至为负值。这表明公司这段时间内在投资战略上有所调整，并且获得的投资回报较不稳定。

表 5-6　2019—2023 年维维股份投资活动产生的现金流量净额　　单位：亿元

项目	2019 年	2020 年	2021 年	2022 年	2023 年
投资活动现金流量净额	6.91	1.15	-3.74	-0.84	0.46

数据来源：维维股份年报整理

然而，需要注意的是，具体投资活动的性质和回报情况对于维维股份的整体投资表现至关重要。仅凭现金流量净额的数据无法全面了解公司的投资情况。进一步地分析需要考虑投资的类型、规模以及所涉及行业的特点等因素。此外，维维股份在 2019—2023 年中的投资活动现金流波动也表明公司可能面临一定的投资风险和不确定性。投资活动所产生的现金流波动可能受到市场变化、行业竞争、经济环境等多种因素的影响。因此，维维股份在进行投资决策时需要进行充分的风险评估和市场调研，以确保投资的可行性和回报。

综上所述，维维股份在投资活动方面表现波动较大，须进行更深入的分析才能全面评估公司的投资表现和风险状况。维维股份在未来进行投资活动时，应该进一步关注投资项目的可持续性和盈利潜力，并采取适当的风险管理措施。维维股份也可以借鉴 2019—2023 年投资活动现金流的波动情况，加强对投资项目的筛选和评估，以降低风险并提高投资回报率。

（3）营运风险识别

一是营运能力分析。本节采用应收账款周转率和存货周转率对公司的资金回收风险进行分析。

根据东方财富网的资料整理得到表 5-7，对比了维维股份与承德露露、养元饮品应收账款周转率。维维股份应收账款周转率 2019—2023 年发展趋势是先增后降，2021 年应收账款周转率为 53.94 次。但是与同行业的承德露露、养元饮品相比，差距还是很大的。在 2023 年，两家公司的应收账款周转次数均比维维股份高出 2 倍以上，这说明维维股份的应收账款流动性与其他同行相比没有优势，这可能导致部分应收账款不能被及时回收，成为坏账，造成公司资产损失。

表 5-7　2019—2023 年维维股份、承德露露和养元饮品应收账款周转率　单位：次

年份	维维股份	承德露露	养元饮品
2019	29.96	—	184.0
2020	36.63	3721	108.2
2021	53.94	10067	184.7
2022	48.64	353.5	128.2
2023	45.02	237.4	122.6

数据来源：东方财富网

应收账款催收能力是评估公司财务实力的重要指标。然而，该指标在维维股份企业中的应用并不理想。上述分析还表明，维维股份的应收账款回收率不高，坏账损失呈上升趋势。与其他公司相比，维维股份的应收账款回收能力处于不利地位，公司的财务状况不容乐观。为了有效地管理应收账款并加快资金利用，需要加大应收账款的回收力度。

维维股份存货周转率如表 5-8 所示。

表 5-8　维维股份 2019—2023 年存货周转率

项目	2019 年	2020 年	2021 年	2022 年	2023 年
存货周转率（次）	3.17	3.81	5.68	4.77	4.22

数据来源：东方财富网

维维股份在 2019—2023 年的存货周转率如表 5-8 所示，呈先增长后减少趋势，2021 年存货周转率 5.68 次。从企业发展历程看，维维股份的存货周转率从 2009 年起就开始下滑。维维股份多元化经营的发展，使得公司的存货成本不断上升，存货周转率不断下降，存货不断累积。这也从侧面反映出公司的市场竞争力有所减弱。

截止到 2023 年，对比承德露露、养元等同行业企业，我们发现维维股份的存货周转率偏低，低于行业平均值。通过对承德露露、养元两家公司的经营策略进行剖析，可以看出，两家公司都比维维股份更注重其主营业务。承德露露在经历了几年的发展后，依然在植物蛋白饮料这个行业中持续深耕，并以此为主要营收来源。以"六个核桃"为代表的经典产品闻名于世。但是，维维股份对于主营业务的重视程度不断降低，并且向多元化方向发展，造成了销售业

绩不断下滑，存货周转率不断降低。

二是经营活动现金流分析。维维股份 2019—2023 年的经营活动现金流量如表 5-9 中所示。

表 5-9　2019—2023 年维维股份经营活动现金流量表　　　单位：亿元

项目	2019 年	2020 年	2021 年	2022 年	2023 年
营业收入	50.39	47.99	45.68	42.22	40.36
销售商品、提供劳务收到的现金	52.88	53.57	50.02	46.62	44.97
收到的其他与经营活动有关的现金	1.13	1.60	1.31	0.62	1.44
购买商品、接受劳务支付的现金	41.32	36.52	37.32	36.83	31.53
支付给职工以及为职工支付的现金	3.77	3.08	3.14	3.25	3.26
支付的各项税费	4.73	2.66	2.94	2.57	2.95
支付其他与经营活动有关的现金	4.40	4.09	2.32	2.29	1.95
经营活动产生的现金流量净额	-0.15	8.96	5.65	2.39	6.74

数据来源：东方财富网

2019—2023 年，维维股份经营活动产生的现金流量净额整体波动很大，尤其是 2019 年为 -0.15 亿元，可以看出在 2019 年和 2020 年销售商品、提供劳务收到的现金相差不多，但是购买商品、接受劳务支付的现金 2019 年却比 2020 年高很多。可能是由于市场环境变化导致存货及劳务成本上升所致。2020 年到 2023 年经营活动产生的现金流量净额均为正值，但是波动很大，说明企业获得现金的能力还有待提升。

随着维维股份经营范围的不断扩大，其主要经营业务也受到一定程度的影响，营业收入逐年下降。同时，由于越来越多的公司进入该领域，维维豆奶的市场份额也在不断下降，导致其资金流也在减少。这种资金周转不畅的现象常常会导致企业经营风险的出现。

5.3.2 光明乳业财务风险评价

1. 光明乳业概况

光明乳业有限公司成立于1911年，至今已有113年的历史。是由上实食品控股有限公司、上海牛奶（集团）有限公司、上海国有资产经营有限公司、大众交通（集团）股份有限公司、东方希望集团有限公司和DanoneAsiaPte. Ltd.等发起人于2000年11月17日成立的有限责任公司。公司于2002年8月14日向公众披露了1.5亿股人民币普通股，每股面值1元，并于2002年8月28日在上海证券交易所上市交易。光明乳业是我国领先的高端乳制品行业领导者，致力于打造从牧场到终端的完整产业链，确保始终如一的高质量产品和服务，成为"我国最好的乳制品公司"。

公司主要的业务是生产、开发及销售乳制品和畜牧业。产品类型包括乳制品制造业、牧业。产品名称包括新鲜牛奶、新鲜酸奶、常温酸奶、乳酸菌饮品、婴幼儿及中老年奶粉、奶酪、黄油、罐头食品（含冷冻食品，不含熟食）、散装食品（直接进口食品，不包括熟食）、巴氏灭菌乳（包括益生菌）、酸奶（包括益生菌在内）和乳制品。公司还主营乳制品批发和零售（包括婴儿配方奶粉）。

2. 光明乳业财务风险识别与评价

（1）筹资风险识别

考虑到公司的规模和业务项目的差异，最终目标是实现利润最大化，财务风险对利润的影响可能很大，尤其是公司在融资风险方面的灵活性。因此，公司是否可以偿还债务与其客户的发展密切相关，从公司融资风险的角度识别财务风险尤为重要。对于短期偿债能力来说，能够反映企业当前的业务状况，但短期债务有着还款期限较短的危险性；而长期偿债能力反映的是企业未来价值是否长期稳定，这二者之间是相互转换的关系。本节主要通过光明乳业的筹资情况、偿债能力等相关财务指标来对筹资风险进行识别。

一是筹资情况。光明乳业2019—2023年筹资活动所产生的现金流量如表5-10所示。

表 5-10 2019—2023 年光明乳业公司筹资活动产生的现金流量   单位：亿元

项目	2019 年	2020 年	2021 年	2022 年	2023 年
吸收投资收到的现金	—	6.52	19.68	—	—
取得借款收到的现金	59.20	29.36	10.60	23.48	27.50
筹资活动现金流入小计	59.20	35.88	30.29	23.48	27.50
偿还债务支付的现金	77.72	31.43	16.31	18.00	26.04
分配股利、利润或偿付利息支付的现金	3.18	3.00	2.81	3.48	2.88
支付与其他筹资活动有关的现金	—	—	3.34	3.27	3.55
筹资活动现金流出小计	80.90	34.23	22.46	24.74	32.47
筹资活动产生现金流量净额	-21.70	1.45	7.83	-1.27	-4.96

数据来源：根据光明乳业年报整理所得

由表 5-10 可知，光明乳业筹资活动收到的现金流大多数来自债务筹资，并且光明乳业的债务筹资数额在 2019—2023 年呈先降后升的发展趋势，2019 年收到借款现金流入最多为 59.20 亿元。2022 年和 2023 年筹资活动现金流入全部为借款现金流入。

通过现金流出情况可以看出企业 2019—2023 年的现金流出与借款流入趋势相似，也是先降后升，2019 年偿还债务支付现金高达 77.72 亿元。偿还借款支出的现金占筹资活动现金流出总计的比例后三年均在 70% 以上，尤其是 2019 年，筹资活动现金流出额中偿还债务支付的比例高达 96%，企业筹得的资金大部分用于偿还债务是一个比较危险的现象。企业筹资主要集中在债务筹资，而其他筹资方式很少涉及。总之，通过分析筹资情况发现企业存在着较为严重的筹资风险。

二是偿债能力。本书分别采取短期偿债能力与长期偿债能力两方面来分别分析光明乳业的偿债能力。光明乳业 2019—2023 年短期偿债能力指标如表 5-11 所示。

表 5-11　2019—2023 年光明乳业公司短期偿债能力指标

项目	2019 年	2020 年	2021 年	2022 年	2023 年
流动比率（%）	0.88	0.99	1.06	0.92	0.95
行业均值（%）	1.54	2.06	1.98	2.15	2.21
速动比率（%）	0.60	0.68	0.70	0.53	0.60
行业均值（%）	1.27	1.80	1.66	1.79	1.89

数据来源：新浪财经

从表 5-11 中可以看出，光明乳业公司 2019—2023 年流动比率分别为 0.88、0.99、1.06、0.92、0.95，只有一年大于 1，其他年份均小于 1。这 5 年行业平均流动比率均在 1.5 以上，从 2020 年开始均在 2 左右，属于正常范围。相比较而言，光明乳业的流动资产无法覆盖流动负债。企业短期偿债能力欠佳，企业资金的流动性相对较弱，没有足够的流动资金用于企业发展。表 5-11 显示，光明乳业 2019—2023 年的速动比率分别为 0.6、0.68、0.7、0.53、0.6，行业平均速动比率分别为 1.27、1.80、1.66、1.79、1.89，光明乳业较行业均值差距很大。即使 2021 年是 5 年来最大的速动比率 0.7 的值，也远低于 1.66 的行业均值。事实证明，该公司没有足够的可变现资产来覆盖公司的短期债务。如果不能及时收回资金，偿还债务的压力就会过大。如果速动比率仍处于当前状态，这可能会导致较严重的财务风险。

光明乳业公司长期偿债能力指标如表 5-12 所示。

表 5-12　2019—2023 年光明乳业公司长期偿债能力指标

项目	2019 年	2020 年	2021 年	2022 年	2023 年
资产负债率（%）	58	56	56	58	53
行业均值（%）	44.8	41.1	39.7	41.9	42

数据来源：新浪财经

如表 5-12 所示，光明乳业的资产负债率 5 年来比较平稳，均在 55% 左右，每年均高于行业均值 10% 以上。资产负债率越高，企业的整体偿付能力越弱，这表明在这 5 年中，光明乳业的偿付能力低于食品行业的其他乳制品公司。

（2）投资风险识别

公司的投资风险是投资过程中不可避免的风险。根据生命周期理论，投资风险始终存在于整个投资过程中、投资各种项目后,由于决策失误和管理不善以及外部环境的变化,实际收益往往受到影响,在这种情况下,企业的盈利能力将继续下降。在案例中主要用光明乳业的投资情况和盈利能力等相关的财务指标分析。

一是投资情况。根据投资对象的不同,企业能够选择像购置固定资产等类似的对内投资;也可以选择对外投资,例如对其他企业进行投资,无论是哪种方式,由于投资决策的判断失误、市场政策的变化等都会使企业产生损失,伴随相应的投资风险。光明乳业2019—2023年投资活动现金流量情况如表5-13所示。

表5-13 2019—2023年光明乳业公司投资活动产生的现金流量　　单位:亿元

项目	2019年	2020年	2021年	2022年	2023年
收回投资收到的现金	—	—	0.23		
取得投资收益收到的现金	0.02	0.06	0.05	0.05	—
处置固定资产、无形资产和其他长期资产收回的现金净额	3.08	2.94	4.30	2.79	5.36
投资活动现金流入小计	3.10	3.00	4.58	2.84	5.67
购建固定资产、无形资产和其他长期资产	20.53	18.80	23.83	13.86	9.08
投资支付的现金	—	0.49	0.25	—	0.03
投资活动现金流出小计	21.38	21.51	30.53	13.86	9.12
投资活动产生的现金流量净额	-18.29	-18.50	-25.95	-11.03	-3.45

数据来源:新浪财经

由表5-13数据可以发现,2019—2023年投资活动产生的现金流出均大于现金流入,这5年投资活动产生的现金流量净额均为负值。从结构数据看,企业投资支出主要在购建固定资产、无形资产和其他长期资产,收入也主要是处置固定资产、无形资产和其他长期资产,说明企业投资活动主要是在经营业务范围内发生。但是,大额的固定资产类投资支出是否符合当前的经济发展形势、是否符合企业发展战略需要,是企业需要考虑的主要因素。

二是盈利能力水平。总资产报酬率反映了公司利用现有资产盈利的能力。

(表 5-14)

表 5-14 2019—2023 年光明乳业公司光明乳业盈利能力指标

项目	2019 年	2020 年	2021 年	2022 年	2023 年
总资产报酬率（%）	6.87	6.66	3.71	2.75	4.32
行业均值（%）	11.39	10.02	8.79	5.37	6.44
净资产收益率（%）	9.03	10.13	9.35	4.57	11.44
行业均值（%）	13.33	13.15	10.14	5.53	6.66

数据来源：新浪财经

根据表 5-14 数据，从总资产报酬率这 5 年的数据看，光明乳业的盈利情况并不乐观，整体出现下降趋势。同时与同行业总资产报酬率均值比较看，这 5 年均低于行业均值，说明在行业内，光明乳业的盈利能力也是较弱的。从总资产报酬率的行业均值变化趋势看，整个行业的报酬率是下降的，可能是由于市场环境等因素所致。光明乳业该指标的下降会影响到公司的盈利能力和偿付能力。

净资产收益率更准确地反映公司的股权收入。从 2019—2023 年净资产收益率的变化情况看，公司的净资产收益率还是比较好的，仅在 2022 年比率较低，为 4.57%。与同行业净资产收益率均值比较来看，仍然低于行业均值，但是差距并不太大。行业均值的变化趋势 2022 年较低，光明乳业的这一变化可能是行业大环境导致。进一步分析发现，光明乳业的净资产发生了重大变化，企业的利润变化不大，所以导致公司盈利能力指标下降。

（3）营运风险识别

营运风险是指企业由于日常生产经营活动受到各种因素的影响而导致经营效果不如预期的风险，本节主要用应收账款周转率、存货周转率以及行业均值等来衡量，根据光明乳业 5 年财报数据分析如表 5-15 所示。

表 5-15 2019—2023 年光明乳业公司营运能力指标   单位：次

项目	2019 年	2020 年	2021 年	2022 年	2023 年
应收账款周转率	13.92	14.80	15.66	13.49	12.69
行业均值	128	105	466	108	212

续表

项目	2019 年	2020 年	2021 年	2022 年	2023 年
存货周转率	7.15	7.59	7.95	6.28	5.48
行业均值	7.78	7.59	7.70	6.40	6.37

数据来源：新浪财经

根据表 5-15，可以看到光明乳业 2019—2023 年的应收账款周转率和存货周转率情况。应收账款周转率是衡量企业应收账款周转速度的比率，它反映了企业在一定时期内应收账款转为现金的情况，从一定程度上反映企业的营运能力。从光明乳业应收账款周转率情况看，企业这 5 年变化不大，比较平稳。但是与行业均值比较来看，远远低于行业均值，说明光明乳业应收账款周转情况不太好，也侧面说明企业回收资金的能力不足。

存货周转率是衡量公司销售能力和存货管理能力的综合指标。从光明乳业 2019—2023 年的存货周转率看，比较平稳。与行业均值差距不大，存货周转情况看，企业与行业内其他公司相当，可能是由于乳制品存货性质导致。企业的存货周转率可以在一定程度上说明企业营运的情况，说明光明乳业的营运能力还不错。但是从应收账款周转率看，企业可能会存在一定水平的坏账风险。

（4）股利分配风险识别

收益分配的风险是指财务风险的最后阶段。在分配收入的过程中，存在着支付的风险。光明乳业 2019—2023 年股利分配相关信息如表 5-16 所示。

表 5-16 2019—2023 年光明乳业公司股利分配情况

项目	2019 年	2020 年	2021 年	2022 年	2023 年
分配股利、利润或偿付利息支付的现金（亿元）	3.18	3.00	2.81	3.48	2.88
净利润（亿元）	2.39	4.19	3.12	8.31	1.49
现金分红（每10股派发）	1.3	1.6	1.6	0.8	2.2
每股未分配利润（元）	1.92	2.29	2.25	2.34	2.97

数据来源：根据光明乳业年报整理所得

公司的股利分配政策也会给企业带来很大的风险，例如恒大集团在没有分红能力而利用筹资来的资金进行现金分红，这种行为被谢德仁（2013）教授称之为旁氏分红，这种行为会给企业带来极大的财务风险。

光明乳业这5年连续进行现金分红，现金流量表中分配股利、利润或偿付利息的现金这5年较为稳定，且与公司净利润相差不多。同时现金分红也差不多，只有2022年较少每10股派发0.8，2023年上涨到每10股派发2.2，分红相对较为稳定。同时，分红后每股未分配利润均在2元左右。说明企业的分红情况较为正常，没有发现明显的旁氏分红现象。但是，未来还应该持续关注股利分配情况，避免因分配股利而引发财务风险。

5.3.3　比亚迪财务风险案例分析

1. 比亚迪公司简介

比亚迪公司成立于1995年，最初是一家专注于可充电电池生产的电池制造商，现在为一家汽车制造商，总部设在中国的广东深圳。公司旨在实现"用技术创新满足人们对美好生活的向往"的目标，是中国最大的新能源汽车生产企业。

2. 新能源汽车行业发展现状

新能源汽车行业现在发展非常快，销量越来越大，尤其是电动汽车的销售增长非常强劲。技术不断突破。电池技术、充电技术、动力系统等方面都在不断改进和创新，提高了电动汽车的续航里程和充电速度。政府支持政策力度也在加大。出台了包括购车补贴、充电基础设施建设等多方面支持在内的一系列鼓励新能源汽车发展的政策。新能源汽车产业链最终将逐步完善。从电池、电机、控制系统到整车制造，整个产业链正在逐步形成，提供了更多的就业机会和经济增长点。新能源汽车行业将有望占得主流地位。

根据图5-4可知，从2019年开始，新能源汽车的使用量不断增加，尤其是2022年和2023年更是飞速发展。社会公众对新能源汽车的信任度也越来越高。主要得益于政策扶持，以及各地车展促销的配合。国家和各地出台了一系列的政策措施，如补贴政策、减免税政策、购车限制政策等，以推动新能源汽车的发展和普及。并且越来越注重环保，越来越多的消费者倾向于选择环保型的产品，其中包括新能源汽车。零排放、噪声小能减少对环境的污染是新能源车的特点，销量出现了较大幅度的上涨。

(万辆)

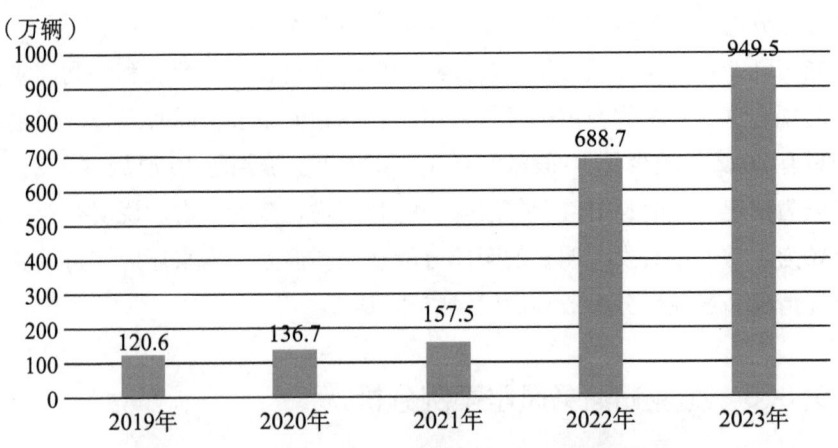

图 5-4　2019—2023 年中国企业年度新能源汽车销量

年份	销量
2019年	120.6
2020年	136.7
2021年	157.5
2022年	688.7
2023年	949.5

3. 比亚迪公司财务风险分析

根据风险管理理论和财务诊断理论，在 2019—2023 年比亚迪财务数据纵向比较的基础上，采用比较分析法，选取上汽集团和长安汽车的财务数据，对汽车行业中的偿债、经营、盈利、财务风险状况等三个方面的财务指标进行横向比较后，对其财务风险状况进行分析。

（1）偿债风险。比亚迪需要大量的资金支持，以求进一步扩大产量、提升产品质量、扩大市场份额。同时对新能源汽车企业安全也需提高警惕。如果汽车本身有安全隐患，对企业的信誉造成损害，对企业的融资成本会产生影响，对投资者的心理也会造成困扰。选取了资产负债率、已获利息倍数、流动比率、速动比率四个方面，对比分析企业的长期偿债能力和短期偿债能力。（表 5-17）

表 5-17　2019—2023 年 3 家企业资产负债率　　　　　　　单位：%

公司名称	2019 年	2020 年	2021 年	2022 年	2023 年
比亚迪	68.00	67.96	64.74	75.42	77.86
长安汽车	54.99	54.76	58.74	56.92	60.73
上汽集团	64.58	66.28	64.15	66.03	65.94

数据来源：比亚迪、上汽集团和长安汽车年报

一是长期偿债风险方面。如表 5-17 所示，从 2019—2023 年通过横向比较

分析，比亚迪资产负债率基本保持在 68% 左右。但在 2023 年突然增加到 77.86%。主要是因为账龄超过 1 年的重要合同产生的负债高达总流动负债的 10%，合同负债发生重大变化，导致负债增加。资产负债率持续升高，企业偿债能力骤然上升，承受着巨大的压力。纵向比较分析，与上汽集团、长安汽车等相同的产业相比，比亚迪 2019—2023 年的资产负债率都在两者之上，偿债风险也在两者之上，且一直处于逐渐上升的状态，财务风险持续增加。

3 家企业已获信息倍数数据如表 5-18 所示。

表 5-18　2019—2023 年 3 家企业已获利息倍数数据

公司名称	2019 年	2020 年	2021 年	2022 年	2023 年
比亚迪	17.02	17.99	14.71	20.35	21.39
长安汽车	21.22	17.46	20.73	11.37	8.53
上汽集团	55.05	56.26	85.91	158.31	163.92

数据来源：比亚迪、上汽集团和长安汽车年报

如表 5-18 所示，横向比较分析，2019—2020 年比亚迪已获利息倍数逐渐上升，但是幅度不大，说明已经开始改变。但 2020—2021 年已经获得的利息倍数下降至 14.71，表明此时的债务利息能力变小，偿债能力下降主要是疫情原因，但到 2023 年开始逐渐转暖，升至 21.39。但是净利润均为负值，并且最近一年审计报告显示公司持续经营能力存在不确定性，产生财务风险。纵向比较分析，2019—2023 年长安汽车已获利息倍数远高于比亚迪说明其偿还债务利息能力很强，债务风险小。综合来看，偿债风险较大的是比亚迪，相对于同业公司而言的。

二是短期偿债风险方面，主要从速动比率和流动比率展开分析。（表 5-19、表 5-20）

表 5-19　2019—2023 年 3 家企业速动比率

公司名称	2019 年	2020 年	2021 年	2022 年	2023 年
比亚迪	0.75	0.75	0.72	0.49	0.47
长安汽车	0.99	0.97	1.02	0.91	0.95
上汽集团	0.94	1.07	1.11	1.28	1.14

数据来源：比亚迪、上汽集团和长安汽车年报

如表 5-19 所示，横向比较分析，2019—2021 年比亚迪的速动比率一直是比较稳定的状态，但在 2023 年开始持续下跌至 0.47。距离最佳 1∶1 相差较多。主要是因为负债的增加。企业对违约金等赔偿花费了利润总额的 4.15%。导致不必要的负债的增加。速动比率不太理想。纵向比较分析，上汽集团与长安汽车速动比率基本呈上升趋势，即将达到 1∶1 的最优状态，显示比亚迪短期偿债风险相对于长安与上汽而言较大，距离 1∶1 更加遥远，风险更大，偿债能力弱。

表 5-20　2019—2023 年 3 家企业流动比率数据表

公司名称	2019 年	2020 年	2021 年	2022 年	2023 年
比亚迪	0.99	1.05	0.97	0.72	0.67
长安汽车	1.10	1.11	1.13	1.07	1.13
上汽集团	1.01	1.16	1.20	1.35	1.27

数据来源：比亚迪、上汽集团和长安汽车年报

如表 5-20 横向比较分析，2019—2021 年比亚迪的流动比率虽然有波动，但还是呈现基本稳定的状态，从 2022 年开始持续下降，在 2023 年下降至 0.67，主要是因为存货发生了跌价损失以及合同资产减值损失等。导致资产减值。公司计提的存货跌价准备也越来越多，说明企业短期偿债能力差。距离 2∶1 有较远的距离。纵向比较分析，上汽集团基本处于不变，而长安汽车基本在持续上升，说明比亚迪劣于上汽集团和长安汽车，短期偿债风险很大。

（2）营运风险

新能源汽车行业会出现跟不上市场需求的情况，因为在生产经营过程中，应收账款没有及时收回，从而使自身风险增加。通过横向和纵向对比，选择比亚迪 2019—2023 年的应收账款周转率、流动资产周转率和总资产周转率三个财务指标进行运营风险分析。（表 5-21、表 5-22、表 5-23）

表 5-21　2019—2023 年 3 家企业应收账款周转率

公司名称	2019 年	2020 年	2021 年	2022 年	2023 年
比亚迪	2.74	3.68	5.58	11.30	11.96
长安汽车	62.81	56.76	55.10	51.12	55.22

续表

公司名称	2019 年	2020 年	2021 年	2022 年	2023 年
上汽集团	20.29	17.02	16.69	13.06	11.09

数据来源：比亚迪、上汽集团和长安汽车年报

如表 5-21 所示，比亚迪公司 2019—2023 年应收账款周转率水平低于同行业的长安汽车和上汽集团，同时 2021 年以后应收账款周转率水平有了大幅度的提升，说明比亚迪公司意识到了公司的营运风险并且采取了一些防范措施，提高了资产的营运能力。

表 5-22 2019—2023 年 3 家企业总资产周转率

公司名称	2019 年	2020 年	2021 年	2022 年	2023 年
比亚迪	2.17	0.60	0.88	0.86	1.03
长安汽车	0.97	0.79	0.83	0.73	0.75
上汽集团	0.72	0.71	0.78	0.83	0.90

数据来源：比亚迪、上汽集团和长安汽车年报

如表 5-22 所示，横向比较分析，比亚迪总资产周转率在 2019—2020 年突然降至 0.60。从 2021 年开始逐渐回暖，2023 年达到了 1.03。主要是因为比亚迪的总资产一直处于持续上升的情况，但是营业收入在 2020 年出现大幅下滑，产生波动，导致总资产周转率下跌。但是后续的回暖说明企业的资产创收能力较好。纵向比较上汽集团和长安汽车的总资产周转率，比亚迪和它们旗鼓相当，表现都较为优秀。整个行业的总资产周转率相对较小。

表 5-23 2019—2023 年 3 家企业流动资产周转率

公司名称	2019 年	2020 年	2021 年	2022 年	2023 年
比亚迪	3.82	1.10	1.87	2.08	2.22
长安汽车	1.71	1.34	1.37	1.28	1.21
上汽集团	1.52	1.38	1.28	1.26	1.30

数据来源：比亚迪、上汽集团和长安汽车年报

如表 5-23 所示，横向比较分析，比亚迪 2019—2020 年流动资产周转率由

3.82下降至1.10，同样也是因为营业收入的下降，导致下降趋势，但流动资产周转率自2020年开始上升，表明企业利用流动资产获取收入的能力开始回升，营运能力有所上升。但纵向比较分析发现，上汽集团与长安汽车在2019—2023年的流动资产周转率变化并不是特别大，但低于比亚迪表明其经营能力高于同业水平，经营风险不大。

（3）盈利风险

盈利风险是以追求利润最大化为目标。通过选取与成本、收入、利润相关的财务指标，衡量企业利用现有资源获取效益的能力，从而更准确地分析企业的盈利风险，我们将通过以下几个方面来分析企业的盈利风险，通过横向和纵向对比，我们选取比亚迪2019—2023年三个财务指标进行盈利风险分析，包括净资产收益率、营业利润率和成本费用利润率。（表5-24、表5-25、表5-26）

表5-24　2019—2023年3家企业净资产收益率　　　　　　　　单位:%

公司名称	2019年	2020年	2021年	2022年	2023年
比亚迪	2.62	7.43	3.73	16.14	24.4
长安汽车	10.53	8.02	9.19	5.84	4.98
上汽集团	-5.86	7.13	6.53	13.07	16.55

数据来源：比亚迪、上汽集团和长安汽车年报

如表5-24所示，横向比较分析，2019—2020年比亚迪净资产收益率呈上升趋势。盈利风险有所降低。2020—2021年又开始下降至3.73%，而且比亚迪公司的年度扣除非经常性损益前后净利润孰低者均为负值，持续经营能力存在不确定性，产生盈利风险。虽然2023年上升至24.4%企业收益增加，但是风险依旧存在，不能大意。纵向比较分析，2019—2023年长安汽车和上汽集团的净资产收益率虽盈利，能力在同行业中属优势，但仍不能过分乐观，具有风险，说明新能源汽车行业的净资产收益率都不太理想。

表5-25　2019—2023年3家企业营业净利率　　　　　　　　单位:%

公司名称	2019年	2020年	2021年	2022年	2023年
比亚迪	1.66	3.84	1.84	4.18	5.20
长安汽车	4.18	3.93	4.35	3.07	2.69

续表

公司名称	2019 年	2020 年	2021 年	2022 年	2023 年
上汽集团	-3.75	3.89	3.43	6.39	6.28

数据来源：比亚迪、上汽集团和长安汽车年报

如表 5-25 所示，横向比较分析，比亚迪 2019—2021 年期利率冲高回落，基本没有变化。2021 年有上升趋势。说明企业盈利状况较好。从纵向比较分析，与比亚迪营业利润率相差无几的上汽集团维持在 4% 左右，而比比亚迪略高的长安汽车的营业净利率就较好。相比较来说比亚迪与同行业不分伯仲。

表 5-26 2019—2023 年 3 家企业成本费用利润率　　　　单位：%

公司名称	2019 年	2020 年	2021 年	2022 年	2023 年
比亚迪	92.05	104.34	106.35	104.70	30.62
长安汽车	40.80	55.05	56.78	40.51	35.09
上汽集团	-21.62	20.83	21.90	30.97	38.09

数据来源：比亚迪、上汽集团和长安汽车年报

如表 5-26 所示，横向比较分析，比亚迪 2019—2022 年的成本费用利润率整体呈上升趋势，表明企业的收益较好，但在 2023 年剧烈地下降至 30.62%，主要是因为新能源汽车的补贴取消导致成本的剧增，使得成本费用远高于前几年。而且汽车行业竞争加剧性可选择性变多导致企业 2023 年的收益不佳，产生盈利风险。纵向比较分析，上汽集团和长安汽车基本持平，保持不变的状态。虽然也存在盈利风险，但是与比亚迪相比较为平稳。

4. 比亚迪公司存在的财务风险

根据上述分析，比亚迪汽车存在的风险主要有三个方面。一是偿债风险。由于近年来新能源汽车市场竞争激烈，比亚迪汽车市场竞争力降低，导致公司现金流减少，营业收入下降，从而对偿债能力产生影响。二是经营风险。政府对新能源汽车行业予以扶持，节能减排政策将会落实到位。很多企业大力开发新能源汽车，跟上潮流开发先进技术。比亚迪汽车出现跟不上潮流导致总资产减少，出现财务风险。三是盈利风险。我国对新能源福利政策逐渐减弱，导致企业成本上升，新能源汽车的生产成本相对传统燃油汽车较高，包括电池成

本、材料成本等，比亚迪新能源汽车的盈利能力开始下降。

5.3.4 苏泊尔公司财务风险案例分析

1. 公司概况

浙江苏泊尔股份有限公司于1994年成立，2004年在深圳证券交易所上市。随着小家电行业规模的发展以及国家政策的支持，苏泊尔不断扩张，增加对电器的研发成本，综合实力得到显著提升。苏泊尔企业理念是品质和创新，企业在生产中融入了高新技术，研发出很多智能产品，成为一家综合性的小家电品牌。苏泊尔凭借着优秀的产品质量和服务，受到人们的热爱。苏泊尔发展历程如图5-5所示：

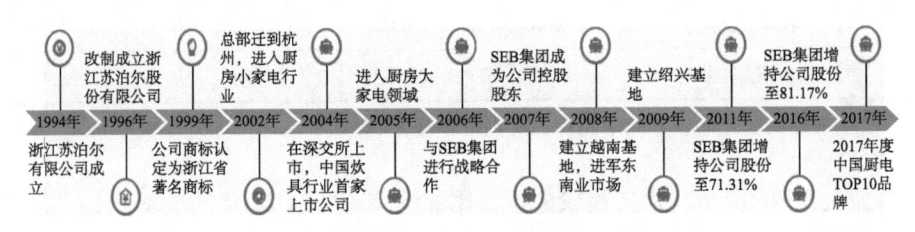

1994年	浙江苏泊尔有限公司成立
1996年	改制成立浙江苏泊尔股份有限公司
1999年	公司商标认定为浙江省著名商标
2002年	总部迁到杭州，进入厨房小家电行业
2004年	在深交所上市，中国炊具行业首家上市公司
2005年	进入厨房大家电领域
2006年	与SEB集团进行战略合作
2007年	SEB集团成为公司控股股东
2008年	建立越南基地，进军东南业市场
2009年	建立绍兴基地
2011年	SEB集团增持公司股份至71.31%
2016年	SEB集团增持公司股份至81.17%
2017年	2017年度中国厨电TOP10品牌

图5-5 苏泊尔发展概况

法国SEB集团创立于1857年，是全球著名的炊具研发厂商和小家电制造商。2006年，苏泊尔与SEB集团进行了首次战略合作，SEB集团在2007年成了苏泊尔公司控股股东，SEB集团持股比例从52.74%不断增至81.17%，于2020年末，SEB集团拥有苏泊尔81.20%的股份。苏泊尔站在巨人的肩膀上，得到了更多的资金支持与发展机会，公司充分利用自身优势，不断扩大生产规模，提高经济效益。

2. 财务状况

根据苏泊尔股份有限公司的财务报表，可以分析苏泊尔整体财务状况，本节主要选自2019—2023年苏泊尔公司的主要财务指标进行分析。本公司财务风险指标对财务状况的影响，是通过对苏泊尔公司这5年的财务数据确定的。（表5-27）

表 5-27　2019—2023 年苏泊尔利润表的主要数据　　　　单位：亿元

项目	2019 年	2020 年	2021 年	2022 年	2023 年
营业总收入	198.535	185.969	215.853	201.705	213.039
营业总成本	177.530	166.608	194.694	179.492	188.975
利润总额	22.735	22.003	23.858	25.452	26.847
净利润	19.157	18.426	19.414	20.662	21.794

数据来源：苏泊尔公司财报

从表 5-27 可以看出，2019—2023 年苏泊尔公司营业收入增长变动较小，这主要受到大环境的影响。2020 年苏泊尔公司营业收入下降，这主要是受到新冠疫情的影响，导致公司内销业绩出现小幅下滑。在 2021 年，原材料价格上升，消费者消费能力疲软，内销市场消费需求压力依然较大。2022 年在通货膨胀等因素的影响下，全球供需失衡加剧，全球小家电行业面临巨大的挑战。在 2023 年，随着旅游业和餐饮服务业的发展，虽然其他行业需求依然较为疲软，但苏泊尔公司凭借优秀的运作管理能力和产品竞争力，业绩优于行业水平。

苏泊尔资产负债表主要数据如表 5-28 所示。

表 5-28　2019—2023 年苏泊尔资产负债表的主要数据　　　　单位：亿元

项目	2019 年	2020 年	2021 年	2022 年	2023 年	增长幅度
流动资产	98.300	101.168	111.586	95.184	100.367	2.10%
资产总额	118.480	122.923	138.995	129.527	131.067	10.62%
流动负债	49.761	50.365	60.691	57.151	65.245	31.12%
负债总额	50.033	50.555	62.411	58.800	67.249	34.41%
所有者权益	68.446	72.367	76.583	70.727	63.818	-6.76%

数据来源：苏泊尔公司财报

如表 5-28 所示，苏泊尔公司 2019—2023 年流动资产增长幅度为 2.10%，资产总额增长幅度为 10.62%，从这可以看出流动资产与资产总额增长过于缓慢，表明了企业的短期偿债能力没有很大提升，可能会导致财务风险的增加，流动资产增长过于缓慢，表明了企业的盈利能力没有得到很大的提高，会导致投资者的信心不足或竞争力弱化。5 年间，苏泊尔公司流动负债总额总体呈上升趋势，这主要是公司应付票据和应付账款等增加，这会导致公司偿债风险加大。苏泊尔公司所有者权益增长幅度为-6.76%，所有者权益减少会导致企业在融资过程中更多地依赖于借款，增加债务成本和压力，也会让公司的抗风险能力下降。

苏泊尔现金流量表主要数据如表 5-29 所示。

表 5-29　2019—2023 年苏泊尔现金流量表的主要数据　　　　单位：亿元

项目	2019 年	2020 年	2021 年	2022 年	2023 年
筹资活动产生的现金流量净额	-10.382	-14.649	-15.939	-27.655	-27.817
经营活动产生的现金流量净额	17.329	20.766	20.499	31.600	20.349

数据来源：苏泊尔公司财报

如表 5-29 所示，从 5 年筹资活动产生现金流量净额分析，苏泊尔公司这 5 年筹资现金流量净额在大幅下降，说明了公司对外筹资能力的下降，面临筹资方面的财务风险。从苏泊尔公司 5 年的经营活动现金流量来看，公司经营活动现金收入呈上升趋势，在销售收入相对稳定的情况下，现金流入增加说明应收账款的增加，若应收账款风险管控不到位，会导致经营风险方面的提升。

3. 内部控制体系和风险管理制度

内部控制贯穿于整个公司的经营活动中，需要公司每个员工都积极参与。苏泊尔公司内部控制建立健全由董事会、监事会、经理层和全体员工共同参与，旨在保证公司经营合法合规，相关资料真实完整，提高公司整体经济效益。

公司结合业务特点和内部控制的要求，设置了总部职能部门、事业部、生产基地和营销中心等内部机构，在组织架构、业务流程、授权制度等内部管理中明确权责分配形成各司其职、相互制约的工作机制。公司还设有审计部门，向董事会审计委员会汇报，对于监督检查中发现的潜在风险，及时向管理层和审计委员会报告，确保内部控制有效进行。公司建立了内部控制监督机制，独立董事、监事会能充分独立地对公司管理层进行监督。公司结合内部监督的情况，定期对内控进行有效自我评价，并出具内部控制自我评价报告。

实际运行过程中，公司存在决策程序不科学，重要业务缺乏制度控制和制度系统性失效；当期发现的财务报表存在重大错误，但内控在运营过程中未能发现；内部控制内部监督发现的重要缺陷未能得到整改以及关键岗位人员流失。苏泊尔公司没有建立一个单独的风险管理制度，日常工作以公司管理制度为指南。

4. 财务风险识别

本案例分析依据苏泊尔股份公司 2019—2023 年 5 年的资产负债表、利润表、现金流量表及相关内部分析表，有效识别和分析其现阶段财务风险。

（1）筹资风险

筹资活动是经济发展的重要驱动力，有助于资源的有效配置和经济的持续增长。筹资风险的成因是多方面的，如图 5-6 所示。

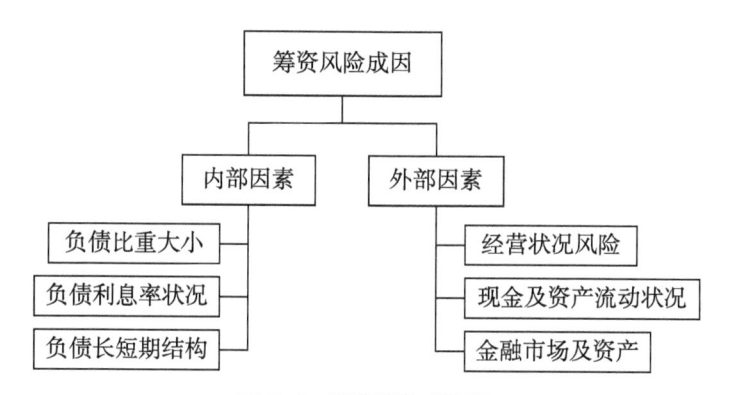

图 5-6 筹资风险成因图

苏泊尔作为全国第一大炊具研发制造商，资金直接影响到公司的生产进度和生产质量，因此在内需资金不足的情况下，对外筹资必将是十分重要的财务管理活动。识别和分析筹资风险，从公司偿债能力、资本结构两个方面对筹资风险进行分析。

一是偿债能力，主要用来评价企业运用资产偿还长短期债务的能力。本节对苏泊尔的偿债能力运用流动比率、速动比率、资产负债率三项指标进行分析说明，如表 5-30 所示。

表 5-30 2019—2023 年苏泊尔公司偿债能力分析表

项目	2019 年	2020 年	2021 年	2022 年	2023 年
流动比率	1.98	2.01	1.84	1.67	1.54

续表

项目	2019 年	2020 年	2021 年	2022 年	2023 年
速动比率	1.52	1.53	1.33	1.23	1.19
资产负债率（%）	42.23	41.13	44.90	45.40	51.31

数据来源：苏泊尔公司财报

如表 5-30 所示，苏泊尔这 5 年除了 2020 年企业流动比率大于 2，其余 4 年流动比率小于 2，从中可以看出，苏泊尔公司的短期偿债能力较弱。2019—2023 年 5 年期间，苏泊尔的速动比率过高，有存货积压的风险，存货积压会占用大量资金，可能会导致资金周转困难。苏泊尔在 2019—2023 年 5 年期间，资产负债率保持在 40%~52%，变化较为平稳，但总体来说，资产负债率是偏低的，这会使苏泊尔公司减少利用债务融资低成本进行企业扩张的机会，限制成长潜力，这种趋势也有可能会导致财务风险的出现。

二是资本结构分析，反映筹资组合的结果，本节通过对苏泊尔公司长期和短期借款以及债权和债务借款进行分析。（表 5-31）

表 5-31　2019—2023 年苏泊尔公司资本结构分析表

项目	2019 年	2020 年	2021 年	2022 年	2023 年
流动负债比率	0.9945	0.9962	0.9724	0.9720	0.9702
股东权益比率	0.5777	0.5887	0.5510	0.5460	0.4869

数据来源：苏泊尔公司财报

流动负债比率反映了公司对短期债权人的依赖程度，如果这个指标过高，就说明这个公司越依赖短期的资金。从表 5-31 可以看出，2019—2023 年苏泊尔公司的流动负债比率保持在 0.9945~0.9702，主要是苏泊尔公司应付票据以及应付账款所占比重过高，这会导致公司对短期资金依赖过大，一旦出现资金短缺或周转困难，就会造成严重的财务风险。

股东权益比率也是衡量企业财务风险的一大指标，股东权益比率低，说明了公司举债较多，自有资金较少。从表 5-31 可以看出，2020—2023 年苏泊尔公司股东权益比率在逐渐下降，这意味着在同样总资产规模情况下，公司相对而言有了更多的负债，公司就有了更高的利息和本金偿还压力。

（2）经营风险

经营风险是企业在经营过程中面临的不确定因素，包括应收管理和存货管理等方面。一般来说在生产销售环节，可能存在存货无法及时售出，占用公司营运资本的风险，也可能存在存货售出后，货款无法及时收回，最终形成坏账，给企业造成巨大的经济损失。（表5-32、图5-7）

表5-32 2019—2023年苏泊尔公司存货情况

项目	2019年	2020年	2021年	2022年	2023年
存货（亿元）	22.476	24.093	30.965	24.949	22.627
存货周转率（次）	6.04	5.88	5.93	5.41	6.6
存货/总资产（%）	18.97	19.6	22.28	19.26	17.26
行业均值（%）	15.71	15.65	18.3	14.38	—

数据来源：苏泊尔公司财报

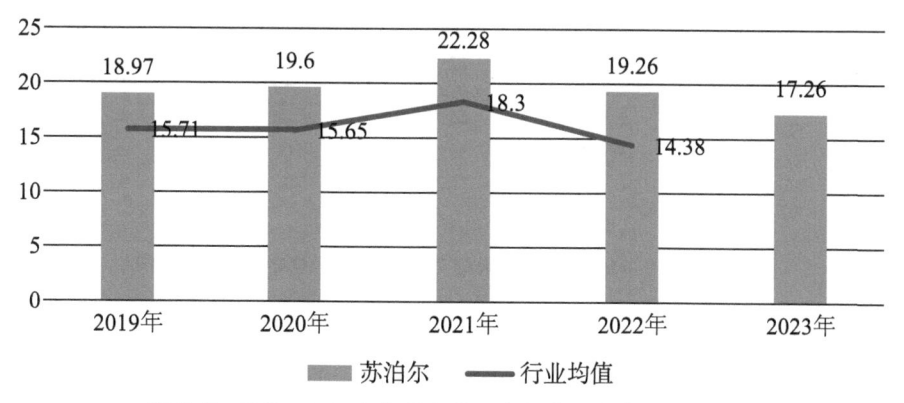

图5-7 2019—2023年苏泊尔公司存货占总资产比率走势图

苏泊尔公司的经营风险，先从存货开始分析。从表5-32可以得知，企业的存货在2019—2023年整体处于上升趋势，2021年达到最高，这是由于公司销售规模的增长以及原材料价格上涨，备货增加所导致的，且生产环节与销售环节衔接不协调，最终导致存货积压。从图5-7得出，苏泊尔存货占总资产比率与行业均值比较，年均存货占总资产比率高于厨房小家电行业平均水平，对比之下，处于行业中下游，表现相对较差。存货不仅会占用企业的流动资金，增加了仓储等管理成本以及跌价损失，持续增加的存货数量以及持续降低的存货周转率，将会增加公司的营运风险，增加财务风险发生的可能性。

苏泊尔公司应收账款情况如表 5-33、图 5-8 所示。

表 5-33　2019—2023 年苏泊尔公司应收账款情况

项目	2019 年	2020 年	2021 年	2022 年	2023 年
应收账款（万元）	17.969	22.283	27.169	19.265	28.582
应收账款周转率（次）	11.27	9.24	8.73	8.69	8.9
应收账款/总资产（%）	15.17	18.13	19.55	14.87	21.81
行业均值（%）	11.22	11.48	12.45	10.62	—

数据来源：苏泊尔公司财报

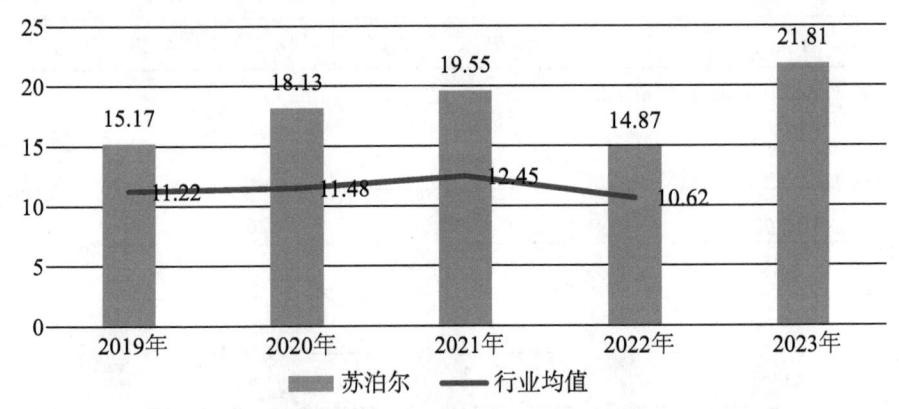

图 5-8　2019—2023 年苏泊尔公司应收账款占总资产比率走势图

从表 5-33 可以看出苏泊尔公司应收账款情况，2019—2023 年苏泊尔公司应收账款大幅增长。这主要是由于公司外销业务规模的增长，使得外销业务应收账款增加，这会造成资金回收较慢，最终导致财务风险的发生。2019—2023 年应收账款周转率整体处于下降趋势，会导致企业资金周转困难，造成财务风险。从图 5-8 可以看出，苏泊尔存货占总资产比率与行业均值比较，年均存货占总资产比率高于厨房小家电行业平均水平，相比之下，存货占总资产比率处于行业中下游，表现相对较差。

5.4 财务风险成因

通过以上案例分析发现，各上市公司都存在不同程度的财务风险。在探究财务风险的成因时，我们不得不审视环境因素、企业战略选择、企业内部管理以及股利分配政策。这些方面相互交织，共同塑造了企业财务风险的面貌。

5.4.1 环境因素

环境因素是影响企业财务风险的一个重要因素。其中包括宏观经济环境、行业竞争态势、政策法规变化等。

1. 宏观经济环境

经济周期波动、通货膨胀、利率调整等宏观经济因素都可能对企业的财务状况产生影响。例如，在经济衰退时期，市场需求下降，企业可能面临销售下滑和现金流紧张的风险。最近几年全球蔓延的新冠疫情给各行各业都带来了非常严重的影响，导致部分行业无法支撑企业正常生产经营。

2. 行业竞争态势

企业所在行业的竞争程度也会影响其财务风险。过度竞争可能会导致价格战，压缩企业利润空间，从而增加财务风险。

3. 政策法规变化

政策法规的变化可能会对企业的经营模式、成本结构等产生影响，从而影响其财务状况。例如，税收政策的调整可能会影响企业的税后利润，增加财务风险。

5.4.2 企业战略选择

企业的战略选择决定了其未来的发展路径，但不同战略可能承担不同的财务风险。例如，市场扩张战略可能带来较高的投资风险，而保守的市场维持战略则可能导致市场份额流失，从而带来潜在的财务危机。企业战略选择是企业经营活动的指导方针，对企业财务风险有着非常重要的影响。

1. 扩张战略

采取扩张战略的企业可能会通过借款等方式筹集资金,进行大规模投资。这种战略可能会带来较高的财务杠杆,增加企业的财务风险。在选取扩张战略的同时,部分企业可能会进行多元化发展,但会由于难以适应新领域的竞争而引发不同程度的财务风险。

2. 保守战略

采取保守战略的企业可能会过于关注短期利益,忽视长期发展。这可能导致企业错失发展机遇,影响其长期财务状况。保守战略的企业可能不会面临非常严重的财务危机,但是也可能对企业的发展有一定的阻碍。

3. 创新战略

创新战略会带来较高的研发投入,短期内可能影响企业的盈利能力。如果创新成果未能如期实现,企业可能面临较大的财务风险。随着近几年公众对研发的关注度越来越高,走创新战略的企业也多了起来,这部分企业虽然在国家税收等方面会享受一定的优惠政策,但是依然要考虑创新的长期性、高投入性、不确定性等影响,如果一旦企业无法支持高投入的研发,会导致企业陷入财务困境。

5.4.3 企业内部管理

良好的公司内部管理是避免财务风险的关键因素。有效的财务管控、内部审计、风险管理制度等都能够降低企业面临的财务风险。然而,管理层的不当行为、内部控制缺陷等问题可能会导致财务风险的快速蔓延。

1. 预算管理

有效的预算管理可以帮助企业合理配置资源,避免过度投资或成本超支。反之,缺乏有效的预算管理可能会导致资源浪费和财务风险。预算管理的编制、执行、调整等环节都是可能导致财务困境的原因,预算不准确、执行不到位、调整不规范都可能引发财务风险。

2. 风险管理

企业应建立完善的风险管理体系,对潜在风险进行识别、评估和应对。缺乏有效的风险管理可能导致企业面临意想不到的财务风险。从案例分析情况看，大多数企业的财务风险管理及预警并不完善，如果对一些可能引起风险的管理不到位、预警不及时可能是财务风险暴发的重要原因之一。

3. 内部控制

良好的内部控制体系可以帮助企业防止财务舞弊和错误，确保财务信息的真实性和准确性。反之，缺乏有效的内部控制可能导致财务信息失真，增加财务风险。如果企业内部控制有效性存在问题，会导致企业管理效率低，甚至会导致风险的爆发。

5.4.4 股利分配政策

股利分配政策直接影响了企业的现金流和财务的稳定性。过高的股利分配可能会导致企业现金流紧张，难以应对突发的财务风险，而过低的股利分配可能会影响投资者的信心，进而影响企业的融资渠道和股价表现。股利分配政策是企业与股东之间利益分配的体现，也会影响企业的财务风险。

1. 低股利政策

低股利政策可能会降低股东的投资意愿，影响企业的外部融资能力。这可能会导致企业面临资金短缺，增加财务风险。同时，低股利政策也可能使得企业无法获得再融资机会，自国家出台一系列政策将再融资与股利发放相互关联以来，对企业再融资提出了更高的要求。这可能会导致企业在运营过程中，出现资金不足而带来一系列财务风险。

2. 高股利政策

高股利政策可能会减少企业内部的资金积累，影响企业的长期发展。如果企业面临突发情况需要资金，可能会面临较大的财务风险。另外，自从恒大集团事件后，社会公众对于庞氏骗局、庞氏分红予以关注。高股利政策是否真的是企业在拥有分红能力条件下进行的，如果分红资金是全部或者部分由权益或债务融资支撑的，那么即存在庞氏分红行为，会给企业带来相当大的财务风险。

在当前复杂多变的市场环境下，企业需要全面审视自身面临的财务风险，从而采取有效的措施进行预防和化解。只有如此，企业才能够在激烈的市场竞争中立于不败之地,实现可持续发展的目标。

5.5 财务风险防范措施

在当今复杂多变的经济环境中,财务风险防范已成为企业稳健发展的重要保障。为此,我们须从多方面着手,确保企业财务安全,推动公司持续发展。本节将从提高财务风险防范意识、构建财务风险预警体系以及完善公司内部治理三个方面,探讨有效的财务风险防范措施。

5.5.1 提高财务风险防范意识

提高财务风险防范意识是首要任务。企业全体员工都应充分认识到财务风险防范的重要性,将其视为企业稳健发展的基石。为此,公司须定期组织财务风险防范培训,提高员工对财务风险的识别能力和应对能力。同时,企业领导层应发挥表率作用,将财务风险防范理念融入企业文化,形成全员参与、共同防范的良好氛围。最重要的是,提高企业财务相关人员的专业能力和防范意识。

5.5.2 构建财务风险预警体系

构建财务风险预警体系至关重要。企业应建立完善的财务风险预警机制,通过对财务数据的实时监控和分析,及时发现潜在风险并采取相应的应对措施。预警体系应包括多个层面,如负债结构、现金流状况、盈利能力等,确保对各类财务风险进行全面覆盖。此外,企业还应利用现代科技手段,如大数据、人工智能等,提高预警体系的准确性和时效性。

5.5.3 完善公司内部治理

完善公司内部治理是防范财务风险的重要保障。优化公司治理结构,明确股东会、董事会、监事会和经理层的职责和权利,建立健全的内部控制体系,确保财务活动的合规性和有效性,决策的科学性和合规性。明确各部门职责、优化业务流程、加强内部审计等方式,提高企业内部管理水平和风险防范能力。制定合理的现金流量管理策略,确保公司现金流量的稳定性和充足性,避免资金链断裂的风险。同时,加强应收账款的管理,降低坏账风险。实施合理的投资决策流程,确保投资项目的可行性和收益性,降低投资风险和成本。此外,企业还应建立有效的激励机制和约束机制,激发员工积极参与财务风险防范工作的积极性,确保公司财务安全。

综上所述,提高财务风险防范意识、构建财务风险预警体系和完善公司内部治理是防范财务风险的重要措施。企业应该根据自身实际情况,制定切实可行的财务风险防范措施,确保企业健康、稳定发展。同时,企业还应不断创新财务风险防范方法和手段,适应不断变化的市场环境,提高财务风险防范的针对性和有效性。

6 上市公司并购绩效评价

6.1 研究背景

我国经济的持续繁荣和资本市场的日益完善，国内企业开始积极探索更广阔的发展空间。在企业运营中，内部发展往往是长期和缓慢的过程，难以满足公司短期的发展需求和市场变化。因此，众多企业纷纷选择并购重组来增强自身的竞争实力和拓宽市场。对于被并购方而言，这样的机会通常被视为是从困境中解脱并探寻新发展的有力方式。企业并购的最终目标是要实现并购绩效的提升，从而帮助企业实现价值的增加。由于并购方式存在差异，产生的并购效果也不尽相同。因此，通过以案例分析方法研究不同并购方式下企业并购的动因及绩效，对其他企业实施并购战略提供有益建议，助力上市公司的高质量发展。

6.2 相关概念与理论基础

6.2.1 相关概念

1. 企业并购

企业并购有狭义和广义之分，现有研究大多基于狭义并购进行研究，即企业进行战略重组的一种主要方式，它包括兼并和收购两个方面。兼并是指两家或多家原本独立的企业通过整合各自的资源、业务和结构，合并成为一家新的企业，或者由其中一家较具优势的企业吸收其他企业，从而实现整体运营的协调一致。而收购则是指一家企业通过购买另一家目标企业的股权或资产,来获得对该企业的实际控制权,以便进一步整合和利用其业务、资源或技术。在实际操作中,兼并和收购往往相互关联,共同成为企业并购的组成部分,帮助企业实现迅速扩张、资源优化和市场竞争力的提升。

企业并购从行业角度划分,可将其分为三类:一是横向并购,即同属于一个产业或行业,或产品处于同一市场的企业之间发生的并购行为,横向并购可以扩大同类产品的生产规模,降低生产成本,缓解竞争,提高市场占有率。二是纵向并购,即生产过程或经营环节紧密相关的企业之间的并购行为,纵向并购可以加速生产流程,节约运输、仓储等费用。三是混合并购,即生产和经营彼此没有关联的产品或服务的企业之间的并购行为,目的是分散经营风险,提高企业的市场适应能力。

2. 连续并购

连续并购指的是企业在特定时间段内(例如3年或5年)持续开展的一系列并购活动。这种并购模式的核心在于其连续性和战略性。它不是偶尔的、孤立的交易,而是企业基于整体战略和长远发展目标所作出的重要决策。通过连续的并购,企业能够有效地整合资源、扩大市场占有率和提升竞争力,从而推动持续成长和实现长远的发展目标。因此,连续并购关注的不仅仅是并购的次数和速度,更重要的是这一系列行动所带来的战略成果和长期业绩。

3. 绿色并购

绿色并购指的是企业为了达到可持续发展的目的,通过并购的方式引入绿色管理和绿色技术的理念。企业选择的并购对象、做出的并购决策以及并购后资源的整合都始终符合绿色发展的理念,实现经济和生态的效益统一。

4. 并购绩效

企业并购绩效可以理解为,在并购活动结束后,被收购企业融入收购方体系并经过资源整合,最终达成并购初衷、提升整体运营效率的成果。绿色并购绩效是指企业完成绿色并购后,经济效益得到提高,达到预期绿色并购目的的情况。评价绿色并购能否成功的因素较多,包括并购目标的达成状况、协同效应的实际表现、绿色资源的效率利用,以及企业和整个行业的进步速度。各种评估指标共同构成了绿色并购绩效的考量框架。整体来说,绿色并购绩效的评估指标主要包含了财务绩效指标与非财务绩效指标,其中非财务绩效指标主要包括专利水平、环保业务收入水平、单位收入污染物排放量和企业创新投入等。

6.2.2 理论基础

1. 协同效应理论

在并购中，协同效应是一个核心概念，它指的是两家或多家公司在合并后，能够通过资源的整合和优势的互补，实现整体实力的显著增强。这种增强不仅体现在规模的扩大上，更重要的是，合并后的公司整体绩效能够超越原来各自公司绩效的总和，形成"1+1>2"的效应。协同效应主要体现在以下四个方面。

（1）用户协同

并购使得新公司能够吸引更多的新客户，同时促进原有客户之间的互通。这不仅能够防止客户流失到竞争对手那里，还能通过增加品牌曝光度来间接降低市场营销的费用。

（2）收入协同

合并后的公司可以通过多元化的销售渠道和市场资源来拓展收入来源，激活闲置资金，从而在短时间内改善财务状况并提高融资机会。

（3）效率协同

通过优化现金流管理和资源配置，公司能够更有效地控制运营成本，减少资源的浪费，提升整体的运营效率。

（4）数据协同

这涉及整合不同公司的专业技术和研发能力，以加速技术创新和产品升级。同时，利用大数据分析来更准确地预测客户行为，为企业的发展战略提供重要依据。

总的来说，并购中的协同效应是通过资源共享和优势互补，推动公司整体绩效提升的关键力量。通过精心策划和有效整合，公司能够充分发挥并购的潜力，创造出更大的商业价值。

2. 市场优势理论

市场优势理论认为，兼并收购是企业在面临日益激烈的市场竞争时，可以采取的一种战略手段。通过这种策略，企业能够减少直接竞争对手，扩大自身的市场份额，从而提升对市场的控制力，甚至达到一定程度的垄断。这种垄断地位不仅能使企业获得更高的收益，还能进一步增强企业的资金实力、经营能力和整体竞争力。这为企业未来进一步的扩张和其他并购活动打下了坚实的基础。简单来说，从市场优势理论的角度看，并购是企业在应对激烈市场竞争，提升市场地位和增强竞争力方面的一种有效策略。

3. 规模经济理论

规模经济理论着重指出，企业规模的扩大会带来单位产品平均成本的降低。这是因为固定成本可以在更大的产出范围内进行分摊，而变动成本虽然随产出增加，但其增长速度往往低于产出的增速。这种成本结构的调整，使得企业在达到一定生产规模后，能以更低的成本制造出更多的产品，进而在市场上占据优势。通过实施横向并购，企业可以迅速提升生产规模，实现规模经济的效益。这不仅有助于削减单位产品的成本，提升生产效率，同时也能够增强企业的市场竞争力。通过增加市场份额和降低营销费用，可以进一步提高利润。在竞争尤为激烈的行业中，规模经济效益显得更为关键，它使企业在保证产品品质的同时，能通过降低成本和价格策略吸引消费者，从而在市场中取得有利位置。

4. 多元化经营理论

多元化经营理论主张，当企业在某个行业或市场中发展到一定阶段并面临增长瓶颈时，为了降低风险并实现持续增长，可以通过并购来拓展到新的业务领域或市场。这种方式使企业能够利用其在原有领域积累的资源、经验和技术，更快地适应和融入新行业，从而实现业务的横向或纵向扩展。具体来说，多元化可以通过横向并购来扩大市场份额、提升竞争力，或者通过纵向并购来整合产业链、降低成本和提高运营效率。此外，跨界并购也是企业进入全新行业、分散风险并寻找新增长点的有效途径。通过并购，企业能迅速获取新行业的关键资源，缩短市场进入时间，并降低独立开拓的成本。然而，实施多元化战略时，企业必须全面考虑自身能力、市场环境和行业特性，以防范盲目扩张和过度多元化带来的潜在风险。

5. 可持续发展理论

可持续发展理论旨在实现经济、社会和环境三大系统长期和谐共存的发展理念。在满足当前人类发展需求的同时，应致力于保护环境和资源，确保不损害后代人满足其需求的能力。这种理念强调代际公平和可持续发展，以实现人类与自然和谐共生。可持续发展理论认为，经济增长、社会福祉和环境保护三者之间应该是相互促进、相互协调的关系。随着经济快速发展带来的环境污染和生态破坏的出现，发达国家和发展中国家都充分认识到可持续发展的重要性，对保护生态平衡和环境治理有共同的默契。就企业的可持续发展而言，企业追求经济效益固然重要，但不能因只注重短期效益而忽视保护环境和回馈社会。

6.3 并购动因

因不同企业所处的行业、企业性质、企业规模、企业文化等不同，在并购时有相同的动因，也有企业特殊的动因。下面将对企业并购最主要的动因进行分析，并用案例佐证说明，使得并购动因更有说服力。

6.3.1 横向并购

横向并购采用鱼跃医疗并购案例进行研究。

1. 公司简介

鱼跃医疗成立于 1998 年，专注于医疗器械与保健产品的研制、生产和销售。经过近 10 年的发展，在 2007 年它正式更名为江苏鱼跃医疗设备股份有限公司（以下简称"鱼跃医疗"），随后在 2008 年于深圳证券交易所挂牌上市。其业务范围十分广泛，不仅深入家用医疗市场，还涉及医用临床、呼吸供氧设备等多个医疗健康领域，努力为全球的消费者提供全方位的健康保障方案。在鱼跃医疗上市初期，就以家庭保健产品为主打，像制氧机、雾化器和听诊器等，都得到了市场的广泛认可和好评，使其在全国范围内占据了领先的市场份额。公司丰富的产品线，包含 36 个核心品种和大约 225 种不同规格，进一步巩固了其在家庭医疗保健领域的领导地位。随着鱼跃医疗的不断壮大和市场需求的持续增长，其产品线也逐渐扩大，覆盖了医用临床、呼吸供氧、消毒控制、医疗急救、手术及眼科器械等多个重要领域。通过提供多元化的医疗设备和医院消毒感染解决方案，鱼跃医疗正不断满足用户的需求，并为全球医疗健康事业的进步贡献力量。

在鱼跃医疗的发展历程中，其产品线经历了不断的扩展与丰富。2014 年之前，公司主打的还是一、二类医疗器械，那时的产品线并不复杂。但时至今日，随着公司策略的调整和市场需求的演变，鱼跃医疗已成功走向多元化的发展路径。从最新的数据来看，其产品线已广泛涉足家用医疗、医用临床以及医用呼吸和供氧等三大核心系列。这其中包括家庭医疗器械、医疗设备、手术器械以及医院消毒等多个细分门类。更值得一提的是，鱼跃医疗现在已经推出了超过 550 个医疗器械产品品种，每种又有近两万个不同规格，这无疑极大地提升了它的市场竞争力，也彰显了该公司在医疗器械领域的深厚实力和巨大的发展潜力。

鱼跃医疗通过不断地拓展和丰富其产品线，成功地实现了企业内部业务资源的高效整合，并有效地扩大了生产和销售网络，这无疑大幅提升了其产品在市场上的竞争力。多元化的产品布局不仅减弱了因单一产品受市场波动带来的影响，还强化了企业抵御各类风险的能力。鱼跃医疗在稳固一、二类医疗器械领域的主导地位的同时，还成功获取了三类产品中的部分关键技术，这使得公司的整体运营结构更为均衡和完善。此外，其积极的外延式产品线扩展策略也助力企业突破了既往的发展瓶颈，为在医疗器械行业内进行更广泛的资源整合创造了有利条件。

鱼跃医疗的股权相对集中，如图 6-1 所示。在鱼跃医疗的股权分布中，虽然集团与个人股东并存，但江苏鱼跃科技发展有限公司的持股占比最高，显示出其重要地位。而深入探究后我们发现，江苏鱼跃科技发展有限公司的实际掌舵者是吴光明和吴群二人，鱼跃医疗的经营和所有权主要集中在他们手中。这样的股权架构有助于公司决策的快速执行和整体战略目标的达成。

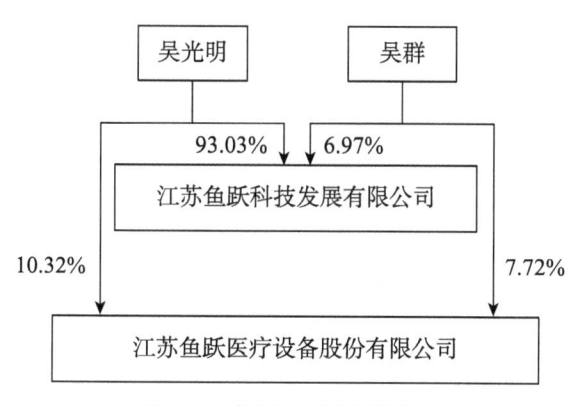

图 6-1 鱼跃医疗股权结构图

2. 并购外部动因

(1) 市场需求与竞争格局的变化

随着医疗健康意识的提高和人口老龄化趋势的加剧,医疗器械市场的需求持续增长。与此同时,国内医疗器械行业的竞争格局也在发生深刻变化。一方面,国际巨头纷纷进入中国市场,加剧了市场竞争;另一方面,国内企业也在加快技术创新和产业升级,力求在市场中占据更有利的位置。在这样的背景下,鱼跃医疗通过连续并购,能够快速响应市场需求的变化,增强自身在竞争中的优势地位。具体来说,并购可以帮助鱼跃医疗快速获取目标公司的市场份额和客户资源,进而扩大自身的市场覆盖范围。同时,通过并购不同领域的企业,鱼跃医疗可以丰富产品线,提升综合服务能力,更好地满足客户的多元化需求。此外,并购还可以帮助鱼跃医疗快速进入新的市场领域,拓展业务范围,实现业务的多元化发展。

(2) 政策环境的支持与引导

近年来,国家对于医疗器械行业的政策支持力度不断加大。政府出台了一系列鼓励企业技术创新、兼并重组的政策措施,为医疗器械行业的健康发展提供了有力保障。在这样的政策环境下,鱼跃医疗通过连续并购,充分利用政策红利,加速企业的转型升级和规模扩张。政策环境的支持不仅体现在资金、税收等方面的优惠措施上,还体现在对行业发展的规划和引导上。政府通过制定行业发展规划和指导意见,明确了医疗器械行业的发展方向和目标。鱼跃医疗通过并购符合政策导向的优质企业,可以更好地顺应行业发展趋势,提升企业的核心竞争力。

(3) 技术进步与创新趋势的推动

医疗器械行业是一个技术密集型行业,技术创新是推动行业发展的核心动力。随着科技的不断进步和创新趋势的推动,医疗器械行业的技术水平不断提高,新产品、新技术层出不穷。为了保持行业领先地位和竞争优势,鱼跃医疗需要不断跟踪和掌握最新的技术动态和创新趋势。通过连续并购,鱼跃医疗可以快速获取目标公司的技术资源和研发能力,进而提升自身的技术水平和创新能力。并购可以帮助鱼跃医疗获取先进的生产技术、管理经验和专利技术等资源,加速企业的技术创新和产业升级。同时,并购还可以促进不同企业之间的技术交流与合作,形成技术创新的协同效应,推动整个行业的进步和发展。

3. 并购内部动因

（1）完善战略布局

鱼跃医疗，这家原本主打家用医疗器械市场的企业，在认识到院用医疗器械市场的巨大潜力和家用市场的局限性后，决定通过并购来迅速切入更广阔的市场。在2018年和2019年，鱼跃医疗相继并购了上海中优医药高科技股份有限公司和苏州六六视觉科技股份有限公司。这两次并购不仅使公司的医用临床业务收入大幅提升，更重要的是，它们成功帮助鱼跃医疗进入院用医疗器械领域，涵盖了手术仪器、院内消毒与感控、急救设备等细分市场。这一系列的并购行动不仅拓展了鱼跃医疗的主营业务范围，更改变了其原有的主营业务结构，使其从单一的家用医疗器械制造商转变为多元化的医疗器械供应商。通过整合被并购企业的产品线，鱼跃医疗现在拥有更加丰富和多样的产品线，这为其带来了规模经济的优势，降低了生产成本，提高了利润空间。这些并购举措为鱼跃医疗的长期稳定发展奠定了坚实的基础，并使其在医疗器械行业的竞争中占据了有利的地位。

（2）追求协同效应

鱼跃医疗进行并购行为的核心驱动力，是追求协同效应，以实现资源的有效整合与共享。这种协同效应具体体现在以下几个方面：在客户协同上，通过并购，鱼跃医疗能够共享并扩大客户资源，提升品牌的市场曝光度；在收入协同上，并购院用医疗器械企业为鱼跃医疗拓宽了收入渠道，提高了市场占有率；在运营效率上，并购使得现金流的利用更高效，收入和成本的管理更均衡，从而提高了整体盈利能力；在数据协同上，通过整合被并购方的研发创新数据，鱼跃医疗的研发创新能力得到了显著提升，同时，获取的行业信息和客户数据也为企业发展战略的制定提供了重要依据。这些协同效应共同推动了鱼跃医疗的持续稳健发展。

（3）拓展国际销售网络

鱼跃医疗在稳固国内市场的同时，也积极拓展海外市场。为了实现这一目标，公司通过并购海外医疗器械企业如 Amsino Medical，引入其顶尖的研发技术、经过市场验证的营销策略，以及海外市场推广的宝贵经验。这些资源的整合不仅增强了鱼跃医疗在全球医疗器械市场中的竞争力，而且推动了其全球化战略的加速实施，助力企业在国际舞台上赢得更多市场份额。

(4) 增强核心竞争力

在我国医疗器械市场规模迅速扩大并成为全球第二大市场的背景下,鱼跃医疗积极抓住国家政策扶持、人们健康意识提升和人口老龄化等带来的行业发展机遇。为了在市场竞争中脱颖而出,鱼跃医疗通过并购上海中优和 Amsino Medical 等公司,显著丰富了产品线,增强了抗风险能力和核心竞争力。特别是并购 Amsino Medical 公司,为鱼跃医疗的国际化战略铺平了道路。而并购行动收购六六视觉,进一步拓展了鱼跃医疗在眼部器械领域的布局,并巩固了其在呼吸制氧器械领域的领先地位。这一系列并购不仅推动了鱼跃医疗业务的多元化发展,也为其长远发展注入了新的活力。

6.3.2 纵向并购

纵向并购采用闻泰科技并购安世半导体进行研究分析。

1. 公司简介

(1) 并购方闻泰科技

闻泰科技(Wingtech Technology Co., Ltd.)成立于 2006 年,总部位于中国上海,是全球领先的半导体及电子产品解决方案供应商。公司初期以手机(Original Design Manufacturer)业务起家,逐步扩展至智能终端和半导体领域,形成覆盖半导体设计、制造及测试的全产业链布局。

闻泰科技在半导体市场的竞争中积极寻求外部扩展机会,以加强其市场地位和技术能力。公司通过并购战略有效地扩展了其业务范围和技术储备,进一步增强了在全球半导体产业链中的竞争力。并购安世半导体正是闻泰科技在其战略布局中的关键一步,目的是通过整合双方的技术和市场资源,提升公司的核心竞争力和市场影响力。此次并购不仅标志着闻泰科技在全球半导体行业中的进一步发展,也显示出中国半导体企业在国际舞台上采取更为积极主动的扩张策略。通过并购安世半导体,闻泰科技不仅能够获得先进的半导体技术,还能进一步扩大其在欧洲和北美市场的业务覆盖,加速其全球化进程。这一战略举措有助于公司在高端半导体市场中获得更大的话语权,同时增强其在国际竞争中的持续发展能力。

(2) 被并购方安世半导体

安世半导体（Nexperia）是全球领先的半导体企业之一，专注于半导体器件的设计、制造与销售。其产品主要包括二极管、晶体管、逻辑器件等，并在汽车电子、工业控制、通信设备等多个领域拥有广泛的应用。作为一个具有深厚历史背景的企业，安世半导体在全球半导体行业中地位不可忽视，其产品的可靠性和技术先进性为企业赢得了广泛的市场认可。

在技术创新方面，安世半导体拥有强大的研发能力，其研发团队由国际上多名顶尖的半导体工程师组成。经济效益方面，安世半导体展现出强劲的财务表现。通过优化供应链管理和扩展全球市场，公司能够有效控制成本并提高盈利能力。市场地位方面，安世半导体凭借其在关键技术领域的领先地位，以及广泛的客户基础和强大的销售网络，稳固并逐渐扩大其市场份额。

2. 并购动因

(1) 产业延伸获取先进技术，突破盈利局限

并购安世半导体对闻泰科技而言，不仅是产业链纵向拓展的关键一步，更是获取先进技术、突破盈利局限的重要战略举措。作为全球最大的智能手机ODM 企业之一，闻泰科技的业务一直围绕手机设计和制造。然而，随着全球智能手机市场的饱和和利润率的下滑，闻泰科技面临着寻求新的增长点和提升盈利能力的迫切需求。

安世半导体拥有大约 60 年的行业经验，不仅在全球 IDM 标准器件领域占据着领先地位，还在模拟半导体、功率半导体等关键技术领域具有强大的研发和生产能力。通过并购安世半导体，闻泰科技能够直接融入半导体核心技术的研发和制造中，这不仅能够显著提升其在半导体领域的技术实力和市场竞争力，也为其在高端制造领域的深度参与和长远发展奠定了坚实的基础。

通过整合安世半导体的资源，闻泰科技能够实现产品线的多元化，拓宽盈利渠道。安世半导体在 5G、智能汽车、物联网等高增长领域的技术积累和市场布局，为闻泰科技提供了进入这些领域的直接通道和强有力的技术支持。这不仅有助于闻泰科技突破原有的盈利局限，探索更多的盈利模式，也能够让其在全球半导体产业链中占据更加重要的位置，从而在未来市场竞争中获得更大的话语权。

(2) 产业扩张增加市场份额，优化客户资源

通过并购在二极管、逻辑器件和 MOSFET 等核心半导体领域占据显著市场份额的安世半导体，闻泰科技能够显著扩大其在全球半导体市场的影响力，增强市场地位并通过扩展产品和服务范围直接提升市场份额，意味着能够获取更多的营业收入，进一步增强市场竞争力。并购安世半导体带来的广泛全球客户基础，特别是在 5G 移动通信、智能汽车、物联网等快速增长领域，为闻泰科技提供了直接获取高价值客户资源的机会，优化客户组合，增强公司在这些快速增长市场的渗透和扩展能力，提供跨入更高技术门槛领域的机遇，从而增强公司的综合竞争力和市场影响力。同时，安世半导体在 5G、智能汽车和物联网等领域的技术积累和市场布局成为闻泰科技探索新增长点的宝贵资产，预计这些领域将在未来几年内经历快速增长，闻泰科技通过并购不仅能立即获得这些领域的技术和产品，还能利用安世半导体的研发能力加速技术创新和产品开发，抓住市场增长的机会。

(3) 通过协同效应实现资源互补

并购安世半导体，对于闻泰科技来说，是一个深思熟虑的战略决策，目的在于通过协同效应实现资源的互补，这是并购的核心动因之一。闻泰科技作为全球领先的智能手机 ODM 制造商，拥有强大的生产能力和广泛的市场渠道。而安世半导体作为在全球半导体行业中拥有深厚技术积累和市场地位的企业，其在模拟半导体、功率半导体等关键技术领域以及丰富的标准产品线方面具有明显优势。

闻泰科技将其 ODM 制造能力和智能手机市场渠道与安世半导体的先进技术及产品线相结合，不仅可以显著增强产品的市场竞争力，提供更全面的解决方案，还能更好地满足市场的多元化需求，这种资源互补及协同效应的实现，能够为闻泰科技带来更广泛的市场覆盖范围。同时，也为安世半导体提供更大的生产和销售平台，从而共同探索和占领更广阔的市场空间。此外，该并购还能够促进技术交流与创新，通过整合双方的研发资源，加速新技术的研发和应用，特别是在快速发展的 5G、物联网和智能汽车等前沿科技领域。不仅能够提升闻泰科技在全球半导体及智能终端市场中的竞争优势，也有助于推动整个产业的技术进步和发展。

(4) 通过并购产业进行全球化战略的部署

闻泰科技并购安世半导体标志着其全球化战略布局已经开始实施。在全球

经济一体化的大背景下,这一战略举措彰显了闻泰科技对半导体行业内力量的重大整合,也优化了其在全球的供应链、生产及销售网络。通过这次并购,闻泰科技显著增强了在全球半导体领域的技术储备与市场份额,并获得了安世半导体在关键全球区域,包括成熟市场如北美、欧洲及快速增长的新兴市场,亚洲某些国家的生产和销售网络。使得闻泰科技能够灵活应对全球市场变化,快速满足客户需求,还大幅提升了其全球竞争力。特别是在5G、智能汽车、物联网等新兴技术领域,安世半导体的技术实力与市场布局将极大助力闻泰科技实现技术突破和市场扩展。此外,全球化战略还带来关键技术获取和人才引进的优势,让闻泰科技能够更广泛接触全球技术资源和研发人才,借助安世半导体全球的研发中心和生产基地加速技术创新和产品迭代,从而在国际竞争中保持领先地位,具有深远的战略意义。

6.3.3 混合并购

纵向并购采用中国天楹绿色并购案例进行研究。

1. 公司简介

(1) 中国天楹

中国天楹股份有限公司(股票代码:000035)是一家大型国际化上市公司,主要从事智慧环境服务、再生资源回收利用以及零碳环保新能源相关业务。该公司的业务范围涵盖智慧环境服务、垃圾焚烧发电、新能源发电、区域能源中心、氢能中心、循环经济产业的投资、建设和运营。在废弃物处理领域,公司致力于餐厨垃圾、危险废物、建筑垃圾等废弃物的减量化、资源化和无害化处理。此外,公司也专注于环保技术装备和储能技术装备的研究、开发和制造。

在以绿色发展引领高质量发展的政策驱动下,致力于实现绿色发展方式的转型,以提高企业改善生态、减少污染的能力。大力推动绿色发展,但是从全球环保行业企业的发展水平来看,中国天楹与国际环保行业企业之间存在一定的差距。不仅仅是缺少先进的绿色技术,还缺乏成熟完善的绿色发展理念和绿色发展文化。中国天楹要想其业务的产业链升级转型,并走向国际市场,就必须寻找渠道来引入先进的绿色技术。

(2) Urbaser

Urbaser 公司 1990 年成立于西班牙,是西班牙建筑企业 ACS 麾下的一个全资子公司。Urbaser 在固废处理方面全球领先,是一家具有领头地位的综合性环保服务公司。其业务遍及全球 20 多个国家和地区,主要由城市综合服务(包括垃圾收集及相关服务)、水管理业务、垃圾处置服务(含城市垃圾处理业务)和工业垃圾处理业务构成。Urbaser 曾经是全球环保领域的权威,不仅拥有完善的管理理念还有中国天楹急迫需要的环保技术。Urbaser 公司的业务规模拓展到了欧洲多个国家,并且信誉良好,主要业务是依靠政府订单,为城市提供环境服务,收款能力稳定,营收较好。Urbaser 公司拥有中国天楹急需的先进完整的垃圾处理技术和工艺及全产业链成熟的整体解决能力。从业务范围来看,西班牙、阿根廷、智利和法国的交易量非常稳定,利润可持续。因此 Urbaser 作为并购标的企业是一个不错的战略选择。

2. 并购外部动因

(1) 行业发展机遇

工业化和城市化进程对环境保护构成了严峻挑战。与此同时,国家对环保议题的重视度日益提升。自从 2014 年通过的《中华人民共和国环境保护法》将环境保护确立为基本国策以来,一系列全面的环保法规相继颁布,涉及环保的各个细分领域。这些法规的完善使得环保行业市场逐步走向规范化和标准化。

(2) 产业发展需求

随着垃圾分类政策的实施,城市和乡村都显现出了大规模的市场需求。在市场需求的驱动下,产业链正从单纯的废弃物处理向涵盖全面环境管理的上游环节延伸。整合末端垃圾处理与前端分类、收集、投放环节,能有效提升资源回收利用率,推动垃圾处理走向无害化、减量化和资源化,有助于满足环保法规要求,同时也更适应社会发展潮流。

(3) 国家政策层面

中国天楹属于环保产业中的固废处理行业,"十二五"规划提出推动固废处理无害化、减量化、资源化的目标。从 2015 年开始,国家颁布了一系列环保政策,以加强监管和提高环境标准。如《中共中央 国务院关于加快推进生态文明建设的意见》《中华人民共和国国民经济和社会发展第十三个五年规划纲要》等。同时,随着生态文明建设步伐的加快推进,垃圾分类开始受到重视。《中共中央 国务院关于进一步加强城市规划建设管理工作的若干意见》《关于推进再生资源回收行业转型升级的意见》等政策的颁布，要求加强垃圾综合治理，通过分类投放收集、综合循环利用，促进垃圾减量化、资源化、无害化。

3. 并购内部动因

（1）获取先进技术

对中国天楹而言，洞察行业发展的动态是其强项，从2015年开始，中国天楹转变发展目标，即打造垃圾处理全产业链，使公司成为环境综合服务商。由于我国环保行业发展起步比西方国家晚，许多技术相比欧美国家依然处于落后状态，发起海外并购有助于我国企业获取欧美国家先进的技术。

（2）布局全产业链

中国天楹当前的战略重点在于推动业务多元化，扩大市场版图，为公司的下一阶段发展奠定基础。同时，中国天楹致力于在固废管理的全产业链上拓展，使其业务更符合市场需求和政策导向。通过跨国并购 Urbaser，中国天楹得以汇集城市废弃物管理和环境服务的尖端技术，显著扩大业务范畴，实现业务模式的创新融合，这将全面渗透并整合双方的各个业务板块，充分发挥协同整合效应，最终完成固废管理全产业布局。

6.4 并购路径

6.4.1 横向并购路径

2018—2022年，鱼跃医疗为了应对医疗器械行业的激烈竞争并寻求业务上的新突破，决定采用并购这一策略来迅速扩大企业规模并优化其战略布局。在此之前，鱼跃医疗的业务重心主要在家用医疗器械领域，并已在该领域取得了领先地位。然而，考虑到院用医疗器械市场所带来的更高利润潜力和更广泛的市场机会，公司意识到必须拓展新的业务领域以提升其市场竞争力。由于医疗器械行业的研发周期较长，且在短期内难以实现显著的效益，再加上鱼跃医疗在家用医疗器械领域已达到一定的成熟度，因此公司选择了通过并购来快速进入院用医疗器械市场，以期找到新的增长点。正因如此，鱼跃医疗在2018—

2022年进行了多次并购活动,这不仅完善了其战略布局,还有效地提升了公司在市场上的竞争力,为其持续稳健的发展奠定了坚实基础。

目前鱼跃医疗发展良好,可以看出其连续并购行为是基于企业长足发展的目标。表6-1是鱼跃医疗2018—2022年比较典型的并购事件统计表。

表6-1 鱼跃医疗2018—2022年并购事件表

年份	交易标的	股权比例	交易金额	主要业务	公告日期
2018	上海中优医药高科技股份有限公司	38.40%	5.4亿元人民币	医用清洁消毒及个人护理类产品	2018.05.10
2018	Amsino Medical公司	4.00%	500万美元	感染控制和抗菌涂层为核心技术的一次性医疗器械	2018.09.20
2019	苏州六六视觉科技股份有限公司	95.95%	3742万元人民币	裂隙灯显微镜、手术显微镜、眼科显微手术器械、眼科电子诊疗器械、眼科激光医疗仪等	2019.10.31
2021	浙江凯立特医疗器械有限公司	50.99%	3.66亿元人民币	医疗器械研发;医疗器械生产,包括Ⅱ类和Ⅲ类医疗器械;销售自产产品。此外,该公司还涉及生物基材料技术研发、半导体分立器件销售、电子元器件制造、集成电路芯片及产品销售等业务	2021.05.10

数据来源:鱼跃医疗年报统计

如表6-1所示,鱼跃医疗自2018年5月10日,公司积极开展并购活动,以5.4亿元人民币成功并购了上海中优医药高科技股份有限公司,进一步巩固了其在医院渠道和院用消毒产品市场的地位。2018年9月20日,并购完成不到半年时间,鱼跃医疗又将目光投向海外市场,以500万美元并购海外企业Amsino Medical公司,获得了海外技术的支持,同时为其海外业务的进一步布局奠定了基础。2019年10月31日,鱼跃医疗继续拓展其在医疗器械领域的业务范围,以 3742 万元人民币并购苏州六六视觉科技股份有限公司,从而快速进入眼部医疗器械细分领域。2021 年 5 月 10 日,以 3.66 亿元人民币并购浙江凯立特医疗器械有限公司开拓器械市场。总体来说,鱼跃医疗通过外延式并购的方式,不断拓展其在医疗器械领域的业务范围,提高自身竞争力,为公司的持续发展奠定了坚实的基础。

6.4.2 纵向并购路径

闻泰科技并购安世半导体的背景根植于对行业趋势的深刻洞察以及对未来发展战略的明确规划。

闻泰科技并购安世半导体的并购方式及过程如表 6-2 所示。

表 6-2 闻泰科技并购安世半导体过程

项目	时间	事项
第一阶段	2018.04	闻泰科技公布以 114.35 亿元人民币的成交价格成功受让了安世半导体的部分投资份额。此阶段闻泰科技间接持有安世半导体 33.66% 的股份
第二阶段	2019.03	2019 年 3 月拟通过发行股份和支付现金的方式收购 9 名股东持有的安世半导体权益。该阶段闻泰科技将间接持有安世半导体 74.46% 的股份
第三阶段	2020.09	2020 年 9 月闻泰科技以股份支付及现金支付相结合的方式,合计持有安世集团 98.23% 的股份,接着以 3.66 亿元收购安世集团剩余 1.77% 的股权,完成了对安世半导体的 100% 控制

数据来源:闻泰科技并购公告

在全球半导体市场经历技术革新和需求扩展的关键时期,尤其是随着 5G、物联网(IOT)、智能汽车及高性能计算等前沿技术的迅猛发展,对于高性能和高集成度半导体的需求急剧上升,推动了半导体行业的新一轮增长潮,同时也提升了行业内的竞争强度。作为全球领先的智能手机 ODM 厂商,闻泰科技面临着市场饱和与技术升级的双重挑战,迫切需要通过并购来实现产业链的上下游扩展,提高自身在全球供应链中的竞争力和话语权,掌握更多核心技术,从而开拓新的增长领域,增加产品的附加值,实现公司业务的多元化和可持续发展。在这样的背景下,安世半导体以其在全球半导体行业的领先地位,尤其是在模拟半导体、功率半导体等关键领域的深厚技术积累，成为闻泰科技的理想并购对象。安世半导体能够为闻泰科技带来技术和产品线上的互补，其广泛的全球市场网络和稳固的客户基础也能够助力闻泰科技迅速扩大市场份额，进一步增强公司的市场竞争力。通过这次战略性并购，闻泰科技旨在深化其在全球半导体产业的布局，抓住行业增长的新机遇，提升企业综合实力，以更加坚实的步伐迈向长期的业务增长和技术创新。

6.4.3 混合并购路径

在国家政策的号召下，中国天楹于 2015 年便开始寻找合适的并购企业，试图通过并购的方式引入绿色先进技术和相关人才，吸收先进的绿色管理理念，以推动企业的发展。

中国天楹公司的并购历程如表 6-3 所示。

表 6-3 中国天楹并购主要事件时间表

时间	事件
2016 年 5 月	发起合作投资设立并购投资基金
2016 年 6 月	中国天楹成立华禹并购投资基金
2016 年 9 月	江苏德展认购 Urbaser 公司全部股权
2016 年 12 月	江苏德展完成 Urbaser 公司并购
2017 年 1 月	筹划债权属性资金退出
2017 年 8 月	中国天楹股票停牌
2017 年 11 月	华禹并购基金拆除结构化
2017 年 12 月	中国天楹退出华禹并购基金，公告并购重组方案
2018 年 7 月	通过正式并购重组方案
2018 年 11 月	中国天楹购买江苏德展
2019 年 1 月	江苏德展完成股权变更，中国天楹成功持有 Urbaser 公司

数据来源：根据中国天楹公告整理

如表 6-3 所示。在经历了收购德国可再生能源企业 EEW 公司失败之后，中国天楹将目光转向了 Urbaser。2016 年 3 月，Urbaser 母公司 ACS 因为自身债务的压力较大，为了缓解公司的债务并优化企业资产结构，ACS 拟订计划将全资子公司 Urbaser 全部股权出售，最终中国天楹中标，开始实施跨国并购。

6.5 并购绩效

6.5.1 横向并购绩效

1. 财务绩效

运用财务指标法对鱼跃医疗 2015—2022 年的财务数据进行深入分析，可以清晰地看到公司在并购前后的财务状况变化轨迹。这种方法的优势非常明显：首先，它非常全面，能够细致地考察公司的盈利能力、偿债能力、营运效率以及发展能力等多个重要财务维度，从而为公司整体的财务健康状况提供全面的诊断。其次，由于分析的时间范围广泛，覆盖了长达八年的财务数据，这使得分析结果更具连续性和趋势性，能够更准确地捕捉到公司财务绩效的动态演变。这样的分析不仅为管理层提供了深入且全面的决策支持，也为评价鱼跃医疗的并购效果及其长期财务表现提供了坚实的数据基础。

（1）盈利能力分析

盈利能力描述的是企业在经营活动中获取经济收益的能力，它显示了企业如何有效地利用资源转化为收益。简言之，就是企业实现资金增值，并为所有者和投资者创造价值的能力。这种能力常通过销售利润率等财务指标来衡量。本书在分析中选取销售利润率、总资产净利率、权益净利率三个指标进行分析。具体指标的变动情况如表 6-4 所示。

表 6-4　2015—2022 年鱼跃医疗盈利能力分析

项目	2015 年	2016 年	2017 年	2018 年	2019 年	2020 年	2021 年	2022 年
销售利润率（%）	19.38	21.68	20.34	20.22	18.64	30.01	24.68	25.94
总资产净利率（%）	12.53	8.64	9.47	10.86	9.56	17.45	14.71	10.42
权益净利率（%）	17.20	10.17	11.26	13.54	12.37	23.44	20.94	15.62

数据来源：鱼跃医疗年报

从表 6-4 可以看出，销售利润率在 2015—2016 年有显著提升，表明企业在该时期采取了一些有效的销售策略或产品优化措施。随后，销售利润率在

2017—2019年呈现下滑趋势，但在2020年又急剧回升，这可能是企业进行了重大的市场调整或引入了新的产品线。尽管之后几年有所下滑，但销售利润率仍保持在相对较高的水平，说明企业的销售能力仍然强劲。

总资产净利率在2015—2016年出现了显著的下降，这可能反映了企业在资产配置或管理方面的挑战。从2017年开始，该指标逐渐上升，并在2020年达到高峰，表明企业逐渐提高了资产的使用效率和盈利能力。然而，从2021年开始，总资产净利率再次下降，这可能意味着企业需要进一步优化其资产组合和管理策略。

权益净利率在2015—2016年出现了大幅下降，这可能表明企业在利用股东权益创造盈利方面遇到了困难。但从2017年开始，这一指标开始回升，并在2020年达到高点，显示了企业在提高股东权益盈利能力方面的努力取得了显著成效。然而，之后的几年里，权益净利率有所下滑，但仍保持在较高水平，这意味着企业需要持续关注并优化其权益结构，以维持和提高这一关键盈利指标。总的来说，企业在盈利能力方面经历了起伏，但也表现出了一定的恢复和增长趋势。为了进一步提升盈利能力，企业需要持续评估其销售策略、资产管理和权益结构，并作出相应的调整和优化。同时，企业还应密切关注市场动态和竞争态势，以保持其盈利能力的持续增长。

（2）偿债能力分析

偿债能力是企业按时偿还其债务的能力。它主要评估了债务主体是否有足够的资源或能力来履行其金融承诺，即按时支付本金和利息。本书在分析中选取流动比率、速动比率、资产负债率三个指标进行分析，如表6-5所示。

表6-5　2015—2022年鱼跃医疗偿债能力分析

项目	2015年	2016年	2017年	2018年	2019年	2020年	2021年	2022年
流动比率	2.61	7.26	4.98	3.44	2.64	2.29	3.75	3.10
速动比率	2.04	6.63	4.23	2.86	2.05	1.87	3.06	2.63
资产负债率（%）	27.13	15.13	15.96	19.78	22.71	25.54	29.74	33.36

数据来源：鱼跃医疗年报

流动比率是流动资产与流动负债的比率，用于衡量企业在短期内偿还债务的能力。一般来说，流动比率大于2被认为是安全的，表示企业有足够的流动资产来偿还短期债务。从表6-5中可以看出，企业的流动比率在2015年较高，但随后几年波动较大。2016年达到高点，但随后逐年下降。这表明企业在短期偿债能力方面表现较好，但波动较大，需要关注其稳定性和可持续性。

速动比率是速动资产与流动负债的比率，用于衡量企业在剔除存货等不易变现资产后，短期内偿还债务的能力。一般来说，速动比率大于1被认为是安全的。从表6-5中可以看出，企业的速动比率在2015—2016年呈上升趋势，随后逐年下降。尽管速动比率整体呈下降趋势，但仍大于1，说明企业在剔除存货后，短期偿债能力相对较好。资产负债率是企业负债总额与资产总额的比率，用于衡量企业的长期偿债能力。资产负债率越高，表示企业的负债压力越大，长期偿债能力越弱。

从表6-5中可以看出，从2015年到2022年企业的资产负债率逐年上升。这表明企业的负债压力逐渐增大，长期偿债能力逐渐减弱。企业需要关注其负债结构，优化债务管理，以降低资产负债率，提高长期偿债能力。综上所述，企业在短期偿债能力方面表现较好，但波动较大，需要关注其稳定性和可持续性。同时，企业的长期偿债能力逐渐减弱，需要优化债务管理以降低资产负债率。

（3）营运能力分析

营运能力是企业能够有效地运营和管理它的业务资源，以提高企业绩效，从而实现更大的经济效益的能力。本节在分析中选取总资产周转率、存货周转率两个指标进行分析。（表6-6）

表6-6　2015—2022年鱼跃医疗营运能力分析

项目	2015年	2016年	2017年	2018年	2019年	2020年	2021年	2022年
总资产周转率（次）	0.83	0.60	0.57	0.62	0.62	0.75	0.63	0.52
存货周转率（次）	3.59	4.11	4.20	3.91	3.39	3.36	3.19	2.65

数据来源：鱼跃医疗年报

通过表6-6可以发现，从2015年到2022年，总资产周转率呈现出一定的波动。2015年的总资产周转率最高，表明公司在那一年里能够有效地利用其资产来产生销售收入。然而，从2016年开始，总资产周转率开始下降，并在2022年达到最低点。这表明公司在随后的几年中，资产利用效率有所下降。尽管在2018年和2019年有所回升，但在2020—2022年再次下降，这显示出公司在资产管理方面可能面临一些挑战，须进一步提高资产利用效率。

从表 6-6 来看，存货周转率在 2015—2022 年呈现出持续下降的趋势。2017 年的存货周转率最高，意味着公司在那一年里能够较快地将存货转化为销售收入。然而，从 2016 年开始，存货周转率逐年下降，这表明公司在存货管理方面的效率逐渐降低，可能需要加强存货控制和销售策略，以提高存货周转率。从这些数据中可以看出，并购后的几年中营运能力呈现出一定的下降趋势。总资产周转率和存货周转率的降低表明公司在资产管理和存货控制方面可能存在问题。为了提高营运能力，公司需要关注资产利用效率，优化存货管理策略，并加强销售策略的制定和执行。这将有助于提升公司的整体运营效率和盈利能力。

（4）发展能力分析

发展能力是指企业在未来一段时间内，通过内外部资源的有效整合和利用，实现持续、稳定、健康增长的能力和潜力。本节在分析中选取营业收入增长率、净利润增长率两个指标进行分析。（表 6-7）

表 6-7　2015—2022 年鱼跃医疗发展能力分析

项目	2015 年	2016 年	2017 年	2018 年	2019 年	2020 年	2021 年	2022 年
营业收入增长率（%）	35.09	25.50	34.14	18.12	10.82	45.08	2.51	3.01
净利润增长率（%）	23.09	36.67	25.22	19.66	1.42	130.65	-15.52	5.97

数据来源：鱼跃医疗年报

通过表 6-7 可以发现鱼跃医疗在 2015—2018 年，公司营业收入增长率呈现逐渐下滑的趋势，这可能是由于市场趋于饱和、竞争加剧或者公司自身的战略调整所致。2019—2021 年，营业收入增长率进一步放缓，甚至在 2021 年仅增长 2.51%。这可能表明公司面临更严峻的市场环境，需要寻求新的增长点。2022 年，营业收入增长率略有回升，为 3.01%，可能表明公司正在积极应对市场挑战，通过创新、扩张或其他策略努力提升收入。

2015—2017 年的净利润增长率保持较高水平，这反映了公司在这一时期内通过优化成本结构、提高运营效率等方式实现了盈利能力的提升。2018—2020 年，受市场环境、成本控制难度加大以及经营策略调整等因素影响，净利润增长率出现下滑。值得注意的是，2020 年净利润增长率出现显著增长，这可能是由于公司采取了重大措施改善盈利状况，如出售非核心资产、优化业务结构等。然而，2021年净利润增长率出现负值，表明公司当年可能遭受了严重的财务损失。2022年，净利润增长率有所恢复，表明公司正在逐步走出困境，通过调整战略、优化运营等方式努力改善财务状况。综上所述，公司在过去几年的发展过程中面临了较大的挑战，营业收入和净利润增长率均呈现下滑趋势。然而，公司正在积极应对市场变化，通过调整战略、优化运营等方式努力改善财务状况。未来，公司需要继续关注市场动态，加强内部管理，寻求新的增长点，以实现可持续发展。

根据以上长期财务指标的分析，鱼跃医疗的连续并购绩效表现良好。公司在盈利能力、偿债能力、运营效率和发展能力等方面均表现出色，这为公司的长期高质量发展奠定了坚实基础。同时，公司的连续并购行为也为其在医疗器械行业中的领先地位提供了有力支撑。

2. 非财务绩效

（1）研发创新

在医疗器械行业中，研发创新是推动企业发展和提升市场竞争力的核心要素。通过研发创新，企业能够开发出更先进的技术产品，巩固和拓展市场份额，为企业的长远发展奠定坚实基础。然而，企业在进行研发创新时，也须根据自身实际情况和市场需求进行合理投入，避免过度研发带来的资金和运营压力。因此，如何在研发创新与经营稳定性之间找到平衡点，是医疗器械企业需要认真考虑的问题。（图6-2）

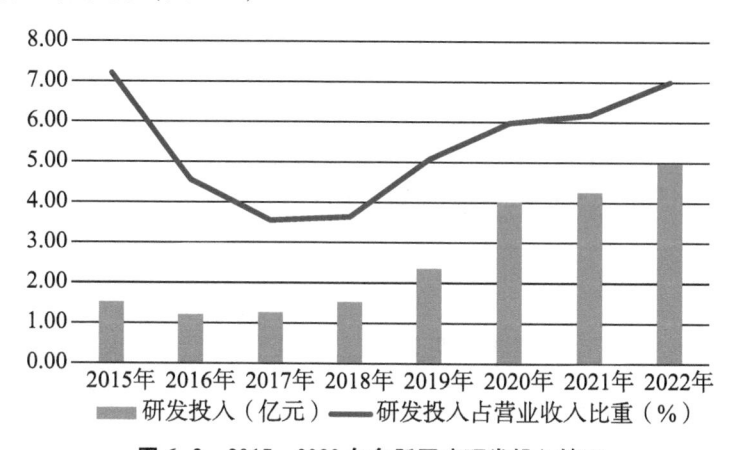

图6-2 2015—2022年鱼跃医疗研发投入情况

数据来源：鱼跃医疗年报统计

通过图6-2可以发现，鱼跃医疗并购前2015—2017年的研发投入在下降，占营业收入的比重也在持续下降，而2018—2022年并购后研发投入处于持续增加的趋势，占营业收入的比重也在持续增加。鱼跃医疗在研发与创新方面展现出了强大的实力与战略眼光。随着技术的不断进步和市场需求的持续变化，鱼跃医疗应继续加大研发投入，提升自主创新能力，以满足更多用户的需求，并持续推动国内医疗器械行业的进步与发展。

（2）人才结构

人力资源在企业成长中扮演着举足轻重的角色，合理的人才架构对于形成独特的企业文化、确保企业持续稳健发展以及塑造竞争优势都至关重要。对于鱼跃医疗而言，在连续的并购活动中，它不仅注重业务拓展，还非常关注人才结构的优化。通过分析员工队伍的专业构成和教育背景，可以清晰地看到鱼跃医疗在并购过程中是否成功地调整了其人力资源配置。这种优化不仅提高了企业履行各项职责的效率，还为其长期发展注入了新的活力。因此，对人员结构和受教育程度的深入研究，成为评估鱼跃医疗并购策略是否明智、是否有助于企业长远发展的一个重要视角。（表6-8）

表6-8　2018—2022年鱼跃医疗员工专业构成　　　　　　　单位：人

项目	2015年	2016年	2017年	2018年	2019年	2020年	2021年	2022年
生产人员	2148	2117	2504	2664	2538	2496	2804	2664
销售人员	719	644	808	833	841	953	1311	1482
技术人员	495	491	514	539	901	956	1195	1137
财务人员	127	71	172	191	137	157	176	178
行政人员	458	528	859	643	588	963	954	901
合计	3947	3851	4857	4870	5005	5525	6440	6362

数据来源：鱼跃医疗年报统计

鱼跃医疗的员工专业结构（见表6-8），在鱼跃医疗的人员构成中，技术人员数量在2015—2018年呈下降趋势，而进行连续并购的过程中技术人员数量逐年增长，技术人员从2018年的539人增长了两倍多，到2022年技术人员已经有1137人。鱼跃医疗公司增强了对高技术人才增量的重视程度。这意味着，鱼跃医疗在扩展其业务规模的同时，也意识到了人才是其持续发展的关键

因素，尤其是那些拥有高技术能力的人才。这样的关注反映了鱼跃医疗对于技术创新和长期竞争力的重视。（表6-9）

表6-9　2018—2022年鱼跃医疗员工受教育程度　　　　　　单位：人

项目	2015年	2016年	2017年	2018年	2019年	2020年	2021年	2022年
本科及以上学历	574	657	855	988	1113	1402	1945	2016
大专	788	769	979	1008	1116	1329	1616	1616
大专以下	2585	2425	3023	2874	2776	2794	2879	2730

数据来源：鱼跃医疗年报统计

根据表6-9可发现，通过连续的并购活动，鱼跃医疗不仅实现了企业规模的快速扩张，还在人力资源层面进行了显著的优化和提升。公司逐渐减少了大专以下学历员工的比例，同时大力增加了大专以上学历的员工，特别是本科及以上学历的员工数量在短短几年内实现了超过两倍的增长，从2018年的988人增长到2022年的2016人，这一转变凸显出鱼跃医疗对高素质人才的渴求和投入。为了进一步提升员工的职业素养和工作能力，鱼跃医疗根据公司的发展战略，推出包括入职培训、专业技能提升、领导力培养等在内的全方位培训计划。这些举措极大地提高了员工的专业技能和综合素质，同时也激发了他们的工作潜力和热情。综上所述，鱼跃医疗通过并购和人力资源的优化配置，不仅优化了员工结构，还提升了整个团队的素质，为公司的持续发展和行业领先地位的巩固奠定了坚实的基础。

6.5.2　纵向并购绩效

1. 财务绩效分析

（1）盈利能力分析

盈利能力是一定时期内企业在生产经营活动中创造净收益的能力，是企业生存和发展的基础，也是投资者评估企业价值的重要依据。良好的盈利能力，能让企业的资本总额呈上升趋势，不仅可保持稳定的现金流，还容易得到市场认可、获得投资，进而降低债务成本。下文将直观分析闻泰科技并购案前中后各期的盈利能力。

闻泰科技 2017—2022 年盈利水平的主要财务指标如表 6-10 所示。

表 6-10　2017—2022 年闻泰科技盈利能力指标分析表　　　　单位：%

项目	2017 年	2018 年	2019 年	2020 年	2021 年	2022 年
毛利率	8.98%	9.06%	10.32%	15.21%	16.17%	18.16%
净利率	1.98%	0.42%	3.32%	4.76%	4.77%	2.34%
净资产收益率	7.63%	1.95%	10.97%	9.74%	7.90%	3.82%
总资产收益率	2.81%	0.52%	3.36%	3.93%	3.79%	1.82%

数据来源：东方财富 Choice 数据

如表 6-10 所示，从毛利率来看，2018 年毛利率为 9.06%，这与 2018 年市场萧条，整个行业面临着较大的压力，对企业的业绩影响较大有关系。2019 年，闻泰科技完成了并购，其毛利率呈现出增长的趋势。2019 年后毛利率稳步上升，从 2019 年的 10.32% 增长至 2022 年的 18.16%，增长了 7.84%。毛利率稳步增长是由于并购增强了市场竞争力。安世半导体作为半导体测试行业的领先企业，具有先进的技术和丰富的经验，通过并购安世半导体，闻泰科技得到了技术方面的支持，能够提供更优质的产品和服务。同时闻泰科技的市场份额也得到了扩大，市场占有率的增加，导致收入增加。

从净利率来看，随着并购比例有所增加，净利率稳定增长。2018 年，闻泰科技的净利率为 0.42%。并购后的几年时间里，闻泰科技积极调整业务结构、研发产品，整合安世半导体的客户资源。因此，2021 年闻泰科技的净利率达到了 4.77%。这还与当年闻泰科技陆续推出系列新产品有关。但是 2022 年，受疫情影响闻泰科技的净利率呈现出下降的趋势。在国家推行 5G 以及智能终端产业集中化发展的大环境下，企业的 ODM 以及半导体产品销售量并没有受到影响，仍保持着较高的净利率，这能够从侧面说明并购有利于闻泰科技发展。

从净资产收益率来看，近六年来，闻泰科技的净资产收益率变化幅度较大。2017 年闻泰科技的该值为 7.63%；到了 2018 年由于原材料上涨、关税挤压公司净利润，因而公司的净资产收益率显著下降，降至 1.95%。伴随着闻泰科技持续推进并购工作，成功并购安世半导体后，企业的净利润表现趋好。2019 年，该值又上升至 10.97%。2020—2022 年，受疫情影响闻泰科技的净资产收益率呈现出下降的趋势。综上，在当时行业发展趋势较差的大环境下，闻泰科技通过并购得以回升盈利，整体处于上游状态。换言之，闻泰科技通过并购改善了盈利能力偏低的现象，这是驱动企业并购的动因。

从总资产收益率来看，并购前（即2018年6月前），企业的经营状况差强人意，该值也呈现出显著的下跌趋势。进一步分析认为这是由于当时行业景气度偏低，企业生产经营所需原材料成本上涨，在一定程度上压缩了企业的利润。直到2019年闻泰科技获得安世半导体绝大多数控制权后，闻泰科技的这一现象才得以缓解。综上数据表明，近年来闻泰科技持续提高盈利能力。但是需要注意的是2020年至2022年，闻泰科技受疫情影响，企业的该项指标在数值方面呈现出下降的趋势。

（2）营运能力分析

通过企业营运的资产效率与效益来分析企业营运能力。一般认为企业的资产周转率、周转速度等指标共同决定了企业的营运资产效率。通过计算企业的产出量、资产占用量即可计算出企业的营运资产效益。闻泰科技2017—2022年营运能力主要财务指标如表6-11所示，下面将对各指标展开具体分析。

表6-11 2017—2022年闻泰科营运能力指标分析表

项目	2017年	2018年	2019年	2020年	2021年	2022年
存货周转率（次）	3.98	6.55	10.21	7.01	6.73	5.79
应收账款周转率（次）	6.25	4.47	4.35	5.06	6.71	6.61
总资产周转率（次）	1.42	1.24	1.01	0.83	0.80	0.78

数据来源：东方财富Choice数据

从存货周转率来看，2018年有所提高。并购前闻泰科技的存货周转率整体保持良好的趋势，该指标在合并财务报表后仍呈现出显著的增长空间。闻泰科技基于"以销定产"的模式，及时响应市场因素，有效缩短生产周期，能够总体把关存货数量。2019年闻泰科技并购安世半导体，闻泰科技的存货周转率整体达到10.21。2020—2022年，闻泰科技的存货周转率相较以往有所下降，推测这可能与企业致力于半导体业务，延长产业链，增加生产环节，因而企业生产产品的周期也延长，继而降低企业的存货周转率。

从应收账款周转率来看，闻泰科技的应收账款周转率呈现先下降再上升的趋势，闻泰科技在2018年和2019年应收账款周转率的下降是因为其老客户华为、联想年末的业务大幅增长，新增了 OPPO、LG 等客户，采用赊销方式，回款速度慢。但 2020 年开始闻泰科技加大催收力度，及时缓解了应收账款难回收的问题，并到 2022 年为止，应收账款周转率持续上涨。

从总资产周转率来看，闻泰科技在并购前后，该指标呈现逐年下降的变化趋势，由 2017 年的 1.42 次下降至 2022 年的 0.78 次。闻泰科技于 2018 年 12 月正式取得安世半导体的部分控制权，显著增加企业的资产。闻泰科技通过并购的方式进入半导体行业后，企业不仅面临营收结构的变化，且企业的知名度、行业产品各方面都要逊色于行业竞争对手。2019 年闻泰科技第一季度出现总资产周转率显著下降的现象。2020—2022 年，突发疫情，包括半导体市场的整个国际市场的营业收入各方面都呈现出较大的变化趋势，总资产周转率显著下降。

整体上看，闻泰科技并购后显著提高资金管理水平。企业的固定资产、存货、应收账款及其他资产周转率各因素都会影响到企业的总资产周转率。具体而言，影响闻泰科技流动资产周转率的因素主要是应收账款、货币资金和存货等资产。

（3）发展能力分析

发展能力是企业在特定的市场环境下，凭借自身资源和能力，不断实现自身价值的能力。它是企业在市场竞争中保持竞争优势和实现可持续发展的重要根本。闻泰科技 2017—2022 年发展能力财务指标如表 6-12 所示，下面对营业收入增长率、净利润增长率和总资产增长率指标展开具体分析。

表 6-12 2017—2022 年闻泰科技发展能力指标分析表

项目	2017 年	2018 年	2019 年	2020 年	2021 年	2022 年
营业收入增长率（%）	26.08	2.48	139.85	24.36	1.98	10.15
净利润增长率（%）	74.48	-78.51	1815.28	78.39	2.15	-45.88
总资产增长率（%）	-15.26	55.22	284.44	-8.05	21.18	5.67

数据来源：东方财富 Choice 数据

从营业收入增长率来看，自并购以来，闻泰科技的营业收入增长率整体保持较高的增长趋势。这一期间，公司的运营得到外部资金的支持，因而整体较为顺利地进入半导体领域。在安世集团的带领下，闻泰科技得以引入新业务，进军国外新市场，经营业绩各方面均取得较好的发展成果，经营业绩的增长率达到139.85%。同时企业的并购标的保持较好的增长率。2020—2022年，国内外受疫情影响不得不阶段性地停工停产。但此时，该公司已经成功收购了安世半导体，能够充分发挥协同效应的作用，整体较并购前要好。

从净利润增长率来看，2018年，闻泰科技出现净利润率为负的现象。进一步分析发现这是因为当年企业并购支付大交易对价，不得不从外部筹集资金，导致企业面临着较大的负债压力。完成并购后的2019年，闻泰科技优化客户结构，能够有效管控价值链上游的成本；企业在通信业务、半导体业务板块等方面都呈现出良好的发展趋势。此外，闻泰科技也充分抓住5G所带来的市场优势，因而各方面都呈现出良好的发展趋势。该值呈现出显著的上升趋势，其上升为1815.28%。成功并购利润率较高的安世半导体，能够显著提高企业的整体利润率，因而短期内公司实现了良性发展。在2020年也有78.39%的涨幅，2020年因为疫情席卷全球，全球经济形势低迷，国际形势错综复杂，闻泰科技的消费电子业务也受到影响，但安世半导体的整合程度增加，给闻泰科技带来一定的净利润增长。在2021年只有2.15%的涨幅，是因为闻泰科技的消费电子业务有所下滑，且半导体业务发展速度放缓。2022年负增长，因为全球疫情的影响，导致多数工厂停产，闻泰科技的许多客户减少了订单，直接导致营业收入减少，进一步影响了闻泰科技的净利率。营业增长率变动趋势与净利润增长率相同，但变动幅度均不大，可见闻泰科技在改变自身产业结构，面对疫情风险的同时，确保了自身盈利基本盘的稳定。

从总资产增长率来看，闻泰科技的总资产增长率先负后正，主要是由于2017年闻泰科技剥离了自身的房地产业务，其总资产增长率呈现负值，2018年，闻泰科技初步并购安世集团，进行了外部融资，所以其总资产增长率转正并出现较大增长。2019年出现了大幅波动，总资产增长率出现了大幅上涨，总资产增长率为284.44%。2019年闻泰科技取得了安世的控制权之后，加强了对安世的资产整合，其总资产周增长率有所上升。

（4）偿债能力分析

偿债能力是企业在一定时期内利用自身资金来源还清债务的能力。它是评价企业财务健康状况的重要指标之一，偿债能力强的企业能够更好地保持稳定，避免财务危机。偿债能力主要通过流动性、速动比率、现金比率等指标进行评价。（表6-13）

表 6-13　2017—2022 年闻泰科技短期偿债能力指标分析表

项目	2017 年	2018 年	2019 年	2020 年	2021 年	2022 年
流动比率	1.05	0.90	0.99	1.16	1.28	1.12
速动比率	0.61	0.78	0.81	0.88	1.02	0.74
现金比率	0.22	0.16	0.30	0.47	0.56	0.36

数据来源：东方财富 Choice 数据

如表 6-13 所示，企业的短期偿债能力，就流动比率这一指标进行分析可知该值由 2017 年的 1.05 下降至 2018 年的 0.9。2018 年，闻泰科技开始筹备收购计划，第一期收购款为自有资金，共支付了 17 亿元，因此企业的流动资产整体呈现出下滑的趋势。其间，公司通过举债（达 29 亿元）的方式筹集第一期资金，无形中提高了企业的负债水平，所以当年企业的流动比率下滑。2019 年，闻泰科技的流动比率、速动比率都呈现出上升的趋势，这折射出闻泰科技自并购后就积极采取有效措施充分整合安世半导体，有效消除各方不良的影响。2020 年 3 月，完成并购后，闻泰科技的上述两个指标都有所上升，资金的流动性一般。综上数据表明，并购后闻泰科技的短期偿债能力有小幅度的提升，并在 2022 年达到了 1 以上。

闻泰科技长期偿债能力指标如表 6-14 所示。

表 6-14　2017—2022 年闻泰科技长期偿债能力指标分析表

项目	2017 年	2018 年	2019 年	2020 年	2021 年	2022 年
资产负债率（%）	66.42	77.98	67.11	51.45	52.44	52.26
权益乘数	2.98	4.54	3.04	2.06	2.10	2.09
产权比率	1.98	3.54	2.04	1.06	1.10	1.09

数据来源：东方财富 Choice 数据

从长期偿债能力指标来看，如表 6-14 所示，闻泰科技资产负债率呈现先上升后下降的变化趋势。2018 年前，企业的资产负债率呈现出持续升高的趋势，一度达到 77.98% 的峰值。2018 年，为了筹备并购活动，企业通过各种方式筹集资金，因而企业的资产负债率也呈现出增长的趋势。2018 年以来，企业的资产负债率呈现出下降的趋势，2020 年，该值为 51.45%。资产负债率出现如此显著的下降趋势主要归功于本次成功并购，安世半导体的负债率非常低，能够一定程度上弥补闻泰科技偿债能力不足的现状。

2. 非财务绩效分析

（1）行业地位（表6-15）

表6-15　2017—2022年闻泰科技（电子—半导体）排行表　　单位：亿元

年份	行业排名	营业总收入	营业利润	净利润	流动资产	资产总计
2017	3	169.16	3.81	3.35	75.51	109.15
2018	3	173.35	0.69	0.72	118.24	169.42
2019	1	415.78	15.37	13.79	308.23	651.32
2020	1	517.07	26.78	24.6	249.29	598.91
2021	1	527.29	29.48	25.13	304.46	725.76
2022	1	580.79	21.12	13.6	298.29	766.9

数据来源：东方财富Choice数据

从表6-15可知，2019年闻泰科技并购安世半导体后，行业地位显著提升。在并购之前，公司在全球半导体市场中的影响力相对较小，主要集中在智能手机ODM领域。通过并购安世半导体，闻泰科技不仅扩大了其在半导体领域的业务范围，还因引入先进技术和扩大产品线而提升了其在全球半导体行业中的竞争地位。并购完成后，闻泰科技在电子—半导体行业的排名由并购前的第3位跃升至第1位，这一变化反映了公司在行业中的地位和认可度显著提高。

并购不仅提升了闻泰科技的行业地位，还显著增加了其市场份额。通过整合安世半导体的客户资源和市场渠道，闻泰科技能够更有效地覆盖更广泛的市场，尤其是在欧洲和美国市场。自成功并购后，企业在全球半导体市场的份额呈现出增长的趋势，特别是在功率半导体和特定的模拟半导体产品线中实现了市场份额的快速增长。并购前，尽管公司规模逐年扩大，但盈利能力有限。完成并购后，2019—2022年公司的营业总收入和利润均实现了显著增长，尤其是2019年营业总收入跃升至415.78亿元，营业利润和净利润大幅提升。这一改变不仅反映了并购极大地增强了公司的市场影响力和盈利能力，而且加大了公司的财务杠杆，资产和负债总额同样显著增加。闻泰科技通过有效的资源整合和运营优化，持续保持行业领先地位，不断提高偿债能力，虽然面临市场竞争和成本上升的挑战，仍成功维持业务和财务的稳定增长。这一系列变化展示了并购在提升企业竞争力和市场地位方面的重要作用。

（2）股票价值层面（图6-3）

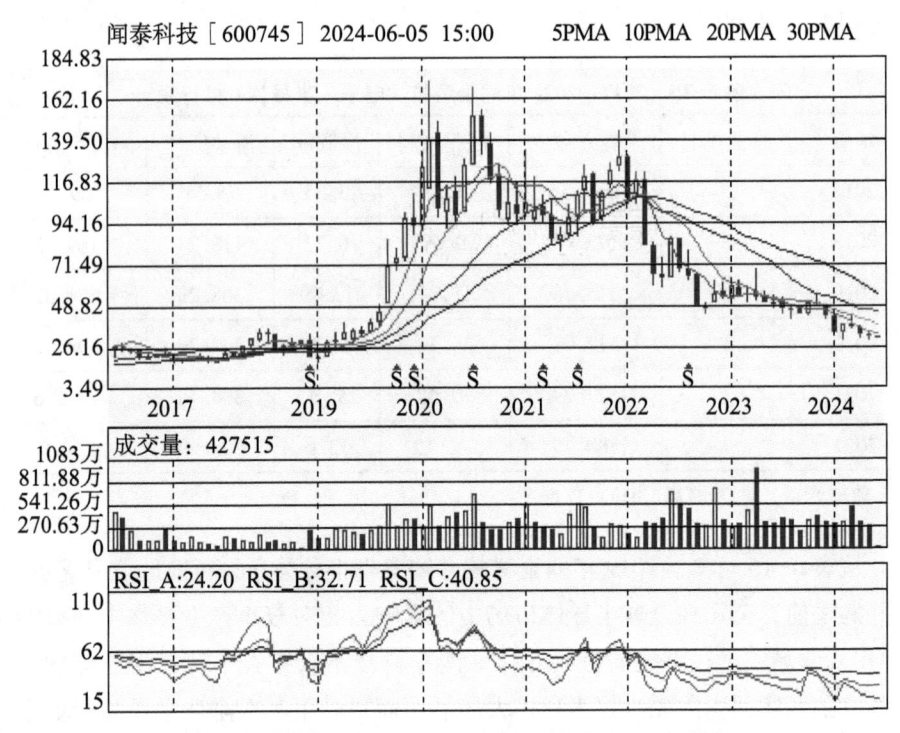

图6-3　2017—2024年闻泰科技股票月K变化情况图

由图6-3分析闻泰科技2017—2024年股票月K线图时，可以观察到2017—2018年股价相对平稳，这意味着市场对于公司的现有业务和财务状况有一个稳定的预期。此时，股价的走势并没有显著的大幅波动，投资者对公司的长期价值和潜力持观望态度。2019年有一个股价上涨的趋势，这与市场对并购消息的积极反应有关。这个时间点与并购安世半导体的时间相吻合，股价上涨反映了投资者对于此次并购能带来正面协同效应和业务扩展的期待。在2020年，股价出现了更显著的上升，这是市场对并购后的初步整合效果和公司业绩增长的正面响应。2021年至2022年股价开始呈现波动，且整体呈下降趋势。由于各种因素，如市场竞争压力、运营成本增加，或是整体经济环境变化，投资者对公司的未来盈利能力和成长潜力有了不同的预期。2022年股价显示出下降趋势，暗示市场对公司的短期前景持谨慎态度。这种下滑与半导体行业内的竞争加剧、公司营收或利润增长放缓或市场整体情绪的变化有关。

(3) 研发能力（图6-16）

表6-16　2017—2022年闻泰科技（电子—半导体）排行表

项目	2017年	2018年	2019年	2020年	2021年	2022年
研发投入（亿元）	7.88	10.49	20.87	28.01	37	45.65
研发人员数量（名）	2429	2614	4455	5459	7045	7098

数据来源：东方财富Choice数据

由表6-16可知，2017年，闻泰科技共投入7.88亿元。此后，每年公司不断增加投入，2022年，企业的总投入达到45.65亿元。综上数据充分说明闻泰科技高度重视研发能力。特别是2019年成功并购安世半导体后，企业年直接投入达到20.87亿元，有效盘活业务，显著提高科研创新能力。2021年，闻泰科技的发展战略强调专注于半导体，积极推出"人无我有、人有我优"的产品，力争从服务型公司逐渐发展成为产品公司。这些充分说明闻泰科技高度重视科学技术，并不断增加科研投入。在闻泰科技的发展中，半导体属于企业的头号业务，该业务需要研发与创新工作，因而企业的研发人员、研发投入较多。在全球半导体创新发展的大环境下，闻泰科技将持续创新发展，积极扩展创新边界，提高自身存量能力，以期实现高质量的发展。

通过并购安世半导体，闻泰科技显著提升了其整体公司价值，这体现在几个关键方面。首先，市值的显著增长反映了市场对公司未来增长潜力的积极评估以及并购带来的即时财务和战略利益。随着公司股价的上涨，市场资本化显著增加，增强了投资者对公司的信心。其次，通过这次并购，闻泰科技不仅扩大了业务范围，还大幅增加了资产总额，包括物理资产、技术资产和知识产权，这些都为公司在全球市场中的竞争提供了更坚实的基础。此外，公司的盈利能力也得到了显著提升，通过进入新市场和获得先进技术，公司增强了其产品和服务的市场竞争力，这直接推动了营业收入的增加和利润率的改善。最后，公司品牌的国际化和全球市场的认知度也得到了提升，这有助于吸引更多的客户和合作伙伴，长远看有利于公司的持续成长和市场扩展。这些变化不仅增强了公司的市场地位，也为其长期发展奠定了坚实的基础，充分体现了并购作为企业战略手段的有效性和重要性。

6.5.3 混合并购绩效

1. 财务绩效分析

(1) 盈利能力分析(图6-4)

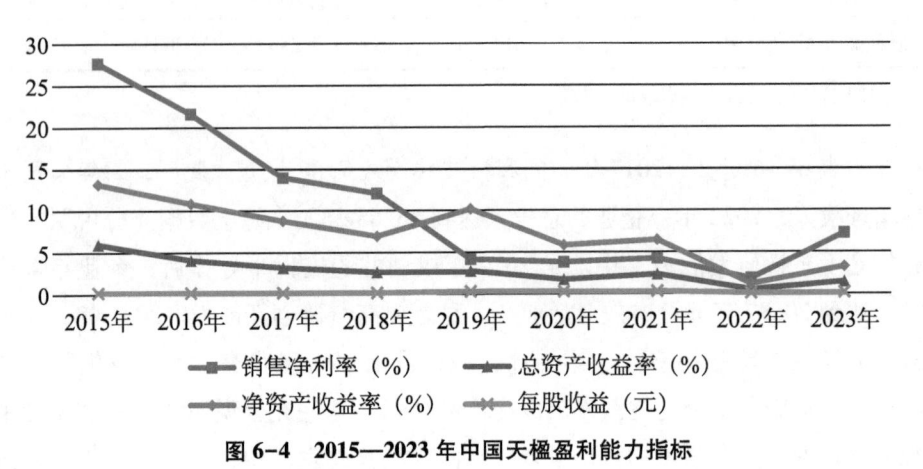

图 6-4　2015—2023年中国天楹盈利能力指标

数据来源：中国天楹年报

由图6-4可以看出，2015—2016年，中国天楹的销售净利率处在比较高的水平，但是在2015—2019年总体呈现下降趋势，主要是因为在这一期间国家出台了多项关于环保的政策，加大了对环保行业的要求和监管力度。环保行业许多企业因此受到较大影响，中国天楹因为尚未完成绿色并购，也受到了较大影响。中国天楹的销售净利率在2019年下降是因为完成了对Urbaser公司的并购，但是因为Urbaser的资产规模远超中国天楹，在并购后的整合过程中成本增加的速度显著超过了营业收入的增长速度，这导致销售净利率表现为显著的下降趋势。

从图6-4的数据可知，在2015—2018年，中国天楹的总资产收益率和净资产收益率以及每股收益均呈现下滑态势，然而在2019年对Urbaser的绿色并购完成后，这些指标出现了显著回升，尤其是净资产收益率和每股收益甚至提升了接近50%。这一现象说明本次并购给中国天楹带来的企业规模扩张效应显著，Urbaser的绿色并购对中国天楹的积极影响不容忽视。

然而疫情在2020年对中国天楹的盈利能力构成了严重冲击，导致中国天楹2020年的业绩表现不尽如人意。如果撇开2020年的特殊情况，我们仍能观察到绿色并购对中国天楹盈利能力的积极影响。

（2）营运能力分析（图6-5）

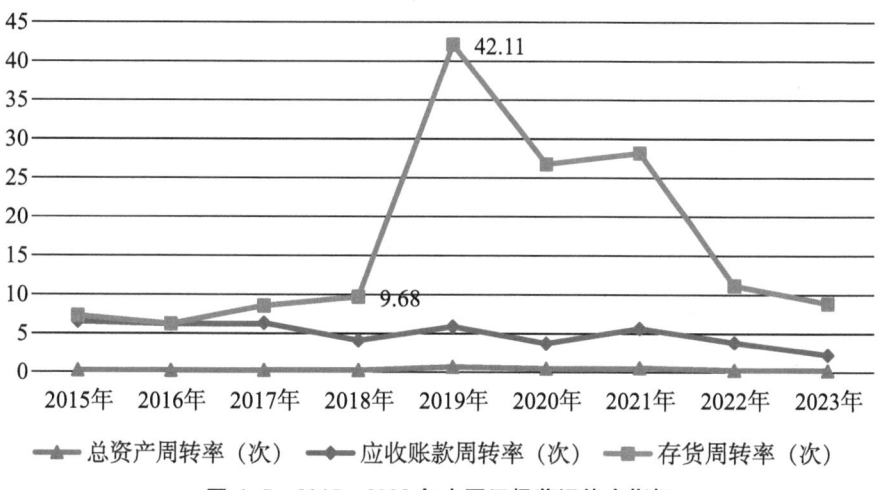

图6-5 2015—2023年中国天楹营运能力指标

数据来源：中国天楹年报

总资产周转率作为评估企业资产运营效率的指标，这个比率反映了企业每单位资产在一定时段内产生的销售收入。如图6-5所示，中国天楹的总资产周转率在2015—2018年保持稳定，但在2019年并购Urbaser完成后，该比率急剧升高。这归因于并购Urbaser完成后，中国天楹的总资产从88亿元跃升至473亿元，资产规模显著提升，而营业收入的增长速度超过总资产增长速度，这表明中国天楹成功地融合了Urbaser的优势资源和技术，提升了资产使用效率，从而增强了运营能力。

应收账款周转率是一个衡量企业收回应收账款能力的财务指标。从图6-5可知，这一比率在2015年至2018年间下降，但在2019年并购后回升。这是因为中国天楹通过并购Urbaser扩展了全球市场，频繁中标海外项目，带来大量国际订单，巩固了稳定的客户基础，从而增强了应收账款的管理能力，降低了坏账风险。

存货周转率反映了存货的周转速度。由图6-5可知，2015—2018年中国天榀的存货周转率呈上升趋势。2018年并购完成前为9.68次，而在并购完成后的2019年激增到42.11次，几乎是之前的5倍。这主要是因为中国天楹并购Urbaser后，公司的成本结构发生了显著变化。

综上所述，除了2020年受新冠疫情影响外，中国天楹总体保持稳定状态，表明并购对企业运营能力的提升起到了积极作用。

(3) 偿债能力分析（图6-6）

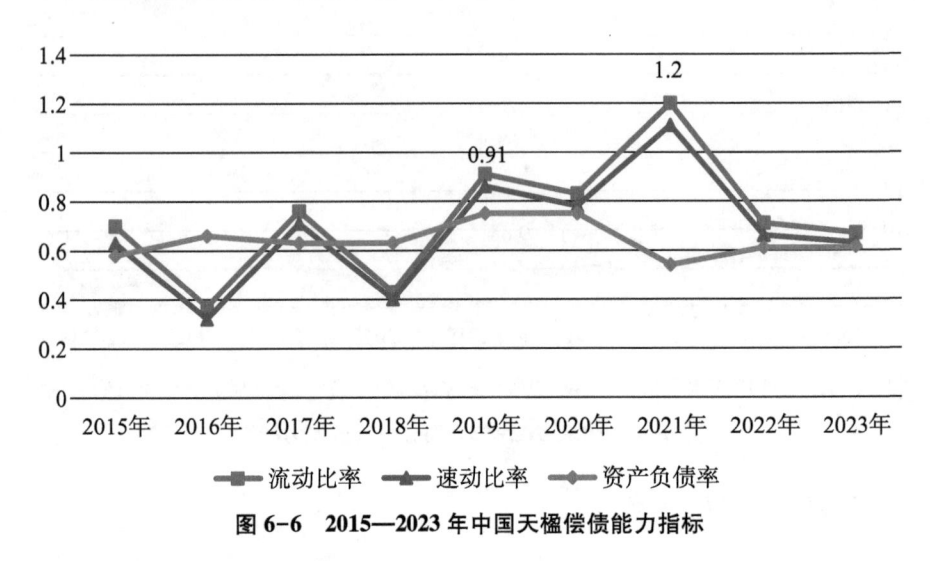

图6-6 2015—2023年中国天楹偿债能力指标

数据来源：中国天楹年报

流动比率是企业流动资产与流动负债的比率。这个比率反映了企业短期内偿还流动负债的能力。观察图6-6，可以看到在2015—2018年，中国天楹的流动比率波动幅度较大，这主要是由于中国天楹的流动负债相对较高。但是在2019年并购完成后，流动比率跃升至0.91，并在2019—2021年持续上扬。这主要是因为并购完成后Urbaser的绿色技术与先进理念的融入，提升了中国天楹的运营效率，设备使用更加有效，进而产生了大量现金流入，增强了中国天楹的偿债能力。

速动比率是评价企业为了偿还流动负债，流动资产的变现能力的指标。由图6-6可知，中国天楹在2018—2020年的速动比率在并购后显著增长，达到近年来的峰值，这表明中国天楹通过绿色并购策略成功塑造了其绿色企业的形象，带动了销售收入增长和票据回收，进而增加了流动资产，增强了其债务偿还能力。

资产负债率是用来衡量企业的长期偿债能力的指标。从图 6-6 中可以发现，中国天楹的资产负债率在 2015—2018 年呈波动上升趋势，但始终在可控范围内。2019 年并购完成后，资产负债率从 2018 年的 62.6% 攀升至 75.26%，主要原因为并购 Urbaser 带来的相关债务和财务成本增加。尽管如此，并购产生的大量现金流依然超国内上市公司的平均水平，对提升中国天楹的偿债能力产生了积极影响。

综上所述，中国天楹的短期偿债能力指标在并购后有一定改善，但还需要继续努力。中国天楹在绿色并购前，各项指标波动幅度较大，但是在并购 Urbaser 完成后，各项指标数值大幅趋于平稳，受到疫情的影响因素较小，说明通过绿色并购 Urbaser 提升了中国天楹的偿债能力。

（4）成长能力分析（图 6-7）

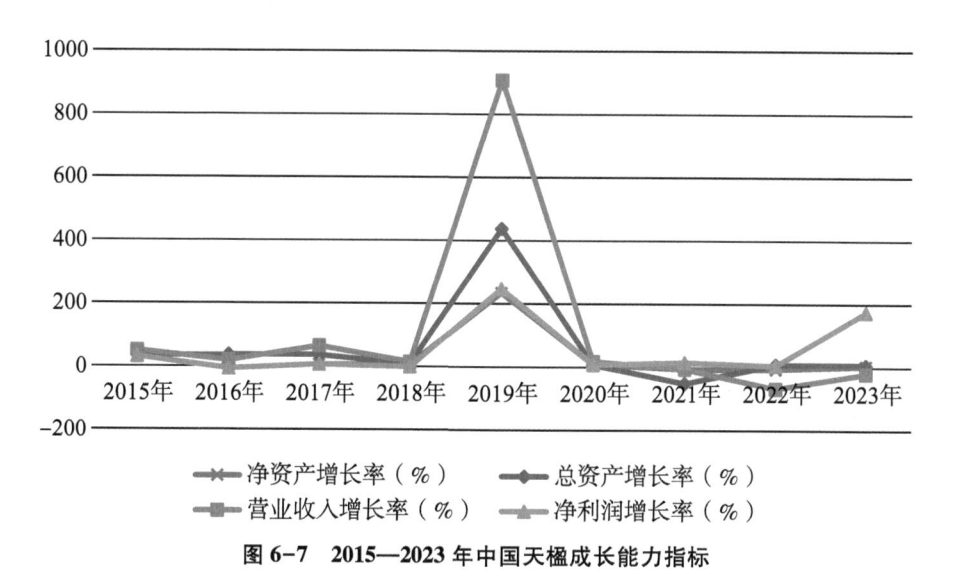

图 6-7　2015—2023 年中国天楹成长能力指标

数据来源：中国天楹年报

净利润增长率是衡量企业盈利能力变化的关键指标，它反映了企业在一定时期内净利润的增长情况。由图 6-7 可以发现，中国天楹的净利润增长率在 2015—2018 年呈现下降趋势，其中 2016 年下降幅度最大。但在 2019 年绿色并购 Urbaser 后，中国天楹拓展了国际市场，获得大量来自海外的订单。再加上

Urbaser 公司在固废处理领域的先进技术，中国天楹的垃圾处理能力远高于国内行业的水平，为中国天楹扩大市场提供了机会。

总资产增长率是衡量企业在一定时期内总资产规模扩张情况的财务指标。它反映了企业资产总额的增长速度，是企业规模扩张能力和经营成果的体现。中国天楹在 2019 年完成并购后，资产规模迅速增长，从 88.08 亿元增长至 472.97 亿元，增长速度达到 436.98%。这表明中国天楹通过并购整合了 Urbaser 公司的资源，调整了企业的资本结构，加快了企业的扩张速度。

营业收入增长率是衡量企业销售业绩和市场拓展能力的重要财务指标，数值越高则企业营业收入增长越快。由图 6-7 可知，中国天楹的营业收入增长率在 2015—2018 年波动比较大，先在 2016 年大幅下降又在 2017 年大幅回升，再在 2018 年大幅下降至 14.58%。主要是因为中国天楹在 2017 年扩大规模，提高了市场占有率，2018 年大幅下降说明企业的成长能力受到了扩张的影响。2019 年营业收入增长率大幅增长，是因为并购后中国天楹有效整合了 Urbaser 的资源，吸收了 Urbaser 的绿色技术和发展理念，提高了企业的绿色环保的水平，树立了中国天楹绿色企业的形象，进入国际市场。

从成长能力指标来看，中国天楹并购 Urbaser 使中国天楹吸收了 Urbaser 的先进绿色管理理念和绿色环保技术。中国天楹整合了国内外市场，最大化实现并购带来的协同效应，同时在推动我国环保品牌的国际地位的提升方面，获得了较大的成功。

2. 非财务绩效分析

（1）专利水平（表 6-17）

表 6-17 2017—2023 年中国天楹专利情况

项目	2017 年	2018 年	2019 年	2020 年	2021 年	2022 年
境内授权专利数（个）	339	411	502	537	560	608
发明专利数（个）	20	22	32	44	62	71

数据来源：中国天楹年报

从表 6-17 可知，企业不断发展的动力是技术进步和技术创新，中国天楹在并购 Urbaser 后不断加大对技术创新的支持力度，培养了大量科研人才，从 2017 年到 2023 年，田君国、李要建、孙钟华、韩丹、杨华等博士分别入选江苏省双创人才。截至2023年，中国天楹拥有境内专利数658项，其中发明专利占比14.89%，实用新型专利占比81.61%。中国天楹的专利总数相比于2017年，增长了94.10%，尤其在完成并购的2019年增长速度最快，增长速度达到了22.14%。即使在2021年中国天楹出售了Urbaser，中国天楹持有的专利数量也处于稳步上升的状态。

另外，并购Urbaser也使得中国天楹拓展了海外专利数量，2019年开始拥有了32项境外专利，其中西班牙专利数量最多，达到了22项，美国专利数量最少，只有一项。在并购后中国天楹的境内授权专利增长速度在2019年达到顶峰，发明专利数量的增长速度在并购后得到了质的提升，可见中国天楹通过并购获取了Urbaser优质绿色技术资源，形成双向互补，初步达成并购意图；并且开拓了境外专利数，提高了海外竞争力，巩固了企业的核心竞争力，可以得知由于海外并购的影响中国天楹的绿色专利水平得到了进一步的提升。

（2）环保业务收入水平（表6-18）

表6-18　2017—2023年中国天楹环保业务收入情况　　单位：亿元

项目	2017年	2018年	2019年	2020年	2021年	2022年
境内环保业务	16.12	18.47	23.70	24.61	37.51	47.62
境外环保业务	—	—	162.17	189.41	163.09	11.68

数据来源：中国天楹年报

中国天楹在并购Urbaser前已经拥有了比较先进的固废处理技术，但是中国天楹的公司体量和营收规模都远小于环保领域企业。从表6-18可以发现，中国天楹在2022年的境内环保业务收入相较于2017年增长了近两倍。从各主要环保业务收入来源来看，城市环境服务收入后来居上，逐渐成为中国天楹新的经济增长发动机。中国天楹逐渐减少了出售环保工程设备，并且在2019年开始拓展工业废弃物处理和水务处理业务，究其原因可知，在并购后中国天楹逐渐吸收接纳了Urbaser公司的先进技术，拓展了发展领域，逐步实现多元化经营。

(3) 单位收入污染物排放量（表6-19）

表6-19 2016—2020年中国天楹单位收入污染物排放量 单位：吨/亿元

项目	2016年	2017年	2018年	2019年	2020年
硫氧化物	26.49	65.8	14.35	2.39	2.17
危险废弃物	8493.62	5580.18	6884.35	824.56	793.89
氮氧化物	102.4	19.14	72.71	16.11	15.89
烟尘	10.37	6.89	5.09	0.87	0.73
废水	43807.34	54508.68	71309.10	13300.38	12396.13

数据来源：中国天楹社会责任报告

根据表6-19可知，中国天楹在并购Urbaser后单位收入的污染物排放量都产生了显著下降。硫氧化物、危险废弃物、烟尘的单位收入排放量分别由2016年的26.49吨/亿元、8493.62吨/亿元、10.37吨/亿元降低到2020年的2.17吨/亿元、793.89吨/亿元、0.73吨/亿元，氮氧化物和废水的单位收入排放量在并购后也显著降低。当把污染物排放量分摊到营业收入后，中国天楹的各项污染物排放量都明显降低，这说明了中国天楹并购后在绿色生产这一方面产生了飞跃式的进步。

(4) 企业创新投入

目前，环保市场的发展前景越发广阔，环保企业之间的竞争也随之越发激烈，并且随着中国政府环保政策持续颁布，适者生存的自然法则也在环保企业间不断上演。中国天楹虽然开始逐渐意识到绿色创新能力是企业保持可持续竞争优势的关键，也是企业获得持久收益的主要驱动因素。但是中国天楹的规模化经营方式仅仅想要通过并购整合来提高自身核心技术而不是通过自我创新，这种形式或许可以解决燃眉之急，但并不是企业发展的万全之策。（表6-20）

表6-20 2017—2023年中国天楹创新投入情况

项目	2017年	2018年	2019年	2020年	2021年	2022年	2023年
研发人员数量（名）	98	149	222	205	278	290	361
研发人员数量占比（%）	1.71	1.73	0.50	0.34	1.81	1.61	1.86

续表

项目	2017年	2018年	2019年	2020年	2021年	2022年	2023年
研发投入占营业收入比例（%）	2.35	2.62	0.38	0.27	0.52	1.41	1.68
资本化占研发投入的比例（%）	63.95	52.61	25.36	28.24	47.96	31.82	19.64

数据来源：中国天楹年报

从表6-20可看出，虽然中国天楹开始逐步重视创新投入，研发人员数量逐年递增，但是研发人员数量占比始终都处于较低水平，并且出现了明显的下滑趋势。从研发投入来看，研发投入占营业收入的比重也是先上升后下降，特别是在 Urbaser 并入中国天楹的当年，研发投入的比重仅为 0.38%，这是因为中国天楹并购 Urbaser 使营业收入迅速增长，且营业收入增长幅度远大于研发投入的增长幅度。此外资本化研发投入占研发投入的比例的趋势也下降明显，说明中国天楹研发投入的转化率不高。虽然中国天楹通过跨国并购方式，实现了对 Urbaser 控股，并通过吸收整合 Urbaser 的先进技术水平，但是协调效益不显著，公司的研发创新团队想要专注在城市环境服务领域，达到依靠全产业链的设计研究，改进现有固废管理技术，优化固废管理运营模式，达到标准化生产，快速实现投产的目的，还需要进一步加大企业的创新投入。

6.6 并购经验总结

6.6.1 跨领域并购需做好规划

并购在实施的过程中，仍需保持谨慎的态度。实施持续并购策略，往往不会满足于自身的业务领域，而是通过并购来进入新的领域，以此寻找新的利润增长机会。以鱼跃医疗为例，这家在医疗器械行业占据领先地位的公司，已经进入成熟阶段，其业绩增长的空间正在逐渐缩小。为了突破发展瓶颈，该公司开始探索新的业务领域。近年来，由于人口老龄化的趋势和网络时代电子产品的普及，人们对眼科医疗器械的需求日益增加。为了迅速在眼科领域布局，鱼跃医疗连续收购了江苏视准和六六视觉这两家眼科领域的公司。然而，由于缺乏眼科领域的生产和销售经验，这两家被收购的公司在过去两年里表现不佳，没有为鱼跃医疗带来预期的业绩增长，也未能帮助其抢占眼科市场的份额。这提醒我们，企业在选择并购目标时需要谨慎，贸然进入新领域可能会影响投资者的信心。事实上，当鱼跃医疗收购六六视觉时，投资者对此的反应是消极的，导致公司的股票收益率下降。当企业考虑进入新领域的并购时，应该对该领域的市场前景进行充分的评估，并深入了解目标公司的业绩、市场地位、品牌优势和核心技术等方面的信息。

6.6.2　连续并购需谨慎考量

连续并购策略的执行需谨慎行事，确保在两次连续的并购之间有充足的资金准备和资源整合的时段。鱼跃医疗在推行其"大生物"战略时，急于迅速完善整个产业链，却未充分考虑到此过程中可能遇到的问题。医疗器械行业是资本和技术密集型行业。因此，在这个行业内，公司进行连续并购后，须投入更多的研发资金来整合新获得的技术资源，以增强公司的技术实力。值得注意的是，大量的研发投入并不能立即转化为经济收益，这无疑会进一步加剧公司的现金流压力。因此，企业在策划并购活动时，应对短、中、长期的业绩和现金流有合理的预估，以防进行超出自身承受能力、难以控制风险的并购。同时，企业应适当放缓并购的频率，确保有足够的资金缓冲时间，从而更好地保护投资者的利益。

6.6.3　合理的并购策略是成功的关键

以闻泰科技为例，其能够成功进行跨国并购，与之所制定的并购策略科学严谨有极大关系。首先，在选择并购对象时，安世半导体是闻泰科技的供应商，双方的客源有着明显的重叠，能够为闻泰科技的战略发展提供优质客源，加上安世集团的财务状况稳定，能让闻泰科技由于并购而产生的财务压力得到缓解；其次，关于交易结构的调整，闻泰科技成立联合体参与并购，既可减轻财务压力，还能推进并购活动的开展，闻泰科技所使用的 GP 架构能帮助公司掌握交易进度，明确交易方向，再通过上层投资者的帮助，处理并购期间出现的各种问题，再通过差异化定价控制并购成本，这些都是其能够完成此次跨国并购活动的原因；再次，闻泰科技为了控制融资成本，降低相关风险发生率，采用了多元化融资结合分步并购法，减轻由于并购而产生的财务压力；最后，关于业务结构，闻泰科技在收购安世半导体后，依然保持其独立运营模式，还帮助其开拓中国市场。关于人员结构的变化，闻泰科技为了让安世半导体的员工权益得到保障，制定了股权激励方案，还统一两个公司的核心价值，打造相互信赖的企业文化氛围，这不仅能够全面整合两家公司的资源，还能在产生协同效应后提高彼此的收益。

6.6.4 注重整合并购资源

企业并购后尽快实现资源的整合至关重要。在中国天楹对 Urbaser 的并购中，中国天楹吸收了 Urbaser 城市环境服务业务的技术和管理经验，从而拓展了中国天楹在国内的城市环境服务，同时大幅增加了中国天楹的海外专利数量。但是中国天楹在并购后拥有 Urbaser 全部股权的两年时间里，没有很好地完成在财务方面的整合，造成中国天楹在并购后的财务杠杆偏高，利润指数偏低，运营效益不佳，并购整合的成效没有达到预期的程度。企业在进行跨国并购后，须在最短的时间内，充分考虑到当前的经济环境以及并购双方的特征，强化资源的整合，提升公司并购后的企业绩效，从而推动公司的高质量发展。

6.6.5 谨慎选择并购目标

在企业并购时需要审慎选择并购对象。例如在绿色并购中，因为环境保护产业涉及的技术装备多、规模大、投资回收期长，因此，企业为了降低跨国并购后的整合困难程度，环保行业公司在选择并购对象的时候，首先应该清楚企业的战略目标，并在将各方面的因素综合起来后仔细考虑。因为国内外的市场环境完全不同，国内外同行业企业的经营模式、财务结构等都存在着较大的区别。比如，在中国天楹跨国并购 Urbaser 的案例中，Urbaser 的高杠杆、低毛利率的模式与国外同行业的发展需求相吻合，但是对并购后的绩效产生了一定影响，需要在后续继续加强企业的经营，提升效率和效益。企业在并购前需要仔细且谨慎了解对方企业的状况，做出详细方案，推测及预测并购后的效果，为成功并购打下坚实的基础。

主要参考文献

[1] 刘玉敏，刘莉，任广乾．基于GA-SVR模型的中国上市公司融资风险预测［J］．北京理工大学学报（社会科学版），2019，21（04）：73-81．

[2] 宫兴国，于月莉，林春雷．战略激进、市场化进程与企业融资约束：基于A股制造业上市公司的实证数据［J］．南京审计大学学报，2022，19（02）：50-59．

[3] 康微婧，贺炎林，杨小萍．上市公司融资结构影响因素的区域比较研究［J］．会计之友，2020（03）：61-68．

[4] 甘宇翔，麻晓艳．基于融资优序理论的上市公司融资顺序探讨［J］．福建广播电视大学学报，2018（05）：89-91．

[5] 王茗茗．上市公司资本结构的影响因素及股权融资偏好［D］．吉林大学，2019．

[6] 李国成，苏薇，刘尚荣．区域差异视角下上市公司债权融资问题研究［J］．金融发展研究，2020（03）：72-77．

[7] 昌忠泽，李汉雄，毛培．地方政府债务对企业融资结构的影响：来自A股上市公司的证据［J］．改革，2023（06）：105-125．

[8] 刘珊，郝梦现，绳朋云．税收征管、融资结构与企业金融化投资［J］．财会通讯，2024（08）：52-56．

[9] 李斌，张梦丹，李利华．我国融资效率研究热点及演化趋势：基于CiteSpace的可视化计量分析［J］．国土资源科技管理，2022，39（04）：102-115．

[10] 方芳，曾辉．中小企业融资方式与融资效率比较［J］．经济理论与经济管理，2005（04）：38-42．

[11] 吴翌琳，黄实磊．融资效率对企业双元创新投资的影响研究：兼论产品市场竞争的作用［J］．会计研究，2021（12）：121-135．

[12] 赵守国, 孔军, 刘思佳. 基于 DEA 模型的陕西上市公司融资效率分析 [J]. 中国软科学, 2011 (S2): 245-253.

[13] 肖劲, 马亚军. 企业融资效率及理论分析框架 [J]. 财经科学, 2004, (S1): 337-340.

[14] 高瑞瑞. 北交所上市公司融资效率及影响因素研究 [D]. 辽宁大学, 2023.

[15] 孙光宇. 宏观经济环境对企业融资决策的动态影响研究 [J]. 工业技术经济, 2024, 43 (02): 29-38.

[16] 闵亮, 沈悦. 宏观冲击下的资本结构动态调整: 基于融资约束的差异性分析 [J]. 中国工业经济, 2011 (05): 109-118.

[17] 邵立港. 融资结构对物流公司盈利能力的影响研究: 以顺丰控股为例 [J]. 中国管理信息化, 2024, 27 (01): 7-9.

[18] 邵毅平, 张昊. 宏观经济波动、股权结构与融资偏好 [J]. 财经论丛, 2013 (05): 88-94.

[19] 冉光圭. 上市公司融资结构与公司治理的实证研究: 来自贵州的实践 [J]. 财会通讯 (学术版), 2006 (05): 13-15.

[20] 原野, 刘战伟. 上市公司融资结构对公司绩效的影响: 以沪深 A 股区块链类上市公司为例 [J]. 区域金融研究, 2020 (02): 60-65.

[21] 蔡东晓. 企业融资决策与公司治理效能关系研究 [J]. 全国流通经济, 2024 (04): 109-112.

[22] 高孚嘉. 管理者情绪对公司融资结构影响的实证研究 [D]. 首都经济贸易大学, 2020.

[23] 姬春燕. 财务治理结构对融资行为的影响研究 [D]. 山东农业大学, 2020.

[24] 尚小娟. 万华化学资产质量与财务风险分析 [J]. 中国乡镇企业会计, 2022 (03): 51-53.

[25] 尹玉秋. 上市公司资产质量分析: 以格力电器为例 [J]. 全国流通经济, 2023 (12): 100-103.

[26] 杨微, 干胜道. 资产质量具有信息含量吗: 基于制造业上市公司的经验证据 [J]. 财会月刊, 2022 (10): 77-86.

[27] 汤先美. 资产流动性、会计信息披露质量与股权资本成本研究 [D].

河北农业大学，2022.

[28] 曾颖，陆正飞．信息披露质量与股权融资成本［J］．经济研究，2006（02）：69-79+91．

[29] 张新民，钱爱民，陈德球．上市公司财务状况质量：理论框架与评价体系［J］．管理世界，2019，35（07）：152-166+204．

[30] 周春梅．盈余质量对资本配置效率的影响及作用机理［J］．南开管理评论，2009，12（05）：109-117．

[31] 周夏飞．归类变更盈余管理：影响因素与经济后果［D］．浙江大学，2017．

[32] 李琰．媒体报道视角下审计质量与资源配置效率的关系研究［D］．北京交通大学，2017．

[33] 李晓婷．基于我国旅游类上市公司资产质量与经营业绩的实证分析［J］．山西经济管理干部学院学报，2015，23（04）：58-61．

[34] 张红侠，顾银宽．资产质量、债务期限结构与企业价值研究综述［J］．安徽工业大学学报（社会科学版），2012，29（05）：19-20+25．

[35] 张付荣．资产质量：本质、特征与评价体系［J］．财会通讯，2010（28）：29-31．

[36] 朱腾明，康婷．公司治理对上市公司资产质量的影响研究［J］．财会通讯，2011（15）：48-50+63．

[37] 陈良华，叶茂然，迟颖颖．资本结构动态调整的目标资本结构优化研究：来自中国房地产上市公司的经验证据［J］．东南大学学报（哲学社会科学版），2022，24（03）：31-39+146．

[38] 张金泉，温素彬，李慧．盈利质量综合评价模型构建与应用：基于多维度盈利能力的分析［J］．会计之友，2023（11）：147-153．

[39] 宋丽丽，李亚兰．基于因子分析的上市物流企业盈利能力评价［J］．当代经济，2015（16）：120-122．

[40] 李瑾，曹冰雪，阮荣平．社会带动作用对新型农业经营主体盈利能力的影响研究：基于对全国3360个家庭农场与种养大户的调查［J］．经济纵横，2019（02）：68-78．

[41] 胡文涛，张理，李宵宵，等．商业银行金融创新、风险承受能力与盈利能力［J］．金融论坛，2019，24（03）：31-47．

[42] 姚燕燕. 商业银行资本结构对盈利能力影响实证研究：基于 11 家上市银行数据分析 [J]. 西南大学学报（自然科学版），2020，42（11）：118-127.

[43] 汪建，安稳飞，戚艺群. 科创型企业盈利前景及评价机制的影响因素研究 [J]. 上海管理科学，2022，44（04）：97-107.

[44] 霍远，王维. 社会责任履行水平与盈余持续性：得不偿失抑或锦上添花 [J]. 财会月刊，2021（02）：72-81.

[45] 孙晓华，翟钰. 盈利能力影响企业研发决策吗？：来自中国制造业上市公司的经验证据 [J]. 管理评论，2021，33（07）：68-80.

[46] 陈松. 低碳发展背景下宁德时代公司盈利能力研究 [D]. 黑龙江大学，2023.

[47] 周艳春，徐文丰. 零售业上市企业营运资本管理对盈利能力的影响：基于融资约束视角 [J]. 商业经济研究，2021（09）：170-172.

[48] 朱学义，冯之坦. 市场供给、下游拉动与盈利能力关系研究：以建材工业 2008—2018 年数据为例 [J]. 会计之友，2021（02）：84-90.

[49] 张新民. 资产结构性盈利能力分析 [J]. 财会月刊，2022（09）：9-15.

[50] 陈瑶梦. 企业盈利能力分析：以"华为"为例 [J]. 统计与管理，2021，36（04）：87-93.

[51] 张菊. 机构投资者异质性、公司治理与企业盈利能力 [J]. 财会通讯，2019（09）：35-39.

[52] 马萱慧，周玉新. 林业上市公司盈利质量评价研究 [J]. 中国林业经济，2022（04）：140-144.

[53] 李传宪，赵紫琳. 民营上市公司债务结构与企业绩效关系研究：基于债务多元化的实证检验 [J]. 会计之友，2020（04）：93-97.

[54] 曾繁荣，张雪笛，方玉. 融资结构、创新效率与企业绩效：基于我国战略性新兴产业上市公司的实证研究 [J]. 财会通讯，2020（01）：79-83.

[55] 郑佳楠，张健颖. 苏泊尔公司财务风险分析 [J]. 合作经济与科技，2021（19）：154-155.

[56] 范华. D 公司财务风险管理研究 [D]. 广西师范大学，2022.

[57] 王佳倩. MK 公司财务风险分析与防范研究 [D]. 河北经贸大学，2022.

[58] 孔洁. K集团财务风险控制研究 [D]. 河北地质大学, 2022.

[59] 段俊玲. ZB集团财务风险预警研究 [D]. 河北地质大学, 2022.

[60] 于佳月. J煤炭企业财务风险的评价与控制研究 [D]. 山西财经大学, 2023.

[61] 沈斌雯. 苏泊尔资本结构优化研究 [D]. 兰州财经大学, 2023.

[62] 宋静. 企业在资本市场中的风险防范和控制策略研究 [J]. 商场现代化, 2023 (24): 150-152.

[63] 刘强. 企业财务风险管理研究 [J]. 中国集体经济, 2023 (35): 149-152.

[64] 马庆. Y企业的财务风险分析及应对策略 [J]. 商场现代化, 2023 (23): 165-167.

[65] 周冰玉. 扩张型财务战略下的财务风险管理研究 [D]. 云南财经大学, 2023.

[66] 张娴. 宝钢股份财务风险与控制 [J]. 合作经济与科技, 2024 (01): 118-120.

[67] 王梓. 区域数字金融发展、短贷长投与国有企业财务风险 [J]. 财会通讯, 2024 (10): 79-83.

[68] 江玮滢, 马新啸, 王竹泉. 杠杆偏离与实体经济人力资本结构优化: 来自中国企业财务风险创新指标"资本负债率"的经验证据 [J]. 财贸经济, 2024 (04): 72-88.

[69] 顾小龙, 许紫薇. 股份回购与公司资金成本: 财务风险视角 [J]. 南京审计大学学报, 2024, 21 (03): 50-61.

[70] 左燕薇. 融资约束下的企业债务风险问题研究: 基于短贷长投的视角 [J]. 财会通讯, 2024 (07): 68-72.

[71] 周晨, 张飞腾, 韩晨. 客户关系对上市公司财务风险的影响研究 [J]. 会计之友, 2024 (07): 68-75.

[72] 汪一凡. 催生广义现金流管理会计 [J]. 财务与会计, 2023 (22): 75-77.

[73] 孟凡胜. 建筑企业现金流管理浅析 [J]. 财务与会计, 2021 (13): 83-84.

[74] 孙艳兵, 蔡志瑞. 浅议国电南自现金流管理的几点措施 [J]. 财务

与会计，2017（07）：67.

［75］张亚运，李洪勇，马晨. 我国医药企业并购动因及并购绩效研究：以步长制药为例［J］. 中国管理信息化，2023（06）：110-114.

［76］刘娇娆. 以转型升级为导向的制造业民企连续并购绩效研究：以山东精密为例［J］. 财会通讯，2023（06）：112-118.

［77］何伟军，彭青玲，袁亮. 中国企业海外并购动因、风险及绩效研究：基于韦尔股份收购豪威科技的案例［J］. 财会通讯，2022（02）：93-100.

［78］张杰. 鱼跃医药并购动因及绩效分析［J］. 商业经济，2022（02）：147-149.

［79］王丽娟. 鱼跃医药并购战略动因及其实施效果分析［J］. 财务与会计，2021（14）：84-86.

［80］杨杰，谢明，李彦甫. 我国医药行业并购动因与并购绩效研究：以复星医药为例［J］. 生产力研究，2021（4）：106-112.

［81］胡华，蔡东宏. 企业战略类型、股权结构与创新驱动型并购［J］. 财会通讯，2021（23）：69-72.

［82］李晶. 鱼跃医药并购活动的影响因素及其对经营绩效的作用机理研究［D］. 北京工商大学，2021.

［83］王宛秋，李一哲. 企业连续并购的绩效及动机：以鱼跃医药为例［J］. 会计之友，2020（11）：74-79.

［84］毕茜，陶瑶. 绿色并购与企业绿色创新［J］. 财会月刊，2021（16）：38-45.

［85］石小凤. 环保企业绿色并购对绿色技术创新的影响［D］. 广州大学，2022.

［86］兰岚. 产业演进视角下企业并购绩效分析：以乐普医疗为例［J］. 财会通讯，2020（06）：105-108.

［87］王超. 发挥企业并购协同效应的几点建议［J］. 财务与会计，2023（01）：67.

［88］MODIGLIANI F, MILLER M H. The cost of capital, corporation finance and the theory of investment［J］. The American Economic Review, 1958（3）：261-297.

［89］MYERS S C, MAJLUF N S. Corporate financing and investment decisions when firms have information that investors do not have [J]. Journal of Financial Economics, 1984 (2): 187-221.

[90] JENSEN M C, MECKLING W H. Theory of the firm: managerial behavior, agency costs, and capital structure [J]. Journal of Financial Economics, 1976 (3).

[91] TITMAN S, WESSELS R. The determinants of capital structure choice [J]. The Journal of Finance, 1988 (1): 1-19.

[92] BOOTH L, AIVAZIA V, DEMIRGUE-KUNT A. Capital structures in developing countries [J]. Journal of Finance, 2001, 56 (1): 87-130.

[93] WANG C W, CHIU W C, PENA J I. Effect of rollover risk on default risk: evidence from bank financing [J]. International Review of Financial Analysis, 2017, 54, 130-143.